dzień dobry

buenos dias

good morning

χαίρετε

dobro jutro

hola

வணக்கம்

السلام عليكم

cycle 3
CM2

Le nouvel atelier de français

Sous la direction de Dominique ROURE
Inspecteur de l'Éducation Nationale

Jean-Louis BRAY
Professeur des écoles

Jacky CRÉPIN
Inspecteur de l'Éducation Nationale

François FONTAINE
Instituteur

Odile GRUMEL
Conseillère Pédagogique

Christian LAMBLIN
Instituteur

BORDAS

AVANT-PROPOS

La collection l' « **atelier de français** » a été créée pour promouvoir une pédagogie globale du français basée sur les interactions entre *le dire*, *le lire* et *l'écrire*, ainsi qu'entre les activités réflexives et les activités d'expression et de communication.

Amener l'enfant à un usage efficace de l'écrit et de l'oral impose en effet de développer ses capacités d'expression et de communication dans des situations variées tout en approfondissant sa réflexion sur le fonctionnement de la langue. Ces deux démarches loin d'être cloisonnées, nécessitent d'être associées sans confusion, ni dispersion.

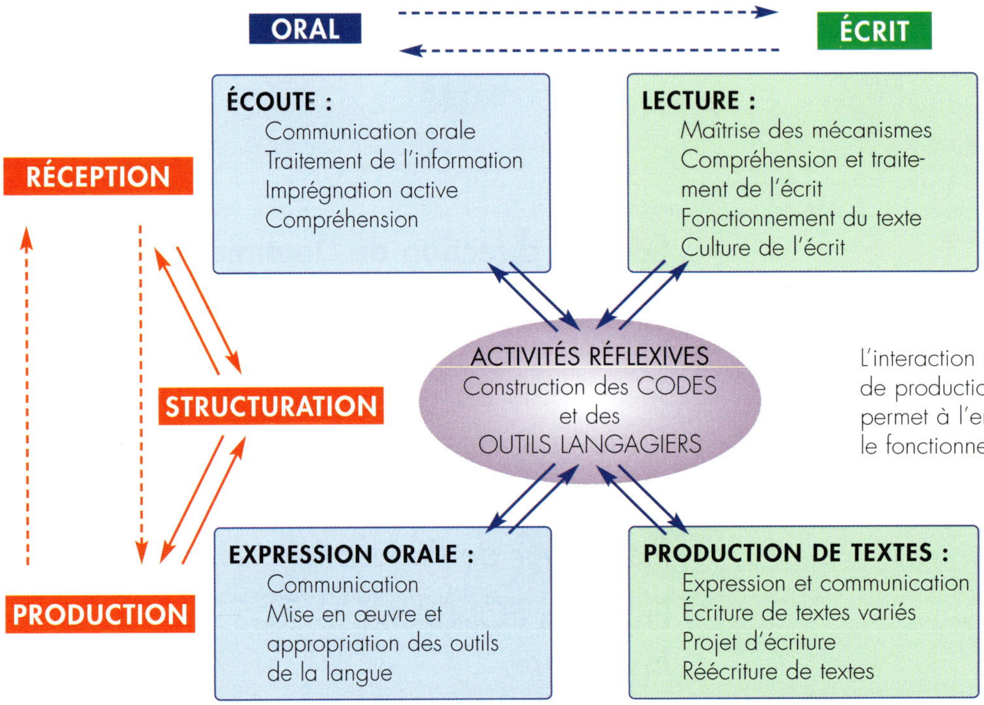

L'interaction entre les activités de production et de réception permet à l'enfant de s'approprier le fonctionnement de la langue.

Il s'agit bien de construire la langue écrite et la langue orale dans leur complémentarité et leur spécificité.

Cette nouvelle édition poursuit et développe les choix pédagogiques mis en œuvre dans les différents ouvrages de la collection :

- en accordant une place encore plus importante à l'oral (page spécifique à chaque unité) et aux textes (pages de « lecture plaisir »),
- en variant les activités d'écriture (activités de réécriture de texte et mini projets d'écriture),
- en approfondissant la réflexion sur le fonctionnement des textes (activités de « lecture guidée » et de grammaire de texte),
- en enrichissant les activités instrumentales.

De nombreuses passerelles assurent le lien effectif entre la première partie (lecture/production de textes) et la seconde, permettant de construire les repères propres au fonctionnement de la langue à partir de l'activité de lecture/écriture et de mobiliser ces compétences en situation d'expression/communication.

Livre unique de français, cet ouvrage regroupe les différents types d'activités à proposer dans les classes de cycle 3, afin de construire l'ensemble des compétences attendues dans la maîtrise de la langue.

ACTIVITÉS D'APPRENTISSAGE DE LA LANGUE ORALE	ACTIVITÉS D'APPRENTISSAGE DE LA LECTURE	ACTIVITÉS D'APPRENTISSAGE ET DE PRODUCTION DE TEXTE
• activités conversationnelles spontanées ou provoquées • mobilisation de la langue orale dans ses différentes fonctions • situations de communication permettant de travailler les compétences spécifiques aux différentes modalités de communication • construction de mini projets d'expression/communication • activités de traitement de l'information tant en situation d'expression qu'en situation d'écoute • situations d'expression et de communication visant à construire et à s'approprier la langue orale (reformulation...) • activités de construction des codes et de structuration de la langue orale.	• Pratique de la lecture en variant les textes et les modalités de lecture • Travail de la compréhension de textes – Analyse de l'essentiel du texte – Perception du fonctionnement du texte – Compréhension fine (nuances – différence entre le dit et le déduit) • Consolidation et automatisation des techniques de lecture • Analyse du fonctionnement global et local du texte • Travail de lecture documentaire • Lecture de textes poétiques • Lecture expressive de textes variés.	• Activités de réécriture partielle de textes à partir d'un travail d'analyse • Activités d'écriture partielle de textes en s'appuyant sur un support existant • Mini projets d'écriture incluant la tâche d'écriture puis de réécriture des textes produits • Activités de réécriture de brouillons • Activités d'écriture ciblées sur une compétence spécifique.

Dans un souci de clarté et afin d'assurer une grande souplesse d'utilisation, nous avons choisi d'organiser ce manuel en deux parties clairement identifiées, distinctes mais solidaires.

Cet ouvrage propose de nombreuses pistes de travail organisées en unités de trois semaines, fédérées autour d'un thème. À chaque unité de la première partie, correspond une unité de travail portant sur les codes de la langue (grammaire-conjugaison-orthographe) clairement identifiée dans la seconde partie.

Régulière et rigoureuse, la structure de ce manuel a été conçue avec soin, afin d'inciter à la mise en œuvre d'une démarche d'apprentissage cohérente et progressive. Elle permet aisément à l'enseignant de faire des choix dans l'utilisation de cet ouvrage en fonction de sa classe et de sa propre démarche pédagogique.

Les auteurs

Édition : Sylvie Jos avec la participation de Anne-Sophie Baumann
Fabrication : Patricia Poinsard
Iconographie : Christian Limouzy
Illustrations : Unité 1, et pages 182 à 217 : Catherine Claveau
Unité 2 : Claire Gourdin
Unité 3 : Catherine Claveau
Unité 4 : Valérie Régnault
Unité 5 : Jean-François Dumont
Unité 6 et pages 220 à 254 : Tony Grippo
Unité 7 : Caroline Hesnard
Unité 8 : Jörg Maillet
Unité 9 et pages 143 à 179 : Anne-Claude Martin
Maquette de couverture : Sarbacane
Dessin de couverture : Yves Calarnou
Maquette intérieure : Marie-Christine Carini
Réalisation : FNG

ISBN 2-04-729423-1

ORGANISATION

Le nouvel atelier de français

Première partie : Lire, dire, écrire autour de textes							
THÈME	**Activités orales**	**Texte 1** suivi d'activités de lecture et de vocabulaire	**Découvrons** suivi d'une séquence d'écriture	**Texte 2** suivi d'activités de lecture	**Vocabulaire**	**Découvrons le fonctionnement du texte**	**Texte 3** suivi d'activités de lecture et de vocabulaire
Unité 1 **L'école** **p. 8**	• Observer et comparer • Décrire un lieu p. 9	*Un moment d'inattention* Sarah Cohen-Scali, p. 10	**1.** Identifier le narrateur, p. 12	*Le nouveau* Gustave Flaubert, p. 13	Comprendre une définition, p.14	**2.** Désigner les personnages, p. 15	*Quelle surprise !* Marcel Pagnol, p. 16
Unité 2 **Le fantastique** **p. 22**	• Observer et identifier • S'exprimer • Décrire un personnage p. 23	*L'apparition (1)* Ted Hugues, p. 24	**1.** Repérer l'organisation du récit, p. 26	*L'apparition (2)* Ted Hugues, p. 27	Manier radical, préfixes et suffixes, p. 28	**2.** Enchaîner des actions, p. 29	*Une étrange maladie* Guy de Maupassant, p. 30
ATELIER DE LECTURE PP. 36-37							
Unité 3 **Qualités et défauts** **p. 38**	• Observer et imaginer • Faire un portrait p. 39	*Pauvre Emmi* George Sand, p. 40	**1.** Présenter des personnages, p. 42	*Portraits* p. 43	Chercher les contraires, p. 44	**2.** Décrire un personnage, p. 45	*Alphonse* Anatole France, p. 46
Unité 4 **Peur et angoisse** **p. 52**	• Observer et imaginer • S'exprimer • Raconter un souvenir p. 53	*Les fantômes des bois* Victor Hugo, p. 54	**1.** Exprimer des émotions, p. 56	*L'épouvantable bête* Henri Troyat, p. 57	Distinguer les adverbes des adjectifs, p. 58	**2.** Exprimer des circonstances, p. 59	*Nuit d'angoisse* H. G. Wells, p. 60
ATELIER DE LECTURE PP. 66-67							

DU MANUEL

Livre unique de français

1

Dans cette unité tu vas apprendre à :

- **1. Identifier le narrateur.**
- **2. Désigner les personnages.**
- **3. Écrire un récit à la 1re personne.**

à l'oral

- **Décrire un lieu.**

Dans laquelle de ces deux écoles préférerais-tu étudier ? Pourquoi ?

à l'oral

Observer et comparer

1. Observe les documents de la page de gauche. De quoi s'agit-il ?
Quelles différences vois-tu ?

2. Qu'y a-t-il d'écrit au-dessus des portes de l'école la plus ancienne ?
Est-ce pareil aujourd'hui ?
Qu'est-ce qui te permet de dire que le bâtiment du bas est une école ?

3. Laquelle de ces deux écoles se rapproche le plus de la tienne ?
Quels sont les points communs ? les différences ?

4. Quels instruments utilisait-on autrefois pour écrire ? et maintenant ?

Décrire un lieu

◆ Tu vas décrire ton école à tes camarades...

Pour cela :

- **Commence par choisir une des deux écoles, page de gauche, et décris-la très précisément :** ce que l'on voit au premier plan, les matériaux utilisés, la forme des portes, des fenêtres...
Tes camarades l'ont-ils reconnue ?
Essaie d'améliorer ta description. Quels détails peux-tu ajouter ?
- **Décris maintenant ton école pour quelqu'un qui ne l'a jamais vue.**
Sois le plus précis possible. Choisis de parler de l'intérieur ou de l'extérieur ou des deux... et organise ta description : la taille, la hauteur, la couleur, l'organisation de la cour... la décoration des murs, les meubles, le matériel, l'organisation de la classe...
Que voit-on au premier plan ? au second plan ?...
- **Enregistre ta description au magnétophone, puis fais-la écouter à tes camarades.**
Demande-leur de dessiner ce qu'ils entendent au fur et à mesure.
Les dessins te satisfont-ils ? As-tu oublié des éléments importants ? Lesquels ?

En t'aidant de leurs remarques, améliore ta description...

Un moment d'inattention

Un mystérieux agresseur sème la panique dans le village. La Puce (un élève bien connu dans l'école) qui a déjà mené d'autres enquêtes, doit résoudre l'énigme. Actuellement, il est en classe…

– C'est bien, Valérie, tu peux retourner à ta place ! Patrick va prendre la relève et nous réciter la fin de la fable.

Silence total dans la classe. Toutes les têtes se tournent vers le fond de la salle. Dissimulé derrière la couverture d'un grand livre de calcul qu'il a posé sur la tranche, La Puce réfléchit. Il raisonne, griffonne, gribouille, trace des schémas savants sur son cahier de brouillon.

La Puce lève le nez, regarde par la fenêtre, sans pour autant prendre conscience de ce qui se passe autour de lui. Il lâche son crayon, mais rêvasse de plus belle. Ses camarades sont de plus en plus gênés.[…] La tension augmente dans la salle. Le silence est absolu. On entend vraiment les mouches voler. Quelques minutes se passent, puis un léger remous commence à agiter les rangs. On toussote, on donne un coup de pied dans un cartable, histoire de faire un peu de bruit pour attirer l'attention de La Puce.

p. 144
p. 182
p. 220

En d'autres circonstances, les enfants auraient pouffé de rire. Un camarade qui traficote derrière son livre de calcul, alors qu'on est en train de réciter une fable de La Fontaine, c'est plutôt rigolo.

Mais là, il ne s'agit pas de n'importe quel cancre. C'est La Puce. Et on sait ce qu'il est en train de faire. On a promis de le couvrir… La situation est plutôt délicate. On échange des regards inquiets, des coups de coude.

Assis devant La Puce, Yann tente vainement de reculer sa chaise afin de pouvoir lui envoyer un coup de pied. Rien à faire. La Puce ne réagit pas.

Le maître, lui, n'a pas encore perdu patience. Il ouvre son tiroir et en sort la feuille d'appel.

– Je n'ai pas encore mémorisé tous vos noms, dit-il.

Il parcourt la feuille du regard, puis reprend :

– C'est bien ça pourtant, je ne me suis pas trompé ! Tu t'appelles bien Patrick Legrand ?

Toujours pas de réponse. Yann trouve enfin le moyen de venir au secours de son camarade.

– M'sieur ! Personne ne l'appelle jamais comme ça. On le surnomme La Puce.

– La Puce ? répète le maître avec un sourire amusé. Eh bien, pourquoi pas ?… Monsieur La Puce ! ajoute-t-il un ton plus haut.

Cette fois, le garçon lève la tête et jette un regard ahuri sur l'ensemble de la classe.

– Ah, enfin ! s'exclame le maître. Tu peux ranger ton livre de calcul. Nous, nous sommes avec La Fontaine depuis un bon moment déjà.

– Quelle fontaine ?

Difficile de ne pas rire cette fois. Les élèves se mordent les lèvres. Heureusement que c'est le remplaçant. Avec la mère Barrot, La Puce aurait sacrément dégusté.

L'école frissonnière de Sarah Cohen-Scali, coll. *Dix & plus*,

Le titre du texte : ....

Le titre du livre : ....

L'auteur : ....

Ce texte est-il extrait d'un roman ? d'un conte ? d'un article ? d'un livre documentaire ?

Vocabulaire

1. Sur une copie du texte, encadre tous les mots qui montrent que l'action se déroule en classe.

2. a. Quel est le sens du verbe *couvrir* dans l'expression : « On a promis de le couvrir » ? Trouve d'autres verbes qui puissent convenir. Aide-toi du texte et du dictionnaire.
   b. Cherche les autres sens du verbe *couvrir* et utilise-les dans une phrase.

3. Explique le sens de l'expression « pouffé de rire ».

4. a. Quel est l'infinitif du verbe dans l'expression suivante : « Un camarade qui traficote » ? Essaie d'en donner une définition. Quel mot peut t'aider ?
   b. Quelle est la différence entre *trafiquer* et *traficoter* ?

Lecture - compréhension

Prendre des indices

1. Recherche où et quand se déroule cet extrait ?
2. Que fait La Puce pendant la récitation ?
3. Relève dans le texte tous les termes qui désignent La Puce.
4. Quel est le véritable nom de La Puce ?

Saisir l'essentiel

5. Sur une copie du texte, entoure :
   – en rouge, ce que fait La Puce,
   – en vert, ce que font ses camarades.
6. De quelles manières, Yann essaie-t-il de venir au secours de son camarade ?
7. Pourquoi les enfants rient-ils à la fin du texte ? Qu'aurais-tu fait dans une telle situation ?

Découvrons l'identité du narrateur

1. Sur une copie du texte de la page 10, de la ligne 23 jusqu'à la fin, entoure d'une couleur différente les termes qui désignent chacun des personnages.

2. a. Lis ces trois encadrés :

A

Quand notre fils était petit garçon, nous l'envoyâmes un jour ramasser des champignons. Il arriva dans la forêt, fit sa cueillette et voulut rentrer chez nous. Tout à coup le ciel s'assombrit, il prit peur, se mit à courir et s'abrita sous un grand chêne.

B

Quand j'étais petit garçon, mes parents m'envoyèrent un jour ramasser des champignons.
J'arrivai dans la forêt, fis ma cueillette et voulus rentrer à la maison. Tout à coup le ciel s'assombrit, je pris peur, me mis à courir et m'abritai sous un grand chêne.

C

Quand il était petit garçon, ses parents l'envoyèrent un jour ramasser des champignons. Il arriva dans la forêt, fit sa cueillette et voulut rentrer à la maison. Tout à coup le ciel s'assombrit, il prit peur, se mit à courir et s'abrita sous un grand chêne.

b. Qui raconte à chaque fois cette histoire ? Comment reconnais-tu le narrateur ?

c. Sur une copie de ces encadrés, colorie tous les indices qui te permettent de répondre.

3. a. Dans le texte de la page 10, qui est le narrateur (justifie ta réponse) :
Yann, Valérie, La Puce, le maître, La Fontaine, la mère Barrot, ou Casterman ?

b. Relis le passage écrit en bleu : quel sujet est le plus utilisé ?

c. Qui représente-t-il ? Qui est le narrateur de ce passage ? Est-ce le même que dans le reste du texte ?

À toi d'écrire

p. 182 | p. 186 | p. 224

4. a. Relis le texte de la page 10, des lignes 7 à 12.

b. Relève tous les mots qui montrent que le texte est écrit à la troisième personne du singulier .

5. a. Imagine maintenant que tu es *La Puce* et que tu racontes ce qui se passe. Réécris ce passage en faisant les modifications nécessaires.

b. Lorsque tu as terminé, vérifie que tout correspond
(pronoms, déterminants, verbes).

◆ 2. Désigner les personnages

Le nouveau

Nouveau dans l'école, Charles Bovary doit se présenter à sa classe…

– Levez-vous, dit le professeur.

Il se leva ; sa casquette tomba. Toute la classe se mit à rire.

Il se baissa pour la reprendre. Un voisin la fit tomber d'un coup de coude, il la ramassa encore une fois.

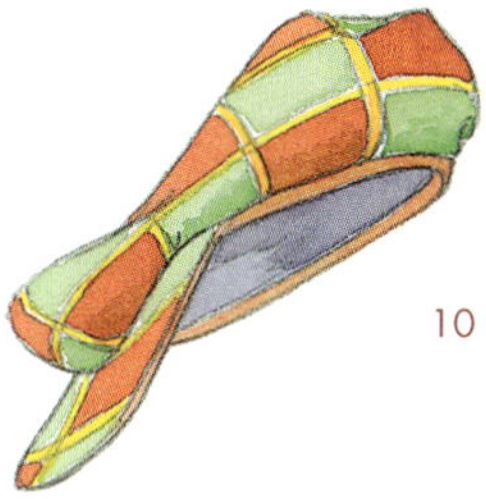

– Débarrassez-vous donc de votre casque, dit le professeur qui était un homme d'esprit.

Il y eut un rire éclatant des écoliers qui décontenança[1] le pauvre garçon, si bien qu'il ne savait s'il fallait garder sa casquette à la main, la laisser par terre ou la mettre sur sa tête. Il se rassit et la posa sur ses genoux.

– Levez-vous, reprit le professeur, et dites-moi votre nom.

Le nouveau articula, d'une voix bredouillante, un nom inintelligible[2].

– Répétez !

Le même bredouillement de syllabes se fit entendre, couvert par les huées de la classe.

– Plus haut ! cria le maître, plus haut !

Le nouveau, prenant alors une résolution extrême, ouvrit une bouche démesurée et lança à pleins poumons, comme pour appeler quelqu'un, ce mot : Charbovari.

Ce fut un vacarme qui s'élança d'un bond, monta en crescendo[3] avec des éclats de voix aigus (on hurlait, on aboyait, on trépignait, on répétait : Charbovari ! Charbovari !) puis qui roula en notes isolées, se calmant à grand'peine, et parfois qui reprenait tout à coup sur la ligne d'un banc où saillissait[4] encore çà et là, comme un pétard mal éteint, quelque rire étouffé.

Cependant sous la pluie des pensums[5], l'ordre peu à peu se rétablit dans la classe, et le professeur parvenu à saisir le nom de Charles Bovari, se l'étant fait dicter, épeler et relire, commanda tout de suite au pauvre diable d'aller s'asseoir sur le banc de paresse, au pied de la chaire[6]. Il se mit en mouvement, mais, avant de partir, hésita.

– Que cherchez-vous ? demanda le professeur.

– Ma cas…, fit timidement le nouveau en promenant autour de lui des regards inquiets.

– Cinq cents vers à toute la classe ! exclamé d'une voix furieuse, arrêta […] une bourrasque nouvelle.

1. **décontenancer :** troubler
2. **inintelligible :** incompréhensible
3. **en crescendo :** de plus en plus haut
4. **saillir :** jaillir
5. **pensum :** punition
6. **chaire :** bureau

7. **toque :** sorte de chapeau 8. **ridiculus sum :** *être ridicule,* en latin	– Restez donc tranquilles ! continuait le professeur indigné, et s'essuyant le front avec son mouchoir qu'il venait de prendre dans sa toque[7]. Quant à vous le nouveau, vous me copierez vingt fois le verbe ridiculus sum[8]. Puis d'une voix plus douce : – Eh ! vous la retrouverez, votre casquette ; on ne vous l'a pas volée. *Madame Bovary* de Gustave Flaubert.

à l'oral

Qu'aurais-tu fait à la place du nouveau ? Que penses-tu de l'attitude du professeur ?

Lecture - compréhension

Prendre des indices

1. Sur une copie du texte, repère les différents personnages et entoure-les chacun d'une couleur.
2. Relève dans le texte les mots ou expressions qui montrent :
   la timidité du nouveau, l'agacement du professeur, le bruit que font les élèves.

Saisir l'essentiel

3. Quel est le personnage principal de l'histoire ?
4. Peut-on dire qu'il en est le héros ? Pourquoi ? Que lui arrive-t-il ?
5. Comment les élèves accueillent-ils le nouveau ? Et le professeur ?

Vocabulaire

► *Comprendre une définition* ◄

1. a. Lis cet extrait d'un dictionnaire :

édredon, n.m. : Couvre-pieds épais rempli de plumes.
éducateur, **trice**, n. : Personne chargée d'instruire et d'éduquer les enfants (instituteur, professeur, moniteur).
éducatif, **ive**, adj. : Qui concerne l'éducation, qui sert à éduquer : *Les méthodes éducatives modernes font souvent appel au jeu et au sens artistique.* - SYN. Pédagogique.

éducation, n.f. : **1.** Action d'éduquer, d'instruire. – Ministère de l'Éducation Nationale ; celui dont dépendent écoles, collèges et lycées. **2.** *Bonne, mauvaise éducation :* manières d'une personne bien (mal) élevée.
éduquer, v. : Instruire et former le caractère : *Autrefois, on éduquait les enfants avec sévérité.*
effacer, v. (conjugaison 17) : **1.**Enlever une chose écrite, la faire disparaître : *Prends ta gomme et efface ce mot.* **2.** *S'effacer* : se ranger, en se mettant sur le côté du passage : *Luc s'effaça pour laisser passer le cortège.*

b. Par quels mots commencent les définitions des verbes ? Recherche dans ton dictionnaire d'autres définitions de verbes. Que peux-tu en déduire ? Fais de même pour les noms.

c. Explique à quoi servent les indications en couleur.

2. Indique à quel mot tu dois chercher dans un dictionnaire les termes en rose et à quelle catégorie ils appartiennent :

il pleut – une table neuve – j'ai vu un homme blessé – une exploratrice perdue

3. Retrouve les mots correspondant à ces définitions :

- … : faire une chute
- … : retirer les feuilles
- … : périodes durant lesquelles les activités cessent dans les écoles

Compare tes réponses avec celles du dictionnaire.

4. À toi de rédiger la définition des mots *élève* et *réciter*.

Découvrons comment désigner les personnages

1. Relis le texte de la page 13 et cherche tous les mots qui désignent Charles Bovary et le professeur. Sur une copie du texte, colorie-les.

2. a. Lis le texte suivant :

> « Qui est-ce qui ira demain en voiture à la gare avec François, pour chercher M. et Mme Charpentier ? » C'étaient mes grands-parents : grand-père Charpentier, l'homme au grand burnous de laine grise, le vieux garde forestier en retraite, avec son bonnet de poil de lapin qu'il appelait son képi… Les petits gamins le connaissaient bien. Les matins pour se débarbouiller, il tirait un seau d'eau, dans lequel il barbotait, à la façon des vieux soldats, en se frottant vaguement la barbiche.
>
> *Le Grand Meaulnes* d'Alain-Fournier, © Fayard 1986.

b. Relève toutes les façons de désigner le grand-père et classe-les en deux groupes : les groupes nominaux, les pronoms.

3. a. Lis le texte suivant. Que remarques-tu ?

Le voisin avait oublié sa tenue de gardien de but, mais le voisin avait quand même voulu jouer au foot avec nous. Un shoot terrible a tapé dans le nez du voisin, le voisin a saigné et en remontant chez le voisin, comme le voisin avait le nez qui saignait, le voisin ne voyait rien, alors le voisin a raté une marche. Le voisin est tombé à la renverse et de nouveau le nez du voisin a heurté le sol et le voisin a cassé les lunettes du voisin. Si bien que le voisin a fini la journée à l'hôpital.

b. À ton tour de chercher des groupes nominaux et des pronoms pour désigner *le voisin*.

c. Améliore le texte en utilisant ce que tu as trouvé. Compare ton travail avec celui d'un camarade et mettez-vous d'accord sur un texte.

◆ 3. Écrire un récit à la 1re personne

Quelle surprise !

La scène se passe à la fin du 19e siècle. La mère de Marcel, âgé de quatre ans, le dépose dans la classe de son père lorsqu'elle va au marché.

Un beau matin, ma mère me déposa à ma place, et sortit sans mot dire, pendant qu'il écrivait magnifiquement sur le tableau : « La maman a puni son petit garçon qui n'était pas sage. »

Tandis qu'il arrondissait un admirable point final, je criai : « Non ! Ce n'est pas vrai ! »

Mon père se retourna soudain, me regarda stupéfait, et s'écria : « Qu'est-ce que tu dis ?

– Maman ne m'a pas puni ! Tu n'as pas bien écrit ! »

Il s'avança vers moi :

– Qui t'a dit qu'on t'avait puni ?

– C'est écrit .

La surprise lui coupa la parole un moment.

– Voyons, voyons, dit-il enfin, est-ce que tu sais lire ?

– Oui.

– Voyons, voyons... répétait-il.

Il dirigea la pointe du bambou vers le tableau noir.

« Eh bien, lis. »

Je lus la phrase à haute voix. Alors, il alla prendre un abécédaire[1], et je lus sans difficulté plusieurs pages...

Je crois qu'il eut ce jour-là la plus grande fierté de sa vie.

Lorsque ma mère revint, elle me trouva au milieu des quatre instituteurs, qui avaient renvoyé leurs élèves dans la cour de récréation, et qui m'entendaient déchiffrer lentement l'histoire du Petit Poucet... Mais au lieu d'admirer cet exploit, elle pâlit, déposa ses paquets par terre, referma le livre et m'emporta dans ses bras en disant : « Mon Dieu ! Mon Dieu !.. »

Sur la porte de la classe, il y avait la concierge, qui était une vieille femme corse : elle faisait des signes de croix. J'ai su plus tard que c'était elle qui était allée chercher ma mère, en l'assurant que « ces messieurs » allaient me faire « éclater le cerveau ».

À table, mon père affirma qu'il s'agissait de superstitions ridicules, que je n'avais fourni aucun effort, que j'avais appris à lire comme un perroquet apprend à parler, et qu'il ne s'en était même pas aperçu. Ma mère ne fut pas convaincue, et de temps à autre elle posait sa main fraîche sur mon front et me demandait : « Tu n'as pas mal à la tête ? ».

1. **abécédaire :** méthode de lecture

Non, je n'avais pas mal à la tête, mais jusqu'à l'âge de six ans, il ne me fut plus permis d'entrer dans une classe, ni d'ouvrir un livre par crainte d'une explosion cérébrale. Elle ne fut rassurée que deux ans plus tard, à la fin de mon premier trimestre scolaire, quand mon institutrice lui déclara que j'étais doué d'une mémoire surprenante, mais que ma maturité d'esprit[2] était celle d'un enfant au berceau.

La Gloire de mon père de Marcel Pagnol, © Éditions de Fallois.

2. maturité d'esprit : âge mental

à l'oral

As-tu déjà étonné tes parents, tes amis par un « exploit » hors du commun ? Raconte.

Photo du film d'Yves Robert.

Lecture guidée

1. En t'aidant du texte, explique le sens des mots *superstition* et *cérébrale* ; donnes-en une définition, puis compare avec celle du dictionnaire.

2. Repère dans ce texte qui est le narrateur. Sur une copie du texte, entoure tous les indices qui le confirment ; compare avec un camarade.

3. a. Dans ce passage, que dit le père ? Que fait la mère ?

> À table, mon père affirma qu'il s'agissait de superstitions ridicules, que je n'avais fourni aucun effort, que j'avais appris à lire comme un perroquet apprend à parler, et qu'il ne s'en était même pas aperçu. Ma mère ne fut pas convaincue, et de temps à autre elle posait sa main fraîche sur mon front et me demandait : « Tu n'as pas mal à la tête ? »

b. À quoi servent les mots en rose ? Relis la phrase en les supprimant (fais tous les changements nécessaires).

c. Quel mot prouve que le père est sûr de ce qu'il dit ? Est-ce que cela influence la mère ? Justifie ta réponse.

d. À quoi sert le mot en bleu ? À ton avis, pour quelles raisons est-il utilisé ici ?

4. Relève les verbes de cet extrait et classe-les selon leurs temps (aide-toi du tableau de conjugaison). Comment expliques-tu ces différents temps ?

Lire à haute voix

◆ Relis le texte jusqu'à la ligne 21. Prépare ta lecture en te mettant à la place de chaque personnage, exprime les émotions qu'ils ressentent : colère, étonnement,…
Enregistre-toi avant au magnétophone ou lis devant une glace en te regardant souvent.

À toi d'écrire un récit à la 1re personne

1. Raconte ce que tu as fait le jour de la rentrée.

Pour t'aider

p. 186 p. 222

- Relis le texte, page 16, et repère les pronoms utilisés.
- Relis le texte, page 13. Imagine que tu es le nouveau et que tu es le narrateur. Réécris ce passage à la 1re personne… Pour cela, repère tous les mots qui indiquent que les verbes sont conjugués à la 3e personne.

> Il se leva ; sa casquette tomba. Toute la classe se mit à rire. Il se baissa pour la reprendre. Un voisin la fit tomber d'un coup de coude, il la ramassa encore une fois. […] Il y eut un rire éclatant des écoliers qui décontenança le pauvre garçon, si bien qu'il ne savait s'il fallait garder sa casquette à la main, la laisser par terre ou la mettre sur sa tête. Il se rassit et la posa sur ses genoux.

- Dans ton récit, pense à construire tes phrases, à bien utiliser les différents pronoms de conjugaison et fais attention aux temps des verbes.

À toi de réécrire

2. a. Que penses-tu de ce texte écrit par Chloé ?

> *Le matin de la rentrée j'étais toute contente de retrouver mes camarades avec qui on s'était quittés y a deux mois les anciens se racontaient leurs vacances à eux les nouveaux savaient pas quoi faire alors les nouveaux allaient dans tous les sens et les garçons commencent une partie de foot; déjà ils avaient posé leur sac dans un coin de la cour tout à coup j'ai aperçu Claudine et je l'ai appelée hello comment vas tu? bien! mais moi je me suis ennuyée alors la cloche a sonné et nous sommes mis en rangs les vacances sont bien terminées*

b. Avec un camarade, corrige ce texte oralement.

p. 144

c. Réécris-le ensuite.

Pense à la ponctuation, aux temps des verbes, aux façons de désigner les personnages.

d. Relis le travail de ton camarade et cherche ce qui peut encore être corrigé pendant qu'il fait de même. Reprends ton texte, écoute ses remarques et améliore ce que tu as fait.

Lire un règlement

École élémentaire Jules-Ferry
25, rue des Écoles

RÈGLEMENT INTÉRIEUR

Le règlement intérieur établit les règles que chacun doit respecter ; il s'inscrit dans le respect des textes en vigueur.
Tout adulte et tout élève de l'école a pour mission de respecter et de faire respecter ce règlement intérieur.

A – ACCÈS À L'ÉCOLE :

1) Aux heures d'arrivée et de départ, les élèves passent par la grille nord-est (voie piétonne). En cas de retard, l'accès s'effectue par la porte du gardien.
2) En arrivant à l'école, les élèves doivent se diriger calmement vers leur classe.

B – MOUVEMENTS :

Après les récréations, les élèves se rangent dans la cour à l'endroit marqué pour leur classe, attendent leur enseignant et le suivent en ordre jusqu'à la salle de classe.
Aucun élève ne doit rester dans une salle après le départ de l'enseignant.
Au moment des récréations et de l'interclasse de midi, les élèves sortent dans la cour.
Aucun élève ne doit rester dans les couloirs.
Tous ces mouvements doivent s'effectuer dans le calme.

C – COMPORTEMENTS :

Les enseignants et tous les membres de la communauté éducative s'interdisent tout comportement, geste ou parole qui traduirait indifférence ou mépris à l'égard d'un élève ou de sa famille.
De même les élèves, comme leurs familles, doivent s'interdire tout comportement geste ou parole, qui porterait atteinte à la fonction ou à la personne des membres de la communauté éducative et au respect dû aux autres élèves ou à leurs familles.

L'essentiel

1. De quoi parle ce texte ?
2. À quel établissement s'applique-t-il ? À qui s'adresse-t-il ?
3. Comment est organisé le texte ? Pourquoi ?
4. Qu'est-ce qu'un règlement ?

En détail

5. Quel est le verbe le plus utilisé ?
6. Que signifie la dernière phrase de la première partie ?
7. Que doit faire un élève qui arrive en retard ?

À ton tour

- Rédige une partie de règlement organisant les récréations. Aide-toi de ce qui se fait dans ton école.

Le coin du poète

Écoles

…Ce sont les écoles de campagne, les écoles perdues
Entre la lande et la pierraille, entre les bois et les labours ;
Il y en a près des hameaux où les chemins font carrefour ;
D'autres qu'entoure le village et d'autres à l'entrée du bourg ;
Celles aussi qu'on a bâties à l'écart sur un monticule.
Et si nos yeux pouvaient franchir cette brume qui traîne au bout,
Ils en verraient d'autres monter sur un terrain noir contre une usine,
Pâles écoles de banlieue où l'air sent le fer et le soufre ;
Et d'autres bien creusées de cours naître du cœur des grandes villes.

Jules Romains, *L'homme blanc*, © Éd. Flammarion.

L'élève modèle

C'est un élève modèle
a dit l'instituteur.
Quelques-uns ont compris.
Ce sont ceux
qui copient sur lui….

Marjan, *Tenue de fantaisie*,
1951, D.R.

Grammaire

Peut-être et toujours peut-être
adverbe que vous m'ennuyez
avec vos presque et presque pas
quand fleurissent les apostrophes

Et vous points et virgules
qui grouillez dans les viviers
où nagent les subjonctifs
Je vous empaquette vous ficelle

Soyez maudits paragraphes
pour que les prophéties s'accomplissent
bâtards honteux des grammairiens
et des mauvais joueurs de syntaxe

Sucez vos impératifs
et laissez-nous dormir
une bonne fois
c'est la nuit et la canicule

Philippe Soupault, *Grammaire*
Poèmes et poésies, Grasset 1973
© Philippe Soupault.

La blanche école

La blanche école où je vivrai
N'aura pas de roses rouges
Mais seulement devant le seuil
Un bouquet d'enfants qui bougent

On entendra sous les fenêtres
Le chant du coq et du roulier ;
Un oiseau naîtra de la plume
Tremblante au bord de l'encrier

Tout sera joie ! Les têtes blondes
S'allumeront dans le soleil,
Et les enfants feront des rondes
Pour tenter les gamins du ciel

René-Guy Cadou,
Les Amis d'enfance,
© Éd. Seghers.

◆ *As-tu déjà vu des sculptures ? Où ?*
Que penses-tu de cette écolière ?

Mots-valises

Chevalphabet :
grand mammifère
à crinière qui sert
à transcrire les sons

Coucouronne :
oiseau grimpeur
que l'on met sur la tête

Enfantôme :
garçon ou fille qui
apparaît de façon
surnaturelle

Élèvelours :
élève très doux

Virguleçon :
signe de ponctuation
à apprendre par cœur

L'écolière de E. Degas, *Étude de femmes*, 3/4 gauche, plâtre, 1880-81, Musée d'Orsay, Paris.

Atelier de poésie

1. a. Comment sont formés les mots-valises ? Et leur définition ?

b. Quel mot obtiens-tu avec : *cartable* et *tableau* ?
Construis des mots-valises avec *stylo, école, lecture, classe* et invente leur définition.

2. a. Lis à voix haute ces mots trouvés dans un dictionnaire :
deutéragoniste, syntoniser, sycophante, oxymore, joubarbe.

b. Imagine une définition pour chacun, puis compare avec celles de tes camarades.
Cherche celles du dictionnaire.

À toi d'écrire

3. a. À plusieurs, inventez des mots-valises.

b. Choisissez-en cinq pour lesquels vous imaginerez des définitions.

c. Comparez ce que vous avez trouvé.

4. Cherche dans un dictionnaire des mots « rares », par leur longueur, ou leur sonorité et demande à un camarade d'inventer leur définition.
Échangez les rôles.

2

Dans cette unité tu vas apprendre à :

- *1. Repérer l'organisation du récit.*
- *2. Enchaîner des actions.*
- *3. Écrire un récit fantastique.*

à l'oral

- *Décrire un personnage.*

Parmi ces personnages, lequel te paraît le plus angoissant ? Pourquoi ?

à l'oral

Observer et identifier

1. Parmi tous les personnages représentés, quels sont ceux que tu connais ? Où les as-tu rencontrés ?

2. Choisis un personnage de l'illustration. Tes camarades doivent le trouver en te posant des questions auxquelles tu ne répondras que par *oui* ou par *non*. Attention, ils n'ont pas le droit de le nommer !

S'exprimer

1. En quoi ces personnages vous paraissent-ils fantastiques ?

2. Quels sont les personnages fantastiques connus qu'on pourrait ajouter à l'illustration ? Justifiez vos choix.

3. Imaginez d'autres personnages fantastiques...

Décrire un personnage

◆ Choisis dans l'illustration ou dans un autre livre un personnage ou un animal fantastique (tu peux aussi le dessiner toi-même) ; tu devras en faire une description à tes camarades.

Pour cela :

- Fais l'inventaire précis des caractéristiques de ton personnage : tête, corps, vêtements, attitude, allure...
- Pour chaque partie de ton personnage, donne des informations précises : forme, couleur...
- Choisis l'organisation de ton portrait : de l'allure générale au détail ou de la tête aux pieds...
- Précise en quoi il est fantastique.
- Varie les formes de phrases que tu vas utiliser : *Il est ..., Ses yeux...*
- Utilise des verbes différents : *être, apparaître, ressembler à, paraître...*

Entraîne-toi avec un camarade et modifie la description de ton personnage en fonction de ses remarques.

L'apparition (1)

L'homme de fer arriva en haut de la falaise.

Combien de temps avait-il marché ? Nul ne le savait. D'où venait-il ? Nul ne le savait. Comment avait-il été fait ? Nul ne le savait. Plus haut qu'une maison, le géant de fer se dressait dans la nuit, tout au bord de la falaise.

Le vent chantait entre ses doigts de fer. Sa tête en fer, grosse comme une capsule de fusée, tourna lentement vers la droite, puis vers la gauche. Ses oreilles en fer tournèrent elles aussi.

Il écoutait la mer. Et ses yeux la cherchaient, pareils à d'énormes torches qui lançaient des éclairs blancs, rouges, infrarouges. L'homme de fer n'avait jamais vu la mer.

Il oscillait[1] au bord de la falaise, tout au bord. Il souleva son pied droit, son énorme pied en fer, et l'avança dans le vide. CRRRRAAAASSSSH !

L'homme de fer bascula. La tête la première, il rebondit, rebondit encore sur les rochers dans un terrible fracas de tôles froissées. Ses jambes se détachèrent, puis ses mains, ses bras, ses oreilles, sa tête et ses yeux. Tous les morceaux rebondirent, s'entrechoquèrent, s'écrasèrent et roulèrent en bas, tout en bas, sur les rochers qui se perdaient dans la mer. Derrière lui, de grosses pierres dévalèrent la falaise.

Et puis, le silence.

Juste le bruit des vagues qui cernent la plage où sont éparpillés les morceaux de l'homme de fer, immobiles et silencieux. Seule une main, échouée près d'une vieille botte de pêcheur, remue les doigts, l'espace d'un instant, aussi maladroite qu'un crabe renversé sur le dos. À nouveau, plus rien. (...)

La nuit passa. Juste avant l'aube, quand le noir du ciel devient bleu et que l'on peut distinguer chaque rocher, deux mouettes survolèrent la grève[2] en criant.

Elles se posèrent sur une bande de sable. Dans leur nid accroché à la falaise, deux oisillons affamés attendaient leurs parents partis en quête de nourriture. L'une des mouettes s'envola ; elle avait vu quelque chose, quelque chose qui brillait dans les rochers. D'un coup d'aile, elle se laissa glisser doucement et atterrit sur les rochers tranchants. Elle prit l'objet rond et dur dans son bec. C'était un œil de l'homme de fer. Elle le rapporta à sa compagne, et les deux mouettes regardèrent l'œil. Et l'œil les regarda. Il roulait d'un côté et de l'autre, regardait les deux mouettes tour à tour. Les oiseaux trouvèrent qu'il s'agissait là d'un drôle de mollusque[3].

Alors l'autre mouette s'envola, plana au-dessus des rochers, puis vint toucher le sable et prit quelque chose dans son bec, quelque chose de bizarre.

p. 148
p. 224

1. **osciller :** faire un mouvement d'avant en arrière
2. **grève :** plage
3. **mollusque :** animal au corps mou

Elle repartit lentement : l'objet était lourd et encombrant. La mouette le laissa enfin tomber dans le nid, à côté de l'œil. La chose avait cinq jambes et remuait. La mouette crut avoir affaire à une nouvelle espèce de crabe. Un drôle de crabe. Un drôle de mollusque. Les mouettes ne savaient pas qu'elles venaient de trouver une main et un œil de l'homme de fer.

Le géant de fer de Ted Hugues, trad. de S. de Vogelas,
coll. *Folio Cadet*, © Éd. Gallimard.

Vocabulaire

1. Relève tous les mots qui se rapportent au vocabulaire de la mer.

2. **a.** Donne le sens que les mots *grève*, *vague*, *échouer* et *survoler* ont dans le texte. Pour chacun d'eux recopie sa définition.

b. Utilise-les maintenant dans les phrases suivantes :

Elle n'a pas révisé le code de la route, elle va … au permis de conduire. – Les employés de cette entreprise ont décidé de cesser le travail, ils font … . – Il n'a pas lu attentivement son texte, il s'est contenté de le … . – C'est une question trop …, je ne peux y répondre avec précision.

c. Quel sens ont ces mots dans les phrases précédentes ? Quelles différences repères-tu ?

Lecture - compréhension

Prendre des indices

1. Réponds par *VRAI* ou par *FAUX* et justifie avec des phrases du texte.

a. L'homme de fer éprouve des sentiments, des émotions.
b. Les mouettes prennent les morceaux de l'homme de fer pour des crabes ou des coquillages.
c. Les mouettes veulent retrouver les morceaux de l'homme de fer.
d. Cette histoire se passe la nuit.

2. En combien de morceaux l'homme de fer se brise-t-il ? Quels morceaux les mouettes retrouvent-elles ? Pour répondre, relis le texte en entier.

Saisir l'essentiel

3. Cette histoire peut-elle être vraie ? Pourquoi ?

4. Qui sont les personnages ? Qui est le personnage principal ?

5. Imagine les raisons qui ont conduit l'homme de fer sur la falaise.

6. À ton avis, que va-t-il se passer ensuite?

Découvrons l'organisation du récit

1. Dans le texte, page 24, jusqu'à la ligne 10, relève tout ce que tu apprends sur :
   - a. le lieu où se déroule l'histoire,
   - b. le personnage : qui est-il ? d'où vient-il ? comment est-il ? pourquoi est-il là ?

2. Fais de même des lignes 10 à 18. Qu'arrive-t-il à l'homme de fer ?

3. Relis le texte de la ligne 28 à la fin. Quels sont les personnages présents ? Que font-ils ? Comment apparaît le personnage principal ?

4. Reprends tous les éléments précédents dans le tableau suivant :

a. La situation initiale (le début de l'histoire)	Le personnage principal L'événement déclencheur	Qui et comment est-il ? Qu'arrive-t-il au héros ?
b. La suite de l'histoire	Les événements	Que se passe-t-il d'abord ? Ensuite ? Après ?
c. La situation finale (la fin)	La situation d'arrivée	Comment se termine le récit ?

5. Relis le texte des lignes 20 à 27. Comment l'auteur montre-t-il que rien ne se passe dans l'histoire ? Relève les trois phrases qui l'indiquent.

6. **a.** Relis les deux phrases du texte, lignes 14 à 17, «*Ses jambes... dans la mer.*» Dans la première phrase, fais la liste des morceaux de l'homme de fer. Par quel groupe de mots cette énumération est-elle remplacée dans la seconde phrase ?

   b. L'auteur aurait aussi pu écrire :
   «*L'homme de fer s'écrasa en morceaux sur les rochers.*»
   Aurait-il alors dit la même chose ? Pourquoi ?

À toi d'écrire

p. 148 | p. 220 | p. 224

7. **a.** Réécris la présentation du géant de fer en t'aidant du début du texte, page 24 :
   ... arriva ... . ? Nul ne le savait. ... ?
   Nul ne le savait. ... ? Nul ne le savait. Plus ... .

   b. De la même manière, écris le début d'un texte qui parle d'un fantôme ou d'une soucoupe volante, puis continue ton histoire en imaginant une rencontre étrange entre ton personnage et un autre.

8. Reprends l'activité 6 du *Découvrons*.
   Sur le même modèle, écris deux phrases parlant de voitures pendant une course ou d'une séance à la piscine :
   – la première avec une succession de noms ;
   – la deuxième avec une suite de verbes d'action.

L'apparition (2)

À peine réunis, l'œil regarda la main. Une petite lueur bleue se mit à clignoter. La main se dressa alors sur le pouce et trois doigts, et tendit l'index, comme un long nez. Il tâtonna et toucha l'œil. Il s'en empara joyeusement, le fit rouler sous le majeur et l'installa entre le pouce et l'index : la main pouvait voir.

Elle regarda autour d'elle, fixa une des mouettes et la toucha du bout d'un de ses doigts glacés ; puis elle toucha l'autre mouette. Pris de panique, les deux oiseaux disparurent haut dans le ciel en poussant des cris d'effroi. Alors la main commença lentement à escalader les rochers. Elle se dirigea soudain vers quelque chose qu'elle attrapa et tira vers elle. Mais l'objet était coincé entre deux rochers. C'était un des bras de l'homme de fer. Bientôt, elle dut renoncer et elle se fraya[1] tant bien que mal un chemin parmi les rochers, à nouveau, elle s'arrêta au contact d'un autre morceau de ferraille. C'était l'autre main de fer qui serra ses doigts autour de l'auriculaire de la première main et se laissa hisser hors du trou où elle était tombée.

Les deux mains, l'une guidant l'autre, retournèrent vers le bras, et, ensemble, elles parvinrent à le dégager. La main qui voyait s'attacha au poignet du bras qui se souleva et se mit à marcher sur sa main retrouvée. L'autre main suivait derrière, et l'étrange équipage continua ses recherches.

Un œil ! Là, faisant des appels muets à côté d'un galet blanc et noir !

La main qui voyait donna l'œil à la main aveugle. Les deux mains pouvaient voir à présent. Elles coururent sur les rochers et trouvèrent bientôt une jambe. Elles s'y perchèrent, et la jambe partit en sautillant parmi les rochers, le bras se balançant au bout de la main qui elle-même se cramponnait au sommet de la jambe. Les deux mains, aidées de leurs yeux, guidaient la jambe, tournant d'un côté ou d'un autre comme des cavaliers sur leur monture. Bientôt, l'autre jambe et l'autre bras apparurent. Chaque main, pourvue[2] de son œil et accrochée à un bras, chevauchait maintenant une jambe.

Elles descendirent les rochers jusqu'à la plage. L'une d'elles trouva une oreille et, au même instant, l'autre mit au jour l'énorme torse. Infatigables, les mains accrochèrent les jambes et les bras au torse. L'étrange corps se redressa, gagna la plage, les yeux dans les mains, à la recherche de sa tête. Il la trouva nichée dans un nid d'algues rouges, dépourvue bien sûr d'yeux et d'oreilles. En un tournemain[3], l'homme de fer eut à nouveau la tête sur les épaules.

Les yeux purent enfin reprendre leur place. Il ne manquait plus qu'une oreille, et l'homme de fer arpenta[4] la plage à sa recherche. Le soleil se levait sur la mer, le jour naissait. De leur nid, en haut de la falaise, les deux mouettes

1. **se frayer :** se tracer
2. **pourvu :** muni
3. **en un tournemain :** en un instant
4. **arpenter :** parcourir en long et en large

5. s'affairer : s'agiter

observaient le géant qui s'affairait[5] en bas des rochers. Dans le nid, il y avait une énorme oreille en fer. (...)

En bas, tout en bas, l'homme de fer continuait de chercher. Il s'arrêta et contempla la mer. Pensait-il qu'elle lui avait volé son oreille ? La marée avait pu l'emporter, alors qu'il gisait en morceaux sur les rochers. Il s'avança dans les vagues qui se fracassaient contre les brisants, s'arrêta un instant ; il avait de l'eau jusqu'aux genoux. Il continua de s'enfoncer dans la mer, profondément, très profondément.

Le géant de fer de Ted Hugues, trad. de S. de Vogelas,
coll. *Folio Cadet*, © Éd. Gallimard.

à l'oral

Imagine ce que les mouettes vont pouvoir faire de l'oreille de l'homme de fer ?

Lecture - compréhension

Prendre des indices

1. Voici des parties du corps de l'homme de fer. Dans quel ordre les mouettes les ont-elles retrouvées ?
Justifie ta réponse à l'aide du texte.

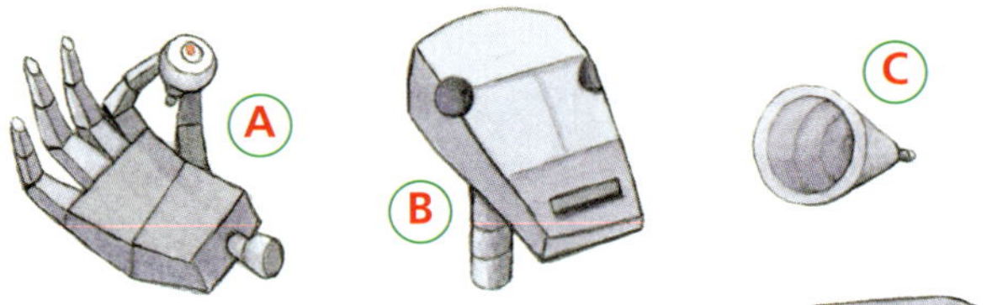

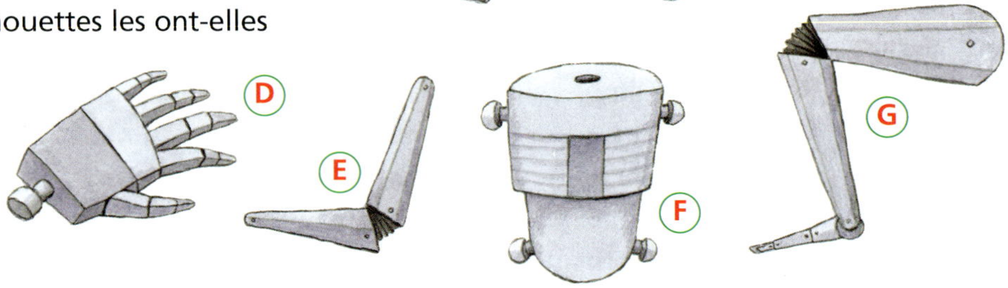

Saisir l'essentiel

2. Après avoir bien lu le texte, choisis le résumé qui correspond le mieux à la fin de cette histoire :

a. Les mouettes décident d'aider le géant de fer à se reconstruire. Elles rassemblent donc tous les morceaux sur la plage, en commençant par l'œil et une des deux mains.

b. Une des mouettes trouve une main et l'autre un œil de l'homme de fer. L'œil va aider la main et retrouvera ainsi presque tous les autres morceaux du géant.

Complète-le si tu le souhaites.

Vocabulaire

► *Manier radical, préfixes et suffixes* ◄

1. a. Relis le texte, page 27 et recopie tous les mots soulignés.

b. Pour chacun d'eux, trouve son radical et indique comment il est formé : préfixe **et/ou** suffixe. (Tu peux t'aider du dictionnaire.)

c. Indique le sens de chaque préfixe.

2. Trouve le contraire de ces mots à l'aide des préfixes suivants : *in-, im-, mal-, mé-, més-, ir-, il.* Puis classe-les dans un tableau. (Utilise ton dictionnaire.)

adroit – poli – correct – estimer – perméable – aventure – content – connu – respectueux – patient – lisible – partial – remplaçable – tolérant – lettré – humain – mobile – traiter.

3. a. Classe les mots suivants selon leur suffixe :

blanchâtre – portable – beigeasse – accessible – respirable – paperasse – démontable – irrésistible – verdâtre – fadasse – remplaçable – rougeâtre.

b. Quel est le sens de chaque suffixe ?

4. À l'aide du dictionnaire, trouve cinq mots de la même famille que : *terre, mer* et *chair*. Utilise-les dans des phrases. (Attention le radical peut changer !)

Découvrons comment enchaîner des actions

1. Relis ce passage et explique à quoi servent les mots en rose (connecteurs de temps). Encadre les verbes et place-les sur un axe du temps.

Elle regarda autour d'elle, fixa une des mouettes et la toucha du bout d'un de ses doigts glacés ; puis elle toucha l'autre mouette. Pris de panique, les deux oiseaux disparurent haut dans le ciel en poussant des cris d'effroi. Alors la main commença lentement à escalader les rochers.

2. Recopie le passage suivant en insérant les connecteurs :

finalement, puis, d'abord, enfin, alors.

Elles descendirent les rochers jusqu'à la plage. L'une d'elles trouva une oreille et, au même instant, l'autre mit au jour l'énorme torse. Infatigables, les mains accrochèrent les jambes et les bras au torse. L'étrange corps se redressa, gagna la plage, à la recherche de sa tête. Il la trouva nichée dans un nid d'algues rouges.

Compare ton travail avec celui d'un camarade.

3. Complète le texte avec les marqueurs de temps suivants :

la semaine suivante, après, dès le lendemain, la veille.

Les deux enfants se rencontrèrent ... la séance de cinéma. Ils discutèrent de ce film qu'un de leurs camarades avait vu ... . Ils décidèrent ... de conseiller ce spectacle à tous ceux qu'ils aimaient bien. ... tous les enfants avaient vu le film.

4. a. Recopie ce texte en soulignant les marqueurs de temps et en encadrant les verbes. Place chronologiquement les verbes que tu as encadrés sur un axe du temps.

Le soleil était levé depuis quelques minutes lorsque le bateau sortit du port. La veille, la météo annonçait du beau temps et les marins avaient embarqué joyeusement car ce jeudi-là, le ciel était clair. Ils décidèrent cependant de rentrer quand ils virent le ciel se couvrir de nuages. Quand la tempête éclata ils avaient regagné le port.

b. Réécris le texte précédent en présentant les actions dans l'ordre où elles se sont produites. Compare ton travail avec celui de tes camarades.

Quels marqueurs de temps avez-vous utilisés ? Pourquoi ?

Une étrange maladie

Atteint d'une étrange maladie, un homme raconte à son médecin....

Ayant soif un soir, je bus un demi-verre d'eau et je remarquai que ma carafe, posée sur la commode en face de mon lit, était pleine jusqu'au bouchon de cristal. J'eus, pendant la nuit, un de ces sommeils affreux dont je viens de vous parler. J'allumai ma bougie, en proie à une épouvantable angoisse, et, comme je voulus boire de nouveau, je m'aperçus avec stupeur que ma carafe était vide. Je n'en pouvais croire mes yeux. Ou bien on était entré dans ma chambre, ou bien j'étais somnambule[1].

Le soir suivant, je voulus faire la même épreuve. Je fermai donc ma porte à clef pour être certain que personne ne pourrait pénétrer chez moi. Je m'endormis et je me réveillai comme chaque nuit. On avait bu toute l'eau que j'avais vue deux heures plus tôt.

Qui avait bu cette eau ? Moi, sans doute, et pourtant je me croyais sûr, absolument sûr, de n'avoir pas fait un mouvement dans mon sommeil profond et douloureux.

p. 186

Alors j'eus recours[2] à des ruses pour me convaincre que je n'accomplissais point ces actes inconscients[3]. Je plaçai un soir, à côté de la carafe, une bouteille de vieux bordeaux, une tasse de lait dont j'ai horreur, et des gâteaux au chocolat que j'adore.

Le vin et les gâteaux demeurèrent intacts. Le lait et l'eau disparurent. Alors, chaque jour, je changeai les boissons et les nourritures. Jamais on ne toucha aux choses solides, compactes, et on ne but, en fait de liquide, que du laitage frais et de l'eau surtout.

Mais ce doute poignant restait dans mon âme. N'était-ce pas moi qui me levais sans en avoir conscience, et qui buvais même les choses détestées, car mes sens engourdis par le sommeil somnambulique pouvaient être modifiés, avoir perdu leurs répugnances ordinaires et acquis des goûts différents.

Je me servis alors d'une ruse nouvelle contre moi-même. J'enveloppai tous les objets auxquels il fallait infailliblement[4] toucher avec des bandelettes de mousseline[5] blanche et je les recouvris encore avec une serviette de batiste[6].

1. **être somnambule :** faire des choses tout en dormant
2. **avoir recours :** utiliser
3. **inconscient :** non raisonné
4. **infailliblement :** obligatoirement
5. **mousseline :** tissu fin
6. **batiste :** toile de lin très fine

7. **immaculé :** sans aucune tache

Puis, au moment de me mettre au lit, je me barbouillai les mains, les lèvres et les moustaches avec de la mine de plomb.

À mon réveil, tous les objets étaient demeurés immaculés[7] bien qu'on y eût touché, car la serviette n'était point posée comme je l'avais mise ; et, de plus, on avait bu de l'eau et du lait. Or ma porte fermée avec une clef de sûreté et mes volets cadenassés n'avaient pu laisser pénétrer personne.

Alors, je me posai cette redoutable question : qui donc était là, toutes les nuits, près de moi ?

Le Horla de Guy de Maupassant, © *Librio* pour la couverture.

à l'oral

Quelle(s) explication(s) donnerais-tu à ces étranges phénomènes ?

Lecture guidée

1. a. Relève dans le texte les adjectifs qui accompagnent les noms suivants :

ces sommeils … – une … angoisse – mon sommeil … et … – ce doute … – les choses … – mes sens … – le sommeil … – cette … question.

b. Quelle est l'atmosphère suggérée par ces expressions ?

2. Relis cet extrait du texte :

> À mon réveil, tous les objets étaient demeurés immaculés **bien qu'**on y eût touché, **car** la serviette n'était point posée comme je l'avais mise ; et, **de plus**, on avait bu de l'eau et du lait. **Or** ma porte fermée avec une clef de sûreté **et** mes volets cadenassés n'avaient pu laisser pénétrer personne.

Recopie ce passage en remplaçant les mots en rose respectivement par :

encore que, puisque, parce que, pourtant, ainsi que.

Explique à quoi servent ces mots.

3. a. Dans la phrase suivante, que désigne le *on*.

« On avait bu toute l'eau que j'avais vue deux heures plus tôt. »

Pourquoi l'auteur utilise-t-il ce pronom ? Par quoi pourrais-tu le remplacer ?

b. Recopie les autres phases du texte dans lesquelles le personnage mystérieux est désigné par *on*.

4. Explique ce que fait l'auteur pour savoir qui boit l'eau et le lait.

Lire à haute voix

◆ Tu vas lire le début de ce texte (jusqu'à la ligne 12) à tes camarades en essayant de leur faire partager ton angoisse devant ces phénomènes.

Pour cela repère ce sur quoi tu vas insister, utilise la ponctuation et choisis le bon timbre de voix.

À toi d'écrire un récit fantastique

1. Relis le texte de Maupassant, page 30, et termine le récit à ta manière.

Pour cela, imagine d'abord un moyen pour découvrir cette présence invisible :
où ? quand ? comment ? pourquoi ?

Donne une explication ou au contraire laisse le mystère entier.

2. En t'inspirant de tes lectures ou des films que tu as pu voir, écris un récit fantastique qui te met en scène (un texte écrit avec *je*).

Pour t'aider

p. 182 p. 224

- Reporte-toi au tableau, page 26 et suis attentivement les différentes étapes :
  la situation initiale – le déroulement des différentes actions – la situation finale.

- Utilise des marqueurs de temps pour indiquer l'ordre dans lequel se déroulent les actions :
  d'abord, ensuite, puis, en même temps, au moment où, après, avant que...

- Décris avec précision ce qui se passe, choisis les détails indispensables à la compréhension des événements.

À toi de réécrire

3. Fais relire ton récit à un camarade et demande-lui de répondre à ces questions :

Dans le texte :	Oui	Non
a. La situation de départ est présentée.		
b. On sait toujours de qui ou de quoi parle le texte.		
c. L'ordre des actions est indiqué.		
d. La ponctuation est utilisée convenablement.		
e. La fin de l'histoire est connue.		

4. Si dans certaines cases, la réponse est *non*, corrige ton texte.
Aide-toi des remarques suivantes pour l'améliorer.

a. Relis le début et vérifie que tu as bien indiqué où se déroule l'histoire, qui est ton personnage, comment il est et ce qu'il se propose de faire.

b. Utilise les remarques de ton camarade pour rendre ton texte plus clair.

c. Utilise des marqueurs de temps pour indiquer l'ordre des événements.

d. Relis ton texte à haute voix pour faire apparaître la ponctuation nécessaire.

e. Précise comment se termine l'histoire (bien ou mal) et imagine les sentiments de ton personnage.

Lire la couverture d'un CD Rom

© Emme

L'essentiel

1. Qu'est-ce qui permet de savoir qu'il s'agit d'un jeu pour les jeunes ?
2. Qui sont Vulcor, Mirza, Gaïa et Plonk ?
3. Quel est le but de ce jeu ? Quelles qualités sont nécessaires pour gagner ?

En détail

4. Quels indices te permettent de savoir que c'est une pochette de CD Rom ?
5. Quand et où rencontre-t-on ce type de document ?
6. Que doit faire le joueur ? Où est-ce écrit ?
7. Que voit-on en premier ?
8. Quelle impression l'illustration donne-t-elle ?

À ton tour

- Réalise une pochette de CD Rom.

  Choisis un jeu auquel tu aimes jouer. Crée une illustration (dessin, peinture ou collage). Donne toutes les informations nécessaires.

Une nuit d'orage

Deux ouvriers du chantier de construction de l'autoroute sont morts dans des circonstances étranges. Le jeune héros de cette histoire soupçonne un des opposants à l'autoroute et se confie à Élie, vieillard solitaire qui vit à l'écart du village. Une nuit d'orage, le jeune garçon suit une ombre qui s'approche du chantier...

L'homme portait en guise de coiffe une tête de loup dont les deux immenses crocs descendaient devant les yeux. La peau de l'animal recouvrait ses épaules, les deux pattes avant retombant sur son torse. Il avait l'allure d'un monstre, d'une bête de légende. Mais ce n'était pas un monstre que j'avais devant moi. C'était bien un homme, un homme assez fou pour hanter la vallée, sous l'orage, vêtu de cet horrible accoutrement[1]. Les seules parties du visage que l'on devinait dans le noir, c'étaient sa barbe hirsute[2] descendant sur sa poitrine et, derrière les canines du loup, les yeux étincelant d'une folie furieuse.

J'étais comme statufié[3] ; j'avais l'impression de m'être vidé en une fraction de seconde et je restai là, hébété[4], incapable de prononcer un mot ou de faire un geste. Je ne découvris la figure qui me faisait face qu'à la faveur d'un éclair. « John. »

C'est le seul mot que je proférai. Il eut un rire sardonique[5].

« C'est bien moi, jeune homme. Tu es maintenant le seul à connaître la vérité. Tous ces trouillards n'osent pas vraiment aller jusqu'au bout de notre combat. Moi seul pouvais arrêter l'avancée de ces démons. »

Il montrait du doigt, derrière lui, le chantier.

« Telle est ma mission et je l'accomplirai. Grâce à moi, leur misérable besogne est arrêtée. Mais ça ne suffit pas. Ils doivent payer. Ils doivent être châtiés. Quant à toi... Tu sais maintenant. Mais tu es le seul. Tu dois donc mourir pour que mon œuvre se poursuive. »

Il leva lentement le bras prolongé du bâton. Ce n'est qu'alors que je vis les crocs plantés dans le bois de l'arme ; les crocs avec lesquels il avait frappé les malheureux ouvriers, laissant des marques pareilles à des morsures profondes. Les bras ballants[6], sans force, je regardai la massue se lever dans le ciel d'orage.

Une main énorme, terminée par des griffes acérées[7] s'abattit sur le poignet de John au moment où il allait frapper. Une créature horrible, mi-homme, mi-bête, venait de surgir entre moi et mon agresseur.

Toutes les parties de son corps dépassant de ses vêtements usés et détrempés étaient couvertes d'un épais pelage gris ; son visage était exactement celui d'un loup gigantesque. Il ne s'agissait plus d'un déguisement : j'avais devant moi un véritable loup-garou.

Et pourtant, c'était ce monstre qui venait de me sauver la vie !

John recula d'un pas. Ses yeux s'éclairèrent d'une expression d'épouvante ; sa bouche s'ouvrit, mais aucun son ne put en sortir. (...)

1. **accoutrement :** habillement
2. **hirsute :** ébouriffé
3. **statufié :** changé en pierre
4. **hébété :** ahuri
5. **sardonique :** méchant
6. **ballant :** pendant
7. **acéré :** très pointu

8. **pétrifié :** statufié

9. **grog :** boisson au rhum

Perdant tous ses moyens, John reculait en trébuchant vers le sommet de la colline. Il arrivait près du chêne quand le sol, gorgé de pluie, céda sous ses pas. Avec un hurlement d'effroi, le criminel bascula du haut de la falaise.

Le loup-garou observa longuement le corps de John, sans vie, en bas du Montet. Puis, lentement, il se tourna vers moi.

« Couche-toi, petit ! »

J'entendis la voix dans mon dos, mais je fus incapable d'obéir, pétrifié[8] par l'épouvante. J'entendis aussi les aboiements des chiens. Deux coups de feu claquèrent. Je vis le loup-garou sursauter et reculer à chacun d'eux. Gémissant et grognant de douleur, il s'affaissa dos contre le chêne.(...)

Un grand craquement résonna dans la vallée. Ce n'était plus l'orage. Mon grand chêne, étirant ses dernières racines dans la boue, tombait à son tour dans le vide, entraînant avec lui le monstre qui m'avait sauvé.

Je fus recueilli par les gendarmes et amené aux baraquements du chantier qu'ils surveillaient. On me sécha, on me réchauffa et on me fit boire un grog[9] brûlant.

Le vieux Gaston, notre voisin, avait entendu les cris sur le Montet et il était venu me prêter main forte. C'est lui qui avait tiré. Il essayait maintenant de convaincre les gendarmes. Naturellement, on le prit pour un fou. On alla chercher mon grand-père.(...)

Moi-même, sortant peu à peu de mon abattement, j'essayai de raconter ce que j'avais vu mais malgré la similitude des trois versions, on ne me crut pas. Pourquoi croirait-on un enfant ?

Il restait que les deux corps étaient en bas de la falaise. Les gendarmes seraient bien obligés d'admettre la vérité. Un brigadier rentra en s'ébrouant dans la baraque.

« Il y a bien deux corps, confirma-t-il. L'un c'est ce Jean Dufoin, ce type complètement cinglé. Il porte une espèce de déguisement de loup-garou.

– Et l'autre ? fis-je, angoissé.

– L'autre c'est cet ermite tout aussi cinglé, Élie je-ne-sais-comment.

– Élie Sylvien, comte de Castelroc, » compléta calmement et gravement mon grand-père…

L'esprit de la vallée de Pierre Rouanne,
coll. *Lecture en tête*, © Éd. SEDRAP.

L'atelier de lecture

1. Reconnaître les mots

Voici quelques inventaires. Dans les deux premiers, on a remplacé chaque voyelle par un point rose ! Dans les deux suivants, ce sont les consonnes qui ont été remplacées par un point rose.
Réussiras-tu malgré tout à les identifier ?

A. une trousse d'élève : •n• r•gl•, d••x cr•••ns, •n c•mp•s, qu•tr• st•l•s, •n• g•mm•, h••t f••tr•s.

B. une boîte à outils : •n• p•nce, c•nq t••rn•v•s, un m•rt•••, tr•nt• v•s, v•ngt-c•nq cl••s, tr•nt• ch•v•ll•s, un cr•••n.

C. un zoo : •eu• •io••, u•e •i•a•e, •eu• é•é••a•••, •i• •i••e•, •eu• •i••o•o•a•e•, u•e •yè•e.

D. un coffre à jouets : •eu• •o•o••, ••oi• •u•••e• , •i•• •oi•u•e•, u•e ••ue, u• co•••e• •e •a•ui••a•e •eu• •ou•ée•, u• •eu •e •a•e•.

2. Prendre des indices

a. Peux-tu deviner les mots qui se cachent sous les numéros ?

> *Monsieur Dépoque*
> *Antiquaire*
>
> *Mademoiselle,*
> *La semaine dernière vous avez effectué un stage de vendeuse dans mon magasin d'antiquités. J'avoue ne pas être très satisfait de vos services.*
> *En effet :*
> *– Vous avez cassé (1) ayant appartenu au roi Louis* XVI*. J'aurai du mal à en trouver un autre de la même époque !*
> *– Je ne retrouve plus (2) de Strasbourg qui étaient dans la vitrine. Où les avez-vous rangées ?*
> *– Une cliente est partie avec (3) du Moyen Âge, et elle ne l'a pas payée !*
> *– Je recherche également (4) du XIX*

b. Remplace chaque numéro par un mot en t'aidant de la liste suivante :
les pistolets – une cabane – les saucisses – les disques – une armure – un bol – un ordinateur – les assiettes.

L'atelier de lecture

3. Analyser des informations

a. Établis l'ordre d'arrivée de ces concurrentes en analysant les informations ci-dessous :

- La deuxième porte des lunettes et un short vert.
- La première porte un maillot jaune mais son short n'est pas vert.
- La dernière porte des chaussettes bleues.
- Laëtitia est arrivée juste après Nadia.
- Sur le dessin, la quatrième est à droite de la première.
- L'avant-dernière est allongée au sol.

b. Construis une autre énigme en changeant l'ordre d'arrivée.

4. Lecture-puzzle

Ce texte de Gustave Flaubert a été découpé en plusieurs morceaux. Remets-les dans l'ordre ; puis, vérifie ton travail en recherchant cet extrait à la page 13. Explique comment tu as fait.

A Ce fut un vacarme qui s'élança d'un bond, monta en crescendo avec des éclats de voix aigus (on hurlait, on trépignait, on

B – Levez-vous, reprit le professeur, et dites-moi votre nom.
Le nouveau articula, d'une voix bredouillante, un nom

C répétait : Charbovari ! Charbovari !) puis qui roula en notes isolées, se calmant à grand'peine, et parfois qui reprenait tout à

D Le même bredouillement de syllabes se fit entendre, couvert par les huées de la classe.

E – Plus haut ! cria le maître, plus haut !

F démesurée et lança à pleins poumons, comme pour appeler quelqu'un, ce mot : Charbovari.

G inintelligible.
– Répétez !

H coup sur la ligne d'un banc ou saillissait encore çà et là, comme un pétard mal éteint, quelque rire étouffé.

I Le nouveau, prenant alors une résolution extrême, ouvrit une bouche

3

Dans cette unité tu vas apprendre à :

- *1. Présenter des personnages.*
- *2. Décrire un personnage.*
- *3. Faire un portrait à partir d'un texte.*

à l'oral

- *Faire un portrait.*

Avec quel élève aimerais-tu discuter ? Pourquoi ?

à l'oral

Observer et imaginer

1. Quels sont les indices qui permettent de savoir où se déroule cette scène ?

2. Indique, sur le dessin, deux élèves que tu trouves sympathiques et explique les raisons de ton choix.
Fais de même pour deux élèves qui te semblent antipathiques.

3. La dessinatrice veut ajouter un élève sur son illustration. Cet élève, c'est toi !
Comment souhaites-tu être habillé ? Que serais-tu en train de faire ?

4. Avec tes camarades, en vous aidant du dessin, faites au tableau la liste d'au moins dix qualités et dix défauts. Quelles sont les trois qualités que vous jugez les plus importantes ? Pourquoi ? Quels sont les trois défauts les plus regrettables ?

Faire un portrait

◆ Tu vas faire le portrait d'un élève de ta classe (sans donner son nom bien sûr !)...

Pour cela :

- Choisis d'abord un des personnages représentés sur l'illustration et décris-le afin que tes camarades puissent le reconnaître.
Attention ! tu ne dois pas parler de ses vêtements (ce serait trop facile !).
Tu dois le décrire physiquement (couleur de cheveux, taille...) et tu peux aussi lui prêter les qualités ou les défauts que son comportement laisse supposer...

- Choisis maintenant un camarade de ta classe et fais son portrait.
Prépare ton travail au brouillon : il s'agit juste de noter les grandes lignes de ton portrait ; par exemple l'ordre dans lequel tu vas donner tes informations.
Décris ton camarade physiquement, mais sans parler de ses vêtements.
N'oublie pas d'évoquer ses qualités et... ses défauts... mais ne sois pas trop sévère ! ni vexant !
Quand vient ton tour, fais à haute voix le portrait que tu as choisi.
Aide-toi de ton brouillon pour ne rien oublier.

◆ Celui que tu as décrit se reconnaît-il dans ce portrait ?
Est-il d'accord sur les qualités et les défauts que tu as mentionnés ?

Tes camarades reconnaissent-ils celui que tu as décrit ? S'ils n'y parviennent pas, c'est sans doute que ton portrait n'est pas assez précis. Améliore-le en écoutant leurs conseils.

◆ 1. Présenter des personnages

Pauvre Emmi !

p. 152 p. 228 p. 190

Emmi était un pauvre petit gardeur de cochons, orphelin et très malheureux, non seulement parce qu'il était mal-logé, mal nourri et mal vêtu, mais encore parce qu'il détestait les bêtes que la misère le forçait à soigner. Il en avait peur, et ses animaux, qui sont plus fins qu'ils n'en ont l'air, sentaient bien qu'il n'était pas le maître avec eux. Il s'en allait dès le matin, les conduisant à la glandée, dans la forêt.

Le soir, il les ramenait à la ferme, et c'était pitié de le voir, couvert de méchants haillons, la tête nue, ses cheveux hérissés par le vent, sa pauvre petite figure pâle, maigre, terreuse, l'air triste, effrayé, souffrant, chassant devant lui ce troupeau de bêtes criardes au regard oblique, à la tête baissée, toujours menaçante. À le voir ainsi courir à leur suite sur les sombres bruyères, dans la vapeur rouge du premier crépuscule[1], on eût dit un follet des landes chassé par une rafale.

Il eût pourtant été aimable et joli, ce pauvre petit porcher[2], s'il eût été soigné, propre, heureux comme vous autres, mes chers enfants qui me lisez. Lui ne savait pas lire, il ne savait rien, et c'est tout au plus s'il savait parler assez pour demander le nécessaire, et comme il était craintif, il ne le demandait pas toujours, c'était tant pis pour lui si on l'oubliait.

Un soir, les pourceaux[3] rentrèrent tout seuls à l'étable, et le porcher ne parut pas à l'heure du souper. On n'y fit attention que quand la soupe aux raves fut mangée, et la fermière envoya un de ses gars pour appeler Emmi. Le gars revint dire qu'Emmi n'était ni à l'étable, ni dans le grenier, où il couchait sur la paille. On pensa qu'il était allé voir sa tante, qui demeurait aux environs, et on se coucha sans plus songer à lui.

Le lendemain matin, on alla chez la tante, et on s'étonna d'apprendre qu'Emmi n'avait point passé la nuit chez elle. Il n'avait pas reparu au village depuis la veille. On s'enquit de lui ; aux alentours, personne ne l'avait vu. On le chercha en vain dans la forêt. On pensa que les sangliers et les loups l'avaient mangé. Pourtant on ne retrouva ni sa sarclette – sorte de houlette[4] à manche court dont se servent les porchers-, ni aucune loque de son pauvre vêtement ; on en conclut qu'il avait quitté le pays pour vivre en vagabond, et le fermier dit que ce n'était pas un grand dommage, que l'enfant n'était bon à rien, n'aimant pas ses bêtes et n'ayant pas su s'en faire aimer.

Le chêne parlant de George Sand, © Hachette Livre pour la couverture.

Portrait

George Sand, (1804/1876), est une romancière française du 19e siècle Elle a été aimée par le poète A. de Musset et le mucisien F. Chopin. Elle revendiquait pour les femmes le droit à la passion.

1. **crépuscule :** tombée de la nuit
2. **porcher :** gardien du troupeau de porcs
3. **pourceau :** porc
4. **houlette :** bâton terminé par un bout en fer

Le titre du texte : ....
Le titre du livre : ....
L'auteur : ....

Ce texte est-il extrait d'un roman ? d'un conte ? d'un article ? d'un livre documentaire ?

Vocabulaire

1. Recherche le mot *follet* dans le texte. Devines-tu ce qu'il signifie ?
Parmi ces trois définitions, laquelle lui correspond ? Vérifie dans le dictionnaire.
   a. tour en bois construite et utilisée par les chasseurs d'oiseaux.
   b. flamme légère et fugitive produite de façon naturelle par la combustion d'un gaz s'échappant du sol de certaines forêts.
   c. espèce de gros cochon sauvage vivant dans le sud de la France.

2. a. En t'aidant du texte, donne le sens des mots suivants :
fins – glandée – terreuse – oblique – rave – point – s'enquit – loque.
   b. Compare tes réponses avec celles de tes camarades, puis vérifiez dans le dictionnaire.

3. Classe les adjectifs suivants en deux colonnes selon qu'ils désignent pour toi une qualité ou un défaut, puis trouve pour chacun d'eux son contraire.
bavard – intelligent – rusé – propre – fainéant – énergique – turbulent – distrait – laid – gentil – généreux – économe – antipathique – téméraire.

4. Transforme les qualités suivantes en défauts à l'aide de différents préfixes :
patient – attentif – tolérant – courtois – honnête – fidèle – crédule – juste – prudent.

Lecture - compréhension

Prendre des indices

1. Relève un détail qui montre que cette histoire se passe il y a longtemps.
2. De quel travail Emmi est-il chargé ?
Pourquoi cela ne lui plaît-il pas ?
3. Quel phrase montre que, dans la ferme, personne ne s'intéresse à lui ?
4. Pourquoi la remarque « *il n'était pas le maître avec eux* » est-elle terrible ?

Saisir l'essentiel

5. Quel passage montre que l'auteur éprouve de la pitié, et peut-être même de la tendresse, pour son petit personnage ?
6. Quels mots du texte expliquent la situation dramatique de ce jeune garçon ?
Son sort serait-il différent s'il vivait à notre époque ?
7. Que penses-tu de la remarque du fermier, à la fin du texte ?
8. Si tu devais présenter Emmi en une seule phrase, que dirais-tu ?

Découvrons la présentation des personnages

1. Quels sont les différents personnages qui entrent en scène dans le texte, page 40 ? Dans quel ordre ? Quel est celui sur lequel nous avons le plus d'informations ?

2. a. Sur une copie du texte, page 40, colorie :
- en vert les informations concernant l'aspect physique d'Emmi ;
- en rouge celles concernant des traits de son caractère ;
- en bleu celles concernant sa situation.

b. Relis rapidement les mots mis en couleur, et uniquement ceux-là. Quelle impression cette lecture te laisse-t-elle ?

c. Observe la répartition des couleurs dans le texte.
Les mots d'une même couleur sont-ils regroupés dans un passage ou bien éparpillés dans tout le texte ?
L'auteur a-t-il suivi un ordre évident pour réaliser son portrait (par exemple l'aspect physique en premier, le caractère en deuxième...) ?
À ton avis, quel était l'objectif de l'auteur lorsqu'il a écrit ce portrait ?
Cet objectif est-il atteint ?

d. Dans chaque groupe de couleur, repère les deux informations qui te semblent les plus importantes. Compare tes choix à ceux de tes camarades.

3. a. Relis le passage, page 40, des lignes 14 à 18.

b. Qu'apprend-on sur Emmi dans la première phrase ?

c. Quelle est l'utilité de ce passage ? En quoi complète-t-il le portrait d'Emmi ?

À toi d'écrire

4. a. Relis le passage, page 40, des lignes 7 à 13.

b. Repère tous les mots mettant en évidence le malheur d'Emmi.

c. Réécris ce passage en imaginant un autre Emmi :
celui-là est le fils d'un riche fermier et il s'occupe d'un troupeau de chevaux avec une grande efficacité.

5. a. Échange ton texte avec ceux de tes camarades.
Quels mots et quelles images ont-ils utilisés pour bien montrer la splendeur de ce nouveau personnage ?

b. À l'aide de ces textes, constituez une galerie de portraits.

p. 190
p. 224

Portraits

1 Ménalque descend son escalier, ouvre sa porte pour sortir ; il la referme. Il s'aperçoit qu'il est en bonnet de nuit ; et venant à mieux s'examiner, il se trouve rasé à moitié ; il voit que son épée est mise du côté droit, que ses bas sont rabattus sur ses talons, et que sa chemise est par-dessus ses chausses.

Il entre à l'appartement et passe sous un lustre où sa perruque s'accroche et demeure suspendue ; tous les courtisans regardent et rient ; Ménalque regarde aussi et rit plus haut que les autres ; il cherche des yeux, dans toute l'assemblée, où est celui qui montre ses oreilles et à qui il manque une perruque.

Les caractères de La Bruyère.

2 Cette jeune fille devait avoir de seize à dix-sept ans. Sa tête véritablement charmante, présentait le type slave[1] dans toute sa pureté [...]. Ses yeux étaient bruns avec un regard velouté d'une douceur infinie. Son nez droit se rattachait à ses joues, un peu maigres et pâles, par des ailes légèrement mobiles. Sa bouche était finement dessinée, mais il semblait qu'elle eût depuis longtemps désappris à sourire [...].

Le corps de la voyageuse était à la fois d'une simplicité et d'une propreté extrême. [...] Elle portait une longue pelisse de couleur sombre, qui se rajustait gracieusement à son cou par un liseré bleu. Sous cette pelisse[2], une demi-jupe, sombre aussi, recouvrait une robe qui lui tombait aux chevilles.

Michel Strogoff de Jules Verne.

1. **slave :** d'Europe centrale
2. **pelisse :** vêtement avec de la fourrure

3 Il était sale. Il portait son pantalon gris, toujours le même, tirebouchonné et taché. Sa canadienne était graisseuse et ses chaussures crottées. Mais plus que ses vêtements, le négligé de sa personne me frappa quand il se mit à l'aise pour s'asseoir. Il avait une barbe de plusieurs jours et des couches de crasse derrière les oreilles. Ses mains surtout, et ses ongles étaient malpropres.

Élise ou la vraie vie de C. Etcherelli, © Éd. Denoël.

4 Au physique, Granet était homme de cinq pieds, trapu, carré, ayant des mollets de douze pouces de circonférence, des rotules noueuses et de larges épaules, son visage était rond tanné, marqué de petite vérole : son menton était droit, ses lèvres n'offraient aucune sinuosité[1] et ses dents étaient blanches ; [...] son front, plein de rides transversales, ne manquait pas de protubérances[2] significatives ; ses cheveux jaunâtres et grisonnants étaient blancs et or...

Eugénie Grandet de H. de Balzac.

1. **sinuosité :** courbe
2. **protubérance :** sorte de bosse

5 Tout d'abord, je me présente : je m'appelle Michel Manfred ; mon père est papetier-libraire, et notre maison se trouve sur la place du Marché-aux-chèvres qui est le centre de Timpelbach. Mes amis me surnomment parfois « Professeur » parce que je porte des lunettes et que je suis parmi les bons élèves de ma classe. [...] Plus tard, je voudrais être ingénieur.

Les enfants de Timpelbach de Henry Winterfield, trad. par O. Séchan, © Hachette Livre.

à l'oral

Parmi ces cinq personnages, lequel aimerais-tu rencontrer ? Pourquoi ?

Lecture - compréhension

Prendre des indices

1. Un des personnages décrits, page 43, appartient visiblement à une époque passée. Quels détails permettent de l'identifier ?
2. Quel détail montre que Balzac n'est pas un auteur contemporain ?
3. Repère la remarque négative du texte de Jules Verne. Que signifie-t-elle ?
4. Parmi les cinq textes, page 43, lequel te semble le plus récent ? Pourquoi ?

Saisir l'essentiel

5. **a.** Voici les personnages dont on parle, page 43. Les dessins les représentent à un autre moment de leur histoire (avant ou après l'extrait que tu as lu).
Associe chaque portrait à un personnage.

b. Quel personnage as-tu identifié le plus facilement ? Pourquoi ?

c. As-tu hésité pour certains personnages ? Quelles sont les raisons de cette hésitation ? Qu'est-ce qui t'a permis de trouver une réponse ?

d. À ton avis, de quoi faut-il parler lorsqu'on fait le portrait d'un personnage ?

Vocabulaire

► *Chercher les contraires* ◄

1. **a.** Relis le portrait 3, page 43, puis imagine un personnage très chic, à l'opposé de l'homme qui y est décrit. Sur une copie du texte, colorie en rouge les mots qu'il va falloir changer.

   b. Note ces mots rouges sur ton cahier et cherche un contraire pour chacun d'eux. (Évite d'utiliser deux fois le même mot).
   Compare ensuite ton travail avec celui de tes camarades.
   Avez-vous fait les mêmes choix ? Qu'avez-vous trouvé comme contraire à *tirebouchonné* ?

2. **a.** Relis le portrait 3 en utilisant les contraires que tu as trouvés.
   Est-ce que tu peux tous les utiliser ? Dois-tu en rechercher d'autres ? Pourquoi ?

b. Avec tes camarades, mettez au point un portrait commun de ce personnage « chic ».

c. Relève tous les contraires que tu as utilisés et classe-les en deux groupes :

A. le contraire est formé du mot auquel on a ajouté un préfixe ou un suffixe *(ex : poli, impoli)*.
B. le mot et son contraire sont deux mots différents *(ex : haut et bas)*.

Découvrons comment décrire un personnage

1. a. Sur une copie des textes de la page 43, colorie :
– en rouge tous les mots qui évoquent un défaut du personnage,
– en bleu tous ceux qui évoquent une qualité.

b. Dans quels textes y a-t-il une majorité de mots rouges ?
et une majorité de mots bleus ?

c. Y a-t-il des textes dans lesquels tu n'as colorié que très peu de mots (peut-être même aucun) ?
Comment expliques-tu ces différences d'un portrait à un autre ?

2. À l'aide du travail que tu viens de faire, complète ce tableau en indiquant le numéro du texte correspondant :

... L'auteur ridiculise son personnage.
... L'auteur décrit sans juger. Il ne cherche pas à influencer le lecteur.
... L'auteur n'a pas beaucoup de sympathie pour son personnage.
... L'auteur ne s'embarrasse pas de détails et va à ce qu'il pense être essentiel.
... L'auteur souhaite que le lecteur partage l'admiration qu'il éprouve pour son personnage.

3. a. En lisant ces cinq portraits, as-tu trouvé un ordre commun dans la présentation des personnages ?
Par exemple, parlent-ils tous, d'abord de l'aspect général du personnage, puis de son visage et enfin de son caractère ?

b. À ton avis, qu'est-ce qui guide l'auteur dans la construction de son portrait ? (Aide-toi de l'activité 2 pour répondre).

4. Maintenant, à toi de faire ton propre portrait et de reconnaître celui des autres !

a. Prépare d'abord ton travail au brouillon en t'aidant des textes que tu viens d'étudier.
Tu peux parler de ton aspect physique, mais aussi de ton caractère.
N'indique pas ton nom. Relis plusieurs fois ton texte afin de l'améliorer.

b. Une fois ton texte terminé, recopie-le au propre ou tape-le sur un ordinateur. Mais ne le signe pas !

c. Mélangez tous vos textes puis redistribuez-les au hasard.
Peux-tu deviner qui est l'auteur du texte que tu as reçu ?

d. Corrigez tous ensemble les portraits dont les auteurs n'ont pas été identifiés. Pourquoi l'auteur n'a-t-il pas été reconnu ?

Alphonse

J'étais heureux, j'étais très heureux. Pourtant j'enviais un autre enfant. Il se nommait Alphonse. Je ne lui connaissais pas d'autre nom, et il est fort possible qu'il n'eût que celui-là. Sa mère était blanchisseuse et travaillait en ville.

Alphonse vaquait tout le long de la journée dans la cour ou sur le quai, et j'observais de ma fenêtre son visage barbouillé, sa tignasse jaune, sa culotte sans fond et ses savates, qu'il traînait dans les ruisseaux. J'aurais bien voulu moi aussi marcher en liberté dans les ruisseaux. Alphonse hantait les cuisinières et gagnait près d'elles force gifles et quelques vieilles croûtes de pâté. Parfois les palfreniers[1] l'envoyaient puiser à la pompe un seau d'eau qu'il rapportait fièrement avec une face cramoisie et la langue hors de la bouche. Et je l'enviais.

Il n'avait pas comme moi des fables de La Fontaine à apprendre ; il ne craignait pas d'être grondé pour une tache à sa blouse, lui. Il n'était pas tenu de dire « bonjour Monsieur... bonjour Madame... » à des personnes dont les jours et les soirs, bons ou mauvais, ne l'intéressaient pas du tout ; et s'il n'avait pas comme moi une arche de Noé et un cheval mécanique, il jouait à sa fantaisie avec les moineaux qu'il attrapait, les chiens errants comme lui, et même les chevaux de l'écurie, jusqu'à ce que le cocher l'envoyât dehors au bout d'un balai. Il était libre et hardi.

De la cour, son domaine, il me regardait à ma fenêtre comme on regarde un oiseau en cage...

Le livre de mon ami
de Anatole France,
Calman Levy, © D.R.

1. **palefrenier :** homme qui s'occupe des chevaux

Enfants - Extérieur de Robert Doisneau.

à l'oral

Préfèrerais-tu être à la place d'Alphonse ou à celle d'Anatole ? Précise ta réponse.

Lecture guidée

1. a. Lis cet extrait du texte légèrement modifié :

> Et [je] [l']enviais. [Il] n'avait pas comme [moi] les fables de La Fontaine à apprendre ; [il] ne craignait pas d'être grondé pour une tache à sa blouse, [lui] ; et s'[il] n'avait pas comme [moi] un cheval mécanique, [il] jouait à sa fantaisie avec les moineaux qu'[il] attrapait, les chiens errants comme [lui], et même les chevaux de l'écurie.
> De la cour, son domaine, [il] [me] regardait à ma fenêtre comme on regarde un oiseau en cage.

Enfants - Jeux de la rue
de Robert Doisneau,

b. Certains pronoms sont encadrés. Sur une copie du texte, colorie :
- en bleu ceux qui désignent Alphonse,
- en rouge ceux qui désignent Anatole.

Pourquoi l'auteur répète-t-il souvent les mêmes pronoms ?

2. Observe la deuxième phrase. Quelle construction utilise l'auteur pour bien montrer la différence de situation entre Alphonse et lui ?

3. Alphonse aimerait-il être à la place d'Anatole ? Quelle expression donne la réponse ?

4. a. Relis le début du texte, lignes 1 à 4. Observe la construction des phrases. Que peux-tu en dire ?

b. Utilise cette construction pour parler d'un de tes camarades.

Lire à haute voix

◆ Relis le passage des lignes 13 à 26. Entraîne-toi à bien comprendre et ressentir :
- l'énervement progressif de l'auteur au fur et à mesure qu'il énumère tout ce qu'Alphonse n'a pas à faire.
- le ton moqueur que l'on peut prendre pour dire « bonjour Monsieur… ».
- une certaine satisfaction pour indiquer que le cocher renvoie Alphonse de l'écurie.
- de l'envie et presque de l'admiration dans la dernière phrase.

Lorsque tu es prêt, lis ce passage à haute voix. Pour améliorer ta prononciation, tu peux aussi t'enregistrer et t'écouter. Lis ensuite le texte à toute la classe.

À toi de faire un portrait à partir d'un texte

p. 146
p. 190

1. Tu vas maintenant essayer de faire un portrait à partir d'un texte.
Après avoir lu cet extrait, essaie d'imaginer le personnage de Pikmane…

> Pikmane s'approcha de l'officier ligoté au mât du voilier. Il plongea son œil bleu dans le regard effrayé du captif et, en passant ses doigts maculés de sang dans sa tignasse hirsute, il se mit à chanter. L'officier n'écoutait pas. Il tentait de retrouver son calme afin d'opposer un reste de courage à l'insolence du vieux pirate.
> – Un jour tu finiras au bout d'une corde ! marmonna l'officier.
> Le visage balafré de Pikmane se fendit d'un large sourire édenté.
> – Ce jour n'est pas encore arrivé, répliqua-t-il. Ce soir, je festoierai sur un lit de pièces d'or. D'ailleurs, toi aussi tu feras bientôt partie d'un festin.
> Une lueur d'espoir s'alluma dans les yeux de l'officier.
> – D'un festin… pour les requins, bien entendu ! s'exclama Pikmane en éclatant de rire.

Pour t'aider

- **Repère les informations données par le texte :** apparence physique, traits de caractère… **Fais-en la liste…** N'hésite pas à imaginer d'autres détails pour donner plus d'épaisseur au personnage.
- **Avec tous les éléments que tu as trouvés, construis le portrait. Relie les différentes informations entre elles et développe-les. Sois précis et évite les répétitions.**
- **Compare ton texte avec celui de ton voisin.** Retrouvez-vous bien les mêmes informations dans chacun des portraits ? Complétez les oublis et corrigez les invraisemblances !

À toi de réécrire

p. 228

2. a. Natacha a rédigé le portrait suivant :

> *Pikmane est un personnage répugnant, autant pour son physique que pour son caractère. Il est riche mais il s'habille mal. Et ses vêtements sont sales, pleins de taches de sang. Il a une barbe et une chevelure hirsute qu'il ne coupe jamais et qu'il ne lave pas non plus. Il est méchant et il aime faire souffrir ses ennemis. Plus tard, quand il sera vieux, il sera sûrement pendu. Et je n'aimerais pas que mon papa lui ressemble.*

Quelles sont les informations tirées du texte ? Lesquelles Natacha a-t-elle oubliées ? Lesquelles a-t-elle imaginées ? Y a-t-il des détails en contradiction avec le texte ? Lesquels ? Comment peux-tu l'améliorer ?

b. Réécris le portrait fait par Natacha en t'aidant de ton propre travail. Compare ensuite ton texte avec ceux de tes camarades. Lequel te semble le plus réussi ? Pourquoi ?

Lire un test de personnalité

As-tu bon coeur ?

Pour le savoir, lis attentivement chacune de ces situations. Choisis ensuite la réponse qui correspond vraiment à ta réaction !

A. Un petit pleure car il a déchiré son pantalon en tombant dans la cour.

a) Tant pis pour lui ! b) Tu le consoles.
c) Tu vas lui acheter un pantalon neuf.

B. Ta voisine de classe a oublié sa gomme.

a) Tu caches la tienne. b) Tu lui prêtes ta gomme. c) Tu lui donnes ta gomme.

C. Tu déballes un gros sandwich à côté d'un enfant qui n'a rien à manger.

a) Tu fais comme si tu ne le voyais pas.
b) Tu partages avec lui.
c) Tu lui donnes ton sandwich.

D. Pendant une dictée, ton voisin copie sur toi.

a) Tu le dénonces aussitôt.
b) Tu caches ton cahier.
c) Tu le laisses faire.

E. Un élève de ta classe est malade depuis plusieurs jours.

a) Aucune importance puisque toi, tu es en pleine forme.
b) Tu lui écris ou tu lui rends visite.
c) Tu vas dormir dans sa chambre pour lui tenir compagnie.

F. Tu regardes un film qui raconte la vie d'un enfant très malheureux.

a) Tu ris en pensant que ce n'est pas vrai.
b) Tu décides d'aider un autre enfant malheureux que tu connais.
c) Tu sors à toute vitesse de chez toi et tu cherches partout un enfant malheureux pour l'aider.

Fais le compte de tes réponses !
Nombre de réponses
a) : ... b) : ... c) : ...

- **Si les réponses a) sont plus nombreuses** : Tu ne fais pas attention aux gens qui vivent autour de toi. Tu as un coeur de pierre.
- **Si les réponses b) sont plus nombreuses** : Tu as plutôt bon coeur. Tu n'hésites pas à partager et tu as une bonne idée de la justice.
- **Si les réponses c) sont plus nombreuses** : Tu en fais trop ! Ton coeur est tellement bon que tu ne penses plus à toi. C'est bien de vouloir aider les autres, mais là, tu exagères !

L'essentiel

1. À qui s'adresse ce document et à quoi sert-il ? D'où peut-il provenir ?
2. Fais le test !... Permet-il vraiment de savoir si on a bon cœur ? Pourquoi ?

En détail

3. Quelle est la situation que tu préfères ? Pourquoi ?
4. Que penses-tu de toutes les réponses c ?

À ton tour

◆ Recherche un thème de test (Es-tu courageux ? jaloux, etc..) et rédige un questionnaire en t'aidant de cet exemple. Fais-le passer à tes camarades !

La guenon, le singe et la noix

Une jeune guenon cueillit
Une noix dans sa coque verte ;
Elle y porte la dent, fait la grimace... «Ah ! certes,
Dit-elle, ma mère mentit
Quand elle m'assura que les noix étaient bonnes.
Puis, croyez aux discours de ces vieilles personnes
Qui trompent la jeunesse ! Au diable soit le fruit !»
Elle jette la noix. Un singe la ramasse,
Vite entre deux cailloux la casse,
L'épluche, la mange, et lui dit :
« Votre mère eut raison, ma mie,
Les noix ont fort bon goût, mais il faut les ouvrir.
Souvenez-vous que dans la vie,
Sans un peu de travail, on n'a point de plaisir. »

Jean-Pierre Clans de Florian, 1792.

Le glouton

À son souper un glouton
Commande que l'on apprête
Pour lui seul un esturgeon,
Sans en laisser que la tête.
Il soupe ; il crève, on y court ;
On lui donne maints clystères.
On lui dit, pour faire court,
Qu'il mette ordre à ses affaires.
« Mes amis, dit le goulu,
M'y voilà tout résolu ;
Et puisqu'il faut que je meure,
Sans faire tant de façon,
Qu'on m'apporte tout à l'heure
Le reste de mon poisson.»

Jean de La Fontaine, 1665, *Fables.*

◆ *Que peut-on savoir de cet homme ?*
Que peut-on supposer ?

Portrait de J.-P. Proudhon en 1853 de G. Courbet, 1865. Huile sur toile, 147 x 198 cm, Musée du Petit-Palais, Paris.

La chenille

Le travail mène à la richesse.
Pauvres poètes, travaillons !
La chenille en peinant sans cesse
Devient le riche papillon.

Guillaume Apollinaire,
Le bestiaire ou cortège d'Orphée,
© Gallimard.

La grenouille qui se veut faire aussi grosse que le boeuf

Une Grenouille vit un Boeuf
Qui lui sembla de belle taille.
Elle, qui n'était pas grosse en tout comme un oeuf,
Envieuse, s'étend, et s'enfle, et se travaille,
Pour égaler l'animal en grosseur,
Disant : « Regardez bien, ma sœur ;
Est-ce assez ? dites-moi ; n'y suis-je point encore ?
– Nenni.
– M'y voici donc ?
– Point du tout.
– M'y voilà ?
– Vous n'en approchez point. »
La chétive pécore
S'enfla si bien qu'elle creva.
Le monde est plein de gens qui ne sont pas plus sages :
Tout bourgeois veut bâtir comme les grands seigneurs,
Tout petit prince a des ambassadeurs,
Tout marquis veut avoir des pages.

Jean de La Fontaine.

Atelier de poésie

1. Lis attentivement la fable ci-dessus, repère les personnages, puis relisez-la à plusieurs en vous répartissant les rôles.
2. À quel animal se rapporte la phrase écrite en vert ? Justifie ta réponse.
3. Sur une copie de la fable, colorie en bleu tout ce qui parle du bœuf et en vert tout ce qui parle de la grenouille.
Entoure toute les actions de la grenouille.

À toi d'écrire

4. Choisis deux autres animaux et, à la manière de Jean de La Fontaine, imagine une fable qui aura pour titre :
Le (la)... qui veut se faire aussi petit(e) que le (la)...

4

Dans cette unité tu vas apprendre à :

- *1. Exprimer des émotions.*
- *2. Exprimer des circonstances.*
- *3. Rédiger une fiche de lecture.*

à l'oral

- *Raconter un souvenir.*

Cet enfant ira jusqu'à la cabane sans avoir peur. Comment expliques-tu cela ?

à l'oral

Observer et imaginer

1. Imagine une histoire qui réponde aux questions suivantes :
   Qui est cet enfant ? Pourquoi est-il seul dans la forêt ?
   Que va-t-il faire dans la cabane ?

2. Observe le lézard. À ton avis, de qui ou de quoi a-t-il peur ?

S'exprimer

◆ Recherche deux situations dans lesquelles tu aurais sûrement très peur.
Imagine, pour chacune d'elles :
– l'endroit où cela se passe et la raison qui t'y a amené ;
– le ou les éléments qui inspirent ta frayeur.

◆ Présente une de ces deux situations à tes camarades. La trouvent-ils effrayante ? Pourquoi ?

Raconter un souvenir

◆ Un jour (hier, l'année dernière ou lorsque tu étais petit...), tu as certainement vécu une expérience effrayante. Tu vas la raconter à tes camarades...

Pour cela :
- Indique l'endroit et décris les éléments du paysage qui ont une importance dans ton récit.
- Quel âge avais-tu ? Où étais-tu ? Pourquoi étais-tu à cet endroit ? Qui était avec toi ? Que s'est-il passé ? Pourquoi as-tu eu peur ?
- Comment les actions se sont-elles déroulées ? Ces événements ont-ils modifié ton comportement ?
- Tu peux préparer ton récit en prenant des notes sur un brouillon. Indique juste les informations importantes.

◆ Raconte-toi l'histoire une première fois en t'aidant de tes notes.
Si cela est possible, enregistre-toi puis écoute la cassette pour vérifier que ton récit est bien construit et que tu n'oublies rien d'important. Donne un titre à ton histoire.

Quand tu te sens prêt, raconte l'histoire aux autres.

◆ Note les titres des histoires racontées par tes camarades.
Laquelle est la plus effrayante ? Quelle est celle que tu préfères ? Pourquoi ?

◆ 1. Exprimer des émotions

Les fantômes des bois

Cosette, une fillette de huit ans, a été recueillie par le couple Thénardier, qui la maltraite. La voici qui part chercher de l'eau par une sombre nuit d'hiver.

La pauvre enfant se trouva dans l'obscurité. Elle s'y enfonça. Seulement, comme une certaine émotion la gagnait, tout en marchant elle agitait le plus qu'elle pouvait l'anse du seau. Cela faisait un bruit qui lui tenait compagnie. […] De temps en temps, elle voyait le rayonnement d'une chandelle à travers la fente d'un volet, c'était de la lumière et de la vie, il y avait là des gens, cela la rassurait. Cependant, à mesure qu'elle avançait, sa marche se ralentissait comme machinalement. Quand elle eut passé l'angle de la dernière maison, Cosette s'arrêta. Aller au-delà de la dernière boutique, cela avait été difficile ; aller plus loin que la dernière maison, cela devenait impossible. Elle posa le seau à terre, plongea sa main dans ses cheveux et se mit à se gratter lentement la tête, geste propre aux enfants terrifiés et indécis. Ce n'était plus Montfermeil, c'étaient les champs. L'espace noir et désert était devant elle. Elle regarda avec désespoir cette obscurité où il n'y avait plus personne, où il y avait des bêtes, où il y avait peut-être des revenants[1]. Elle regarda bien, et elle entendit les bêtes qui marchaient dans l'herbe, et elle vit distinctement[2] les revenants qui remuaient dans les arbres. Alors elle ressaisit le seau, la peur lui donna de l'audace : « Bah ! dit-elle, je lui dirai qu'il n'y avait plus d'eau ! »

Et elle rentra résolument dans Montfermeil.

À peine eut-elle fait cent pas qu'elle s'arrêta encore, et se remit à se gratter la tête. Maintenant c'était la Thénardier qui lui apparaissait ; la Thénardier hideuse avec sa bouche d'hyène et la colère flamboyante dans les yeux. L'enfant jeta un regard lamentable en avant et en arrière. Que faire ? que devenir ? où aller ? Devant elle le spectre[3] de la Thénardier ; derrière elle tous les fantômes de la nuit et des bois. Ce fut devant la Thénardier qu'elle recula. Elle reprit le chemin de la source et se mit à courir. Elle sortit du village en courant, elle entra dans le bois en courant, ne regardant plus rien, n'écoutant plus rien. Elle n'arrêta sa course que lorsque la respiration lui manqua, mais elle n'interrompit point sa marche. Elle allait devant elle, éperdue.

Tout en courant, elle avait envie de pleurer. Le frémissement nocturne de la forêt l'enveloppait toute entière. Elle ne pensait plus, elle ne voyait plus. L'immense nuit faisait face à ce petit être. D'un côté, toute l'ombre, de l'autre, un atome[4].

Il n'y avait que sept ou huit minutes de la lisière du bois à la source. Cosette connaissait le chemin pour l'avoir fait bien souvent le jour. Chose étrange,

p. 156

1. **revenants :** fantômes
2. **distinctement :** nettement
3. **spectre :** apparition menaçante
4. **atome :** minuscule grain de matière

Futur

Un reste
guement.
es yeux ni
rainte de
anches et
lle arriva

ictor Hugo
couverture.

Vocabulaire

1. Relève les mots du texte que tu ne connais pas.
   Aide-toi du texte et de ton dictionnaire pour trouver le sens qu'ils ont ici.
   Compare tes réponses à celles de tes camarades.

2. Fais la liste des mots que Victor Hugo utilise pour décrire la Thénardier.
   Quelle image donnent-ils de ce personnage ?

3. Pourquoi Victor Hugo a-t-il utilisé le mot *atome* à la ligne 36 ?

4. a. Au nom *peur*, un dictionnaire des synonymes propose les mots suivants :
   frayeur – inquiétude – anxiété – appréhension – épouvante – effroi.

   Classe ces mots en leur donnant une note de 1 à 10 (1 pour une petite peur, 10 pour une très forte). Plusieurs mots peuvent avoir la même note.

   b. Imagine une situation dans laquelle tu ressentirais de la frayeur.
   Décris-la brièvement. Fais le même travail pour l'inquiétude et l'appréhension.
   Compare tes situations avec celles proposées par tes camarades.

Lecture - compréhension

Prendre des indices

1. Quels détails montrent que cette histoire se déroule il y a longtemps ?
2. Comment expliques-tu que Cosette voie distinctement des revenants dans les arbres ?
3. Relève la phrase qui montre que Cosette a vraiment très peur de la Thénardier.

Saisir l'essentiel

4. De quoi et de qui Cosette a-t-elle peur ?
5. Un élève de CM2 a représenté le texte à l'aide de ce dessin :
   Comprends-tu ce qu'il a voulu montrer ? Indique les passages qui correspondent aux différentes parties du dessin.

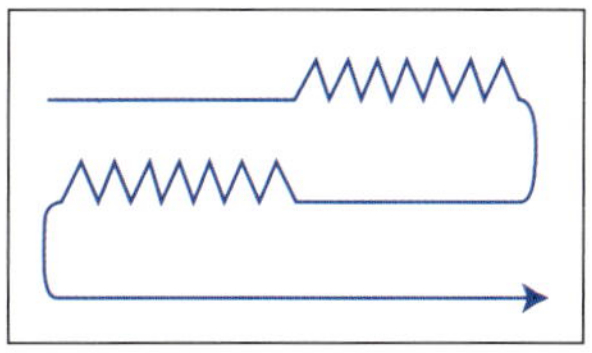

Découvrons l'expression des émotions

1. Recherche, dans le texte, page 54, la phrase ou l'expression qui, à ton avis, évoque le mieux la peur ressentie par Cosette. Compare ton choix avec ceux de tes camarades.

2. a. Dans cet extrait du texte, certains passages ont été supprimés :

> De temps en temps, elle voyait le rayonnement d'une chandelle à travers la fente d'un volet. Cependant, à mesure qu'elle avançait, sa marche se ralentissait. Quand elle eut passé l'angle de la dernière maison, Cosette s'arrêta. Elle posa le seau à terre, plongea sa main dans ses cheveux et se mit à se gratter lentement la tête.

Si on ne lit que cet extrait, que peut-on imaginer de la situation dans laquelle se trouve Cosette ? Est-elle effrayée ? Pourquoi s'arrête-t-elle ?

b. Compare cet extrait modifié avec l'extrait original, page 54.
Lequel évoque le mieux la peur ressentie par Cosette ? Pourquoi ?

c. Voici les passages supprimés dans l'extrait modifié. Retrouve la place de chacun d'eux sans retourner au texte. Indique ce qu'ils apportent au récit de Victor Hugo.

> (A) c'était de la lumière et de la vie, il y avait là des gens, cela la rassurait.

> (B) comme machinalement.

> (C) geste propre aux enfants terrifiés et indécis.

> (D) Aller au-delà de la dernière boutique, cela avait été difficile ; aller plus loin que la dernière maison, cela devenait impossible

3. Recopie le texte des lignes 22 à 28. Souligne en bleu les actions de Cosette. Souligne en rouge les passages permettant de savoir ce qu'elle pense ou ce qu'elle ressent.

À toi d'écrire

p. 152 p. 154
p. 186 p. 224

4. a. Lis ce texte :

Ce matin-là, Lisa se réveille très tôt. Comme tout le monde dort, elle sort pour aller se promener au bord de l'étang. Dehors, il fait encore nuit. Un peu froid aussi. La lune brille dans le ciel. Lisa traverse le jardin. Des brindilles craquent sous ses pas. Un chien aboye. De gros oiseaux noirs passent dans le ciel. Lorsque Lisa arrive au bord de l'étang, elle entend une grosse bête sauter dans l'eau. Il y a de la brume. Elle rentre vite à la maison.

b. Ce texte donne-t-il des précisions sur ce que pense Lisa ? sur ce qu'elle ressent ?

c. Que pourrait-on dire pour mieux comprendre les sentiments et les émotions de l'héroïne ?

5. Transforme le texte de façon à bien montrer les sentiments que peut ressentir Lisa.

◆ 2. Exprimer des circonstances

L'épouvantable bête

Élisabeth est une jeune parisienne en vacances à la campagne…

Elle allait s'avancer vers l'armoire, quand son cœur se crispa et ses jambes fléchirent. Muette d'horreur, elle considérait fixement le mur, en face d'elle. Dans ce désert de plâtre, une énorme araignée noire s'étalait comme une tache d'encre aux prolongements filiformes[1]. Les poils même de ses pattes se détachaient avec une netteté affreuse sur le fond blanc. Accroupie sur ses huit membres pliés, elle était prête à trotter, à bondir. Élisabeth sentit sur sa peau la galopade légère du monstre. Un frisson la chatouilla dans la région des reins. Elle poussa une clameur folle, se rua vers la porte, dévala les marches, et toujours hurlant, tomba dans les bras de tante Thérèse. Des figures inquiètes l'entourèrent. On la pressa de questions. Elle reprit son souffle et hoqueta :

« Dans ma chambre…, une araignée…, une grosse araignée !…

– Ce n'est que ça ? dit tante Thérèse en riant. Il ne faut pas avoir peur des araignées. Tu n'es pas une mouche ! Elles ne te feront pas de mal !

– Je ne veux pas remonter là-haut », dit Élisabeth.

Elle tremblait. Elle claquait des dents.

« Mon Dieu, que cette enfant est donc nerveuse ! » dit Ménou.

Pépitou, téméraire[2], malgré son grand-âge, se dirigea vers le perron ;

« Je t'en débarrasserai en un clin d'œil, moi, de ton araignée ! »

L'oncle Julien, enflammé par l'exemple, lui emboîta le pas[3]. […]

Les adultes tentent d'attraper l'araignée. Plusieurs tentatives échouent sous le regard terrifié d'Élisabeth…

L'araignée descendit vers la couverture.

« Vite ! Vite ! » cria tante Thérèse.

Déséquilibré par son premier effort, Pépitou donna de grands coups maladroits avec le carton pour empêcher la fugitive de poursuivre sa route. Chaque fois, il arrivait trop tard.

Élisabeth debout près de la porte, trépignait de dégoût et d'épouvante.

« Attention, Pépitou ! gémissait Geneviève. Plus par ici !… Tu vois bien, elle file ! elle file !… Dépêche-toi, tu vas l'avoir !… »

Soudain, l'araignée disparut.

« Elle est dans le lit ! hurla Élisabeth.

– Mais non, dit tante Thérèse, elle est partie.

– Elle n'est pas partie, elle est dans le lit ! » reprit Élisabeth, d'une voix enrouée par les larmes.

Tante Thérèse rejeta les couvertures, souleva l'oreiller, secoua les draps, l'araignée restait introuvable.

p. 194
p. 232

1. **filiforme :** ayant la forme d'un fil
2. **téméraire :** audacieux
3. **emboîter le pas :** suivre quelqu'un

« Alors, elle est derrière ! » dit Élisabeth.

Un peu confus d'avoir manqué leur chasse, Pépitou et l'oncle Julien écartèrent le lit de la cloison. Tante Thérèse, Geneviève, puis Élisabeth se hasardèrent dans la ruelle. Leur inspection les amena à conclure que l'animal s'était sans doute réfugié dans quelque trou.

« Elle en sortira la nuit ! balbutia Élisabeth. Elle se promènera sur moi ! Oh ! tante Thérèse, c'est affreux ! Je ne pourrai pas dormir ! Je t'en supplie, fais quelque chose !... »

La grive de Henri Troyat, © Éd. Plon.

à l'oral

Si tu étais à la place d'Élisabeth, que ferais-tu ?

Lecture - compréhension

Prendre des indices

1. À quoi te font penser les mots suivants : désert – enflammé – région – fugitive – ruelle.
2. Dans quel sens ont-ils été utilisés par Henri Troyat ?
3. Sur une copie du texte, colorie tous les détails concernant l'araignée.

Saisir l'essentiel

4. a. Remets ces phrases dans l'ordre du récit :

   Tout à coup, je l'ai entendue crier. / Nous n'avons pas réussi à capturer l'araignée./ Elle a descendu les escaliers à toute vitesse. / Élisabeth avait donc très peur de passer la nuit dans sa chambre. / Nous ne savions pas ce qui l'avait effrayée./ Comme cela ne la calmait pas, nous sommes tous montés à l'étage. / Ma nièce était montée se coucher. / Je me suis un peu moquée de sa peur. / Elle nous a dit qu'il y avait une araignée dans sa chambre.

   b. Qui raconte l'histoire que tu viens de reconstruire ?

5. Quelles différences vois-tu entre la peur ressentie par Élisabeth et celle ressentie par Cosette dans le texte, page 54 ? Justifie ta réponse en donnant des arguments précis.

Vocabulaire

► *Distinguer les adverbes des adjectifs* ◄

1. a. Associe deux par deux les mots de cette liste. Que remarques-tu ?

   gentil – sage – gentiment – sagement – méchant – méchamment.

   b. À ton avis, pourquoi un mot comme *gentiment* s'appelle-t-il un adverbe ? Justifie ta réponse à l'aide de quelques exemples.

2. Recherche, dans le texte, page 57, un adverbe formé à partir de l'adjectif *fixe*. Quel est le sens de cet adverbe ?

3. a. Recherche, dans le texte, page 10, un autre adverbe formé à partir d'un adjectif.

b. Parmi les adverbes que tu connais, choisis-en trois formés à partir d'un adjectif. Rédige une phrase pour chacun d'eux.

4. Tranforme :

a. l'adjectif en adverbe : curieux – bruyant – intelligent – lent – prudent – méchant – récent.

b. l'adverbe en adjectif : savamment – gaiement – mollement – dangereusement – fréquemment.

Tu peux en vérifier l'orthographe dans le dictionnaire.

Découvrons comment exprimer des circonstances

1. a. Repère, dans le texte, page 57, les phrases ou les morceaux de phrases qui permettent de répondre aux questions suivantes :

– Qu'est en train de faire Élisabeth lorsqu'elle aperçoit l'araignée ?
– Pourquoi Élisabeth ressent-elle un frisson dans la région des reins ?
– Que fait tante Thérèse tout en essayant de raisonner Élisabeth ?
– Pourquoi Ménou trouve-t-il qu'Élisabeth est nerveuse ?
– Dans quel but Pépitou donne-t-il de grands coups avec le carton ?
– Pour quelle raison Élisabeth dit-elle, à la fin de l'extrait: « Je ne pourrai pas dormir ! ».

b. Sur une copie du texte, page 57, colorie tous les mots qui indiquent les circonstances des actions.

2. Aide-toi du dessin pour répondre avec précision aux questions ci-dessous :

a. Où se passe cette scène ?

b. Combien y a-t-il de personnages ?

c. Pourquoi le vieille femme est-elle effrayée ?

d. Que fait-elle pour se défendre ?

e. D'où vient ce fantôme ?

f. Le fantôme est-il effrayant ? Pourquoi ?

3. Raconte cette petite histoire par écrit…

a. … en supposant que tu en es le héros.

b. … en supposant que tu es caché en train d'observer la scène.

Dans les deux cas, donne toutes les informations nécessaires pour qu'un lecteur puisse répondre aux questions posées à gauche du dessin.

Nuit d'angoisse

En visite dans un château, le narrateur apprend qu'une de ses chambres est hantée. Il décide, par défi, d'y passer la nuit…

Avec un cri de terreur je me précipitai vers l'alcôve[1], puis dans le coin, puis vers la fenêtre, rallumant trois chandelles, tandis que deux autres s'éteignaient près de la cheminée […] et les ombres que je redoutais, contre lesquelles je luttais, revenaient et se glissaient sur moi, gagnant un pas, tantôt de ce côté et tantôt de l'autre. […]

De temps en temps une bougie demeurait allumée une minute, puis était soufflée. L'horreur des ténèbres[2] croissantes me gagnait jusqu'à la frénésie[3] et mon sang-froid m'abandonnait. Je bondissais haletant et échevelé d'une bougie à l'autre, dans cette lutte vaine contre l'impitoyable avance de l'ennemi.

Je me meurtris la cuisse contre la table. Je renversai une chaise, je trébuchai et tombai, entraînant avec moi le tapis de la table. Ma bougie alla rouler loin de moi et j'en saisis une autre en me relevant. Tout à coup, celle-ci aussi s'éteignit, comme je la prenais vivement sur la table, à cause sans doute de mon mouvement trop rapide ; et immédiatement les deux bougies qui restaient allumées furent éteintes. Mais il y avait encore de la lumière dans la chambre, une lumière rougeâtre qui repoussait les ombres. Le feu dans la cheminée ! Sans doute je pouvais encore passer ma bougie entre les barreaux et la rallumer.

Je me dirigeai vers les flammes qui dansaient entre les charbons ardents […] ; je fis deux pas vers la grille et aussitôt les flammes diminuèrent et s'évanouirent, les charbons ardents noircirent, les lueurs bondirent et disparurent et, au moment où j'enfonçais la bougie entre les barreaux de la grille, les ténèbres m'enveloppèrent, comme un œil qui se ferme, m'entourèrent d'une étreinte suffocante[4], m'aveuglèrent et anéantirent dans mon cerveau les derniers vestiges[5] de raison. La bougie me tomba des mains.

J'étendis les bras en un vain effort pour repousser ces écrasantes ténèbres et, de toutes mes forces, je me mis à crier – une fois, deux fois, trois fois. Alors je dus sans doute me relever en trébuchant. Je me souviens que je pensai soudain au corridor éclairé par la lune et, tête baissée et les bras en avant, je fonçais vers la porte.

Mais j'avais oublié à quel endroit elle se trouvait exactement et je me heurtai violemment contre le coin du lit. Je chancelai et, me retournant, je fus cogné ou me cognai moi-même contre quelque autre gros meuble. J'ai un vague

1. **alcôve :** petite pièce sans porte donnant sur la chambre
2. **ténèbres :** obscurité
3. **frénésie :** fureur
4. **une étreinte suffocante :** la sensation d'étouffer
5. **vestiges :** restes

souvenir d'être aller buter, culbuter de-ci de-là dans les ténèbres, de m'être débattu contre mille entraves et d'avoir poussé des cris farouches à chaque nouveau heurt, et enfin d'un coup violent que je reçus au front, avec une horrible sensation de chute qui dura un siècle, de mon dernier et frénétique effort pour rester debout… Ensuite je ne me rappelle plus rien…

Quand le narrateur ouvre les yeux, il fait jour. Son hôte, à son côté, l'interroge :

« On vous a trouvé à l'aube, dit le vieux, et il y avait du sang sur votre front et sur vos lèvres. […] Et maintenant, dit le vieux, vous croirez que la chambre est hantée ? […]

– Ce n'est pas elle, dis-je ; il n'y a ni fantôme de duc, ni fantôme de duchesse dans cette chambre, elle n'est hantée par aucun revenant, mais par quelque chose de pire… De bien pire !… […] la Peur !

La chambre rouge de H. G. Wells.

à l'oral

Raconte un passage de roman ou de film qui t'a fait particulièrement peur…

Lecture guidée

1. Relis ce passage du texte et explique les expressions en bleu :

> Je chancelai et, me retournant, je fus cogné ou me cognai moi-même contre quelque autre gros meuble. J'ai un vague souvenir d'être aller buter, culbuter de-ci de-là dans les ténèbres, de m'être débattu contre mille entraves et d'avoir poussé des cris farouches à chaque nouveau heurt, et enfin d'un coup violent que je reçus au front, avec une horrible sensation de chute qui dura un siècle, de mon dernier et frénétique effort pour rester debout… Ensuite je ne me rappelle plus rien…

2. Quelle est la phrase la plus longue de ce passage ?
Tranforme-la en plusieurs phrases simples.
Tes phrases produisent-elles le même effet que la phrase du texte ? Pourquoi ?

3. Dans ce passage, de combien d'actions l'auteur se souvient-il ?
Fais-en la liste en mettant les verbes à l'infinitif *(chanceler, se retourner, se cogner…)*.

4. Pourquoi la dernière phrase de ce passage est-elle si courte?

5. Repère le temps des verbes conjugués. Comment expliques-tu le choix des temps ?

Lire à haute voix

- **Entraîne-toi à bien exprimer la peur et la nervosité du narrateur avant de lire le texte à haute voix à tes camarades.** Auparavant sur une copie du texte, du début à la ligne 14, colorie en bleu les actions, en vert ce qui fait peur et en rouge la ponctuation.
Repère les liaisons et les groupes de mots parfois difficiles à prononcer.

À toi de rédiger une fiche de lecture

1. Tu vas maintenant rédiger une fiche de lecture sur le texte, page 60.
Utilise la structure indiquée ci-contre pour préparer ta fiche.

a. Titre du roman :
b. Titre de l'extrait :
c. Auteur :
d. Éditeur :
e. Nom de la collection :
f. Principaux personnages* :
g. Lieu de l'action :
h. Époque de l'action* :
i. Résumé de l'histoire* :
j. Ce qui m'a plu* :
k. Ce qui ne m'a pas plu* :

Pour t'aider

- Dans cet extrait, les noms des personnages ne sont pas indiqués. Tu pourras les présenter en indiquant le rôle de chacun d'eux.*
- L'époque de l'action n'est pas précisée. Aide-toi des informations contenues dans le texte pour situer approximativement cette action dans le temps.*
- Pour écrire le résumé, reprends la situation de départ et celle d'arrivée. Indique ce qui s'est passé entre les deux.*
- Tu peux donner ton avis sur l'histoire mais aussi sur le texte : le vocabulaire, le style de l'auteur...*

p. 194
p. 224

À toi de réécrire

2. Compare ta fiche avec celle d'un camarade.

- Les informations données dans les huit premières rubriques (de a. à h.) doivent être identiques. Si ce n'est pas le cas, vérifiez ensemble et corrigez vos erreurs.
- Chacun lit le résumé de l'autre. Celui-ci peut être plus ou moins long, mais il doit présenter les personnages et les grandes étapes du récit. Échangez vos idées afin d'améliorer l'un ou l'autre des résumés.*
- Les réponses apportées aux rubriques j. et k. peuvent être différentes, mais elles doivent refléter l'opinion du rédacteur de la fiche. Profitez de ce travail pour approfondir oralement votre réflexion sur le texte.*

Une fois les fiches corrigées, affichez-les en classe et prenez connaissance du travail des autres élèves. Un travail identique mené sur les livres de la bibliothèque vous permettra de mieux connaître les ouvrages mis à votre disposition…

Lire une œuvre d'art

Edvard Munch, *Le Cri*, 1893, Galerie nationale, Oslo.

Gustave Courbet, *Le Désespéré*, 1841, collection privée.

L'essentiel

1. Indique pour chacun de ces tableaux :
- le nom du peintre qui l'a réalisé ;
- le titre ;
- l'endroit où on peut le voir.

2. Vois-tu un point commun entre ces tableaux ? Lequel ? Et pourquoi ?

3. Courbet et Munch peignent-ils de la même façon ? Quelles différences remarques-tu ?

4. Quel tableau préfères-tu ? Explique pourquoi.

En détail

5. Voici des détails de ces deux œuvres d'art. Les reconnais-tu facilement ? Quels sont les éléments qui te permettent de les identifier ?

À ton tour

◆ Choisis un sentiment dans la liste ci-dessous et trouve une peinture ou un dessin pour l'illustrer. Tu peux chercher chez toi, en BCD ou sur des CD-ROMS…
angoisse – amour – haine – joie.

Un terrible moment...

Pour échapper à la Gestapo, deux familles juives ont aménagé une cachette au-dessus d'un entrepôt à Amsterdam ; la vie quotidienne y est dure mais ils s'en accommodent... Anne, la plus jeune, raconte tout à son journal intime : cette nuit-là est particulièrement éprouvante...

À neuf heures et demie, Peter a frappé doucement à la porte et a demandé à Papa s'il ne voulait pas venir l'aider un instant pour une phrase compliquée en anglais. « C'est louche, ai-je dit à Margot, il a inventé un prétexte, c'est gros comme une maison, au ton des messieurs, on dirait qu'il y a eu un cambriolage. »

Ma supposition s'est avérée juste, on cambriolait l'entrepôt. En un rien de temps, Papa, Van Daan et Peter étaient en bas, Margot, Maman, Madame et moi attendions. Quatre femmes angoissées ont besoin de parler, c'était notre cas, quand soudain nous avons entendu un coup en bas, puis le silence total, la pendule a sonné dix heures moins le quart. La couleur avait disparu de nos visages, mais nous étions encore calmes, même si nous avions peur. Que faisaient donc les messieurs ? Quel était ce coup ? Étaient-ils en train de se battre avec les cambrioleurs ? Personne ne se posait plus de questions, nous attendions.

Dix heures, des pas dans l'escalier, Papa est entré dans la pièce, pâle et nerveux, suivi de M. Van Daan. « Éteignez les lumières, montez doucement là-haut, nous pensons que la police va venir. » Pas le temps de nous inquiéter, nous avons éteint les lumières, j'ai pris en vitesse une veste et nous étions déjà en haut. « Alors que s'est-il passé, racontez-nous vite ! » Plus personne pour le faire, les messieurs étaient déjà redescendus. Ils ne revinrent tous les quatre qu'à dix heures dix, deux d'entre eux se postèrent devant la fenêtre de Peter, la porte donnant sur le palier était fermée, et la porte-bibliothèque refermée. Nous avons recouvert la lampe de chevet d'un chandail, puis ils nous ont raconté.

« Peter était sur le palier quand il a entendu deux coups violents, il est descendu et a vu qu'il manquait une grosse planche dans la partie gauche de la porte de l'entrepôt. Il est remonté en courant, a prévenu les membres de la famille capables de se défendre, puis ils sont descendus tous les quatre. Les cambrioleurs étaient en plein travail quand ils sont entrés dans l'entrepôt, sans réfléchir, Van Daan a crié : « Police », des pas précipités dehors, les cambrioleurs avaient pris la fuite. Afin d'éviter que la police ne remarque le trou, la planche a été replacée, mais un grand coup de pied du dehors l'a envoyée voler par terre. Les messieurs restaient perplexes[1] devant tant d'audace, Van Daan et Peter sentaient monter en eux des envies de meurtre, Van Daan a frappé fort dans le plancher avec la hache, tout est redevenu silencieux. Ils ont replacé la planche devant le trou, mais nouvelle alerte, un couple dehors a éclairé tout l'entrepôt avec une lampe de poche très puissante. « Sapristi » a grommelé l'un des messieurs... À présent, il

1. **perplexe :** rempli de doute et d'étonnement

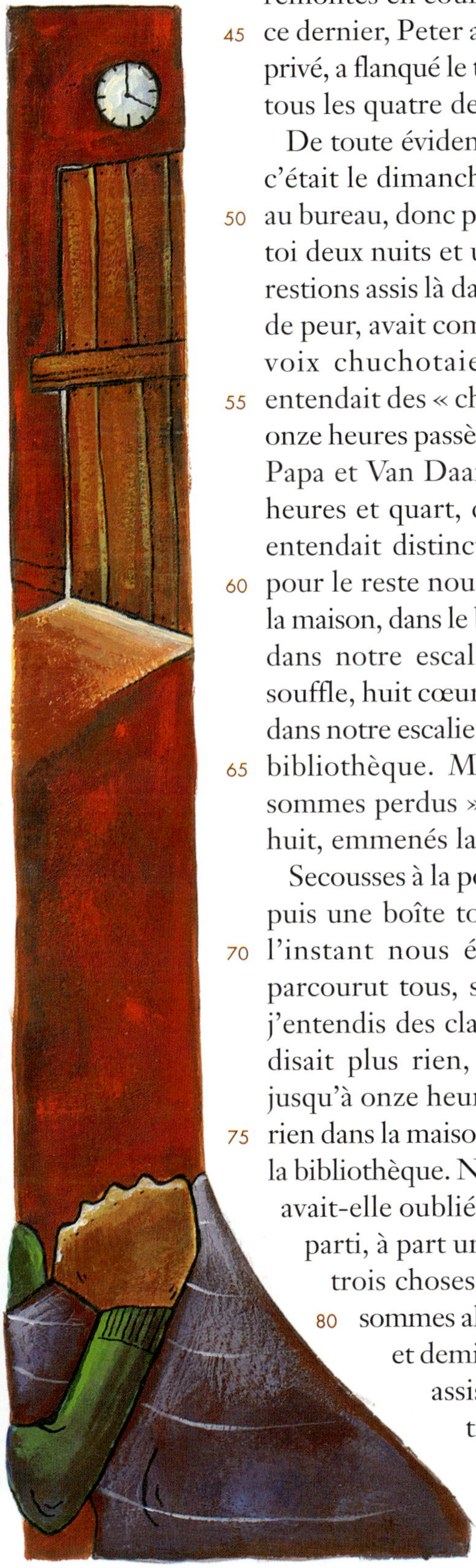

passait du rôle de policier à celui de cambrioleur. Tous les quatre sont remontés en courant, Van Daan et Dussel ont pris au passage les livres de ce dernier, Peter a ouvert les portes et les fenêtres de la cuisine et du bureau privé, a flanqué le téléphone par terre et, munis du baquet, ils se sont retrouvés tous les quatre derrière les portes de la cachette. »

De toute évidence, le couple à la lampe de poche avait prévenu la police ; c'était le dimanche soir, le soir du jour de Pâques, le lendemain personne au bureau, donc personne ne pouvait rien faire avant mardi matin. Imagine-toi deux nuits et un jour à vivre dans l'angoisse ! Nous ne pensions à rien, restions assis là dans l'obscurité totale car Madame, de peur, avait complètement dévissé l'ampoule, les voix chuchotaient, à chaque craquement on entendait des « chut, chut »... Dix heures et demie, onze heures passèrent, pas un son, chacun leur tour, Papa et Van Daan vinrent nous voir. Puis, à onze heures et quart, des bruits en bas. Chez nous, on entendait distinctement respirer toute la famille, pour le reste nous étions immobiles. Des pas dans la maison, dans le bureau privé, dans la cuisine, puis... dans notre escalier, tout le monde retenait son souffle, huit cœurs battaient à tout rompre, des pas dans notre escalier, puis des secousses à notre porte-bibliothèque. Moment indescriptible : « Nous sommes perdus », dis-je et je nous voyais tous les huit, emmenés la nuit même par la Gestapo.

Secousses à la porte-bibliothèque, à deux reprises, puis une boîte tomba, les pas s'éloignèrent, pour l'instant nous étions sauvés. Un frisson nous parcourut tous, sans en distinguer la provenance j'entendis des claquements de dents, personne ne disait plus rien, nous sommes restés assis ainsi jusqu'à onze heures et demie. On n'entendait plus rien dans la maison, mais la lumière était allumée sur notre palier juste devant la bibliothèque. Notre bibliothèque avait-elle paru mystérieuse ? Ou la police avait-elle oublié d'éteindre ? Les langues se délièrent, tout le monde était parti, à part un gardien devant la porte, peut-être. Alors nous avons fait trois choses, nous avons eu peur et tremblé et, troisièmement, nous sommes allés aux toilettes. [...] Quatre heures, cinq heures, cinq heures et demie. Je me levai pour guetter les bruits avec Peter, nous étions assis l'un contre l'autre, si près que nous pouvions sentir les tremblements de nos corps, nous échangions de temps en temps un mot et écoutions de toutes nos oreilles...

Journal d'Anne Frank,
trad. par P. Noble, © Éd. Calmann Lévy, 1992.

Portrait

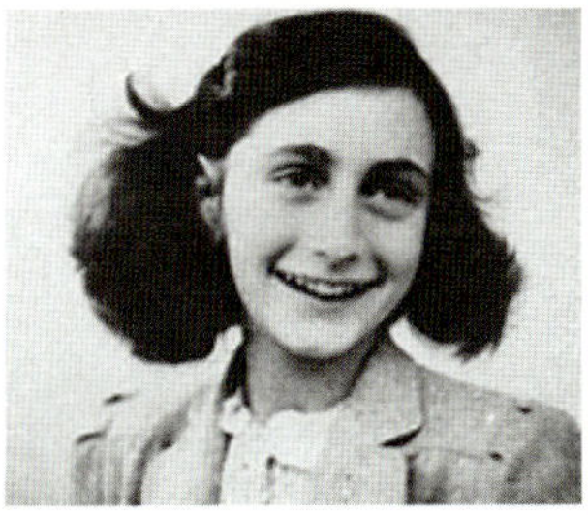

Pour échapper aux nazis, Anne Frank, (1929/1944), vécut dans la clandestinité pendant plus de deux ans. Son journal, tantôt drôle, tantôt déchirant, a été traduit dans plus de cinquante-cinq langues. C'est un témoignage exceptionnel sur le quotidien d'une jeune fille juive, obligée de se cacher avec sa famille pour échapper à la déportation. Il est devenue un symbole des victimes de la barbarie nazie.

L'atelier de lecture

1. Lire des mots compliqués

Imagine que tu es un jeune chimiste. Tu dois présenter un nouveau médicament aux journalistes. Entraîne-toi à lire ton texte avant de faire face à ton public !

Je suis heureux de vous présenter le Phosphocarbonate, un nouveau produit des laboratoires Glixaternol. Son emploi est conseillé pour le traitement symptomatique des troubles dyspeptiques. Dans sa composition entrent de nombreux produits actifs tels que la calamine, l'oxyde de zinc, le chlorhydrate de benzalkonium et le carboxyméthylcellulose. Sans oublier l'acétotartrate d'aluminium associé à du monofluorophosphate de sodium. Je vous remercie de m'avoir écouté attentivement et espère vous retrouver lors d'une prochaine présentation.

2. Lire un texte sans ponctuation

Lis ce texte en imaginant que tu es marchand de poissons sur un marché. N'oublie pas de rétablir la ponctuation et de prendre une intonation correspondant à la situation.

allons allons par ici les beaux poissons par ici le mulet le saumon le cabillaud regardez comme ils sont frais pêchés de la nuit achetez mesdames achetez messieurs c'est bon pour la santé et mes crabes vous les avez vus mes crabes c'est du crabe breton du vrai du vigoureux achetez mesdames achetez messieurs

3. Prendre des indices

Indique à chaque fois combien de tickets d'entrée il faudra acheter :

– Louise va au cinéma avec Jean-François et le frère d'Anne. ... tickets
– Louise va au cinéma avec Jean, François et le frère d'Anne. ... tickets
– Louise va au cinéma avec Jean et François (le frère d'Anne). ... tickets
– Louise va au cinéma avec Jean-François (le frère d'Anne). ... tickets
– Jean, le frère d'Anne, va au cinéma avec Louise et Anne. ... tickets
– Je vais au cinéma avec Anne, Jean-François et Marie-Pierre. ... tickets

4. Analyser des informations

Ces quatre garçons s'appellent Victor, Rémi, Jessy et Aurel. Identifie chacun d'eux grâce aux renseignements suivants :

– Jessy n'est pas le plus grand.
– Rémi n'est pas plus petit que Victor.
– Aurel n'est pas moins grand que Rémi.
– Victor n'est ni le plus grand ni le plus petit des quatre.

L'atelier de lecture

5. Comprendre un texte

Voici le début d'une histoire drôle :

Un papa lit le journal pendant que son petit garçon, Louis, joue dans le square. Tout à coup l'enfant se précipite vers lui.

Termine l'histoire en mettant ces répliques dans le bon ordre ; n'oublie pas d'indiquer qui parle.

– Ce n'est pas pour moi, c'est pour donner à une vieille dame.
– Pour quoi faire ? Tu n'as pas besoin d'argent pour jouer dans le bac à sable !
– Tu es généreux et c'est très bien.
– Tu as raison papa, il faut aider les vieilles dames !
– Allons la voir ensemble, fiston. Où est-elle cette vieille dame ?
– Papa, papa ! Donne-moi vite douze francs !
– Elle est à côté du bassin, elle vend des glaces.

6. Trier des textes

Lis ces « quatrièmes » de couvertures concernant quatre ouvrages différents.

A

Peu de Français connaissent la véritable histoire de leur monnaie. De la livre au franc, du franc ancien au franc nouveau, comment cette lente évolution s'est-elle inscrite dans l'histoire de notre pays ? L'auteur nous guide sur ce long parcours.

B

Dollars ? *Mark* ? *Yen* ? *Rouble* ? Voilà des noms bien connus du grand public. Mais connaissez-vous aussi bien le *dinar* ? l'*escudo* ? le *rand* ? le *rial* ? Savez-vous dans quel pays on utilise l'*austral* ? le *won* ? le *birr* ?
Pour répondre à toutes ces questions, l'auteur de cet ouvrage a parcouru notre planète et il en est revenu avec un porte-monnaie lourdement chargé !

C

Plus de 800 millions de pièces de monnaie circulent en France. D'où viennent-elles ? Qui les fabrique, et comment ? Du minerai que l'on extrait de la terre à la pièce brillante qui roule dans votre main, le chemin est long et les étapes sont nombreuses. C'est un fascinant voyage au cours duquel vous découvrirez les techniques les plus modernes...

D

Pour eux, tout avait bien commencé. Les premières pièces s'écoulaient sans problème, bientôt suivies des billets, plus délicats à fabriquer. Sans doute seraient-ils devenus très riches si Annette, la petite caissière du supermarché, n'avait pas été intriguée par le curieux manège du grand Marco.

Pour chacun de ces textes, retrouve le titre du livre (colonne de gauche) puis indique à quel genre il appartient (colonne de droite). Justifie tes choix.

1. *Procédés de fabrication des monnaies françaises*	a. Roman
2. *Histoire de la monnaie française*	b. Histoire / Documentation
3. *Les faux-monnayeurs*	c. Géographie / Documentation
4. *Monnaies du monde*	d. Technique

5

Dans cette unité tu vas apprendre à :

- **1. Différencier narration et description.**
- **2. Utiliser les temps du passé.**
- **3. Écrire un texte avec du suspense.**

à l'oral

- **Raconter une histoire.**

Laquelle de ces aventures aimerais-tu vivre ?

à l'oral

Observer et déduire

1. Observe les illustrations de la page de gauche. Que cherche à faire chaque personnage ? Comment le sais-tu ?

2. Décris la tenue de chaque personnage et l'endroit où il se trouve.

3. Cherche l'intrus dans chaque aventure et explique pour quelle raison il n'a pas sa place dans l'illustration.

Raconter une histoire

◆ Tu vas raconter une aventure à tes camarades…

Pour cela :

- **Choisis, parmi les illustrations, l'aventure que tu préfères.**
  Donne-lui un titre ; repère où elle a lieu, puis imagine et note brièvement sur ton cahier :
  – son point de départ, son but ;
  – les différents événements qui se sont produits ;
  – de quelle façon elle va se terminer.

- **Lorsque tu as construit ton récit, raconte cette aventure à un camarade.**
  L'a-t-il trouvé intéressante ? As-tu réussi à éveiller sa curiosité ? A-t-il bien compris ce qui s'était passé ? A-t-il été tenu en haleine ? Si non, pourquoi ?

- **Demande-lui à son tour de te raconter l'aventure qu'il a choisie,** et répondez de nouveau aux questions.

- **Avec vos deux aventures, préparez maintenant un récit commun pour le présenter à votre classe…** Éliminez certaines choses, ajoutez-en d'autres… N'oubliez pas de mettre le ton en racontant votre histoire…

◆ **Parmi toutes les aventures que vous avez imaginées, choisis celle que tu aimerais vivre à ton tour et fais-en le récit à tes camarades… à ta façon.**
Ajoute ou élimine des événements pour rendre l'histoire plus intéressante encore ; entraîne-toi à varier le ton que tu utilises lorsque tu racontes…

◆ 1. Différencier narration et description

À la poursuite du Lapin Blanc

Alice a suivi un étrange Lapin Blanc dans son terrier…

Alice ne s'était pas fait le moindre mal, et fut sur pied en un moment ; elle leva les yeux, mais tout était noir au-dessus de sa tête. Devant elle s'étendait un autre couloir où elle vit le Lapin Blanc en train de courir à toute vitesse. Il n'y avait pas un instant à perdre : voilà notre Alice partie, rapide comme le vent. Elle eut juste le temps d'entendre le Lapin dire, en tournant un coin : « Par mes oreilles et mes moustaches, comme il se fait tard ! ». Elle tourna le coin à son tour ; très peu de temps après lui, mais, quand elle l'eut tourné, le Lapin avait disparu. Elle se trouvait à présent dans une longue salle basse éclairée par une rangée de lampes accrochées au plafond. Il y avait plusieurs portes autour de la salle, mais elles étaient toutes fermées à clé ; quand Alice eut marché d'abord dans un sens, puis dans l'autre, en essayant de les ouvrir une par une, elle s'en alla tristement au milieu de la pièce, en se demandant comment elle pourrait bien faire pour en sortir. Brusquement, elle se trouva devant une petite table à trois pieds, entièrement faite de verre massif[1], sur laquelle il y avait une minuscule clé d'or, et Alice pensa aussitôt que cette clé pouvait fort bien ouvrir une des portes de la salle. Hélas ! soit que les serrures fussent trop larges, soit que la clé fût trop petite, aucune porte ne voulut s'ouvrir. Néanmoins, la deuxième fois qu'Alice fit le tour de la pièce, elle découvrit un rideau bas qu'elle n'avait pas encore remarqué ; derrière ce rideau se trouvait une petite porte haute de quarante centimètres environ : elle essaya d'introduire la petite clé d'or dans la serrure, et elle fut ravie de constater qu'elle s'y adaptait parfaitement !

Alice ouvrit la porte, et vit qu'elle donnait sur un petit couloir guère plus grand qu'un trou à rat ; s'étant agenouillée, elle aperçut au bout du couloir le jardin le plus adorable qu'on puisse imaginer.

Comme elle désirait sortir de cette pièce sombre, pour aller se promener au milieu des parterres de fleurs aux couleurs éclatantes et des fraîches fontaines ! Mais elle ne pourrait même pas faire passer sa tête par l'entrée ; « et même si ma tête pouvait passer, se disait la pauvre Alice, ça ne me servirait pas à grand-chose à cause de mes épaules. Oh ! que je voudrais pouvoir rentrer en moi-même comme une longue-vue ! Je crois que j'y arriverais si je savais seulement comment m'y prendre pour commencer ». Car, voyez-vous, il venait de se passer tant de choses bizarres, qu'elle en arrivait à penser que fort peu de choses étaient vraiment impossibles.

Alice au pays des merveilles de Lewis Carroll, coll. *Folio Junior*, Éditions Gallimard,

p. 160
p. 198

1. **massif :** non creux

Vocabulaire

1. À l'aide de ton dictionnaire, donne pour chacune de ces phrases le sens du mot *pied* et les indices qui t'ont aidé :
   - Alice fut sur pied en un moment.
   - Le Lapin dort au pied d'un arbre.
   - Ce poème est écrit en vers de huit pieds.
   - Elle se trouva devant une table à trois pieds.
   - Il mesurait bien six pieds de haut.
   - Le pied de ce champignon est très renflé.

2. À l'aide d'un dictionnaire, cherche les mots qui ne sont pas de la famille de *pied* :
   pédestre – une pédale – un peton – un podologue – une pièce – un quadrupède – un piéton – pédant – un podium – la piété – un piège – le pédicure.

3. Voici des expressions avec le mot *pied*, retrouve le sens de chacune d'elles.

mettre les pieds dans le plat •	• être en bonne santé
mettre sur pied •	• empêcher de parler ou d'agir
faire un pied de nez •	• employer tous les moyens
couper l'herbe sous les pieds de quelqu'un •	• organiser
faire des pieds et des mains •	• faire une gaffe
avoir bon pied bon œil •	• narguer

Lecture - compréhension

Prendre des indices

1. Relève les personnages de ce texte.
2. Repère pourquoi Alice s'en va tristement vers le milieu de la pièce.
3. Pourquoi ne voit-elle pas la petite porte la première fois ?
4. Sait-on pourquoi Alice veut rentrer en elle-même ?
5. À qui s'adresse l'auteur dans la dernière phrase ?

Saisir l'essentiel

6. Qui est le héros ? Justifie ta réponse.
7. Qui est le narrateur (celui qui raconte l'histoire) ? Justifie ta réponse.
   Alice, le Lapin, Lewis Carroll ?
8. a. Raconte ce qui arrive à Alice dans ce texte.
   b. En quoi cette aventure est-elle étrange ?

Découvrons la différence entre narration et description

1. Sur une copie du texte, page 70, des lignes 15 à 24, encadre :

– en rouge les actions d'Alice,
– en bleu les descriptions de la situation.

Compare avec un camarade.

2. a. Lis ces trois textes :

A

Il se leva rapidement. Autour de lui, tout était recouvert de cendres ; une odeur de brûlé flottait dans l'air qui devenait irrespirable. Même le soleil semblait gris.

Un oiseau immense apparut et l'invita à le suivre.

B

Le jour se levait. La brume recouvrait le fond de la vallée et les premiers vols de canards passaient au-dessus des maisons. Marc se chaussa, sortit, ouvrit la porte de la grange et se dirigea vers Fuego pour le seller.

L'automne était là.

C

Pierrot avala rapidement ses pilules, enfila son scaphandre et quitta la fusée. Il enfourcha son scooter, s'engagea dans la circulation déjà dense et se dirigea vers la tour S35. Quand il y parvint, ses camarades lui dirent de se précipiter chez le technochef.

b. Dans chaque texte, colorie :

- en rouge les actions des personnages (la narration),
- en bleu ce qui décrit les lieux (la description).

À quel temps sont les verbes dans la narration ? dans la description ?

c. Oralement, ajoute une description au texte qui n'en comporte pas.
Demande à un camarade de faire le même travail :

Qu'avez-vous décrit ? À quel endroit du texte avez-vous rajouté la description ?
À quel temps avez-vous conjugué les verbes ?

3. Sur une copie du texte, page 57, des lignes 2 à 12, souligne :
en rouge la narration et en bleu la partie descriptive.

À toi d'écrire

p. 152 p. 154 p. 156

4. a. Lis le passage suivant :

Pedro échappa à ses poursuivants [...] et s'engouffra dans une maison [...]. Il traversa la pièce du bas, ressortit de l'autre côté ; un ami [...] l'attendait au volant d'une voiture. Il démarra rapidement. Ils quittèrent la ville qui [...] et se retrouvèrent au pied d'une montagne. Cette montagne [...].

b. Ce texte est-il une narration ? une description ? Justifie ton choix.

c. Réécris-le en remplaçant les parenthèses par des descriptions *(paysage, décor, portrait)*.
Lorsque tu as terminé, vérifie que tu as utilisé les temps qui conviennent.

d. Relis les deux textes. Lequel préfères-tu ?

p. 198 p. 220

Nils s'envole

Catastrophe ! Nils a été transformé en lutin. Juché sur le mur qui entoure sa ferme, le pauvre garçon se demande comment il va faire pour redevenir un homme.

C'était, comme nous l'avons dit, un jour merveilleusement beau, avec un air qui invitait au vol, si frais, si léger. À mesure que de nouvelles bandes passaient, les oies domestiques devenaient plus inquiètes. Elles battaient par moments des ailes comme décidées à suivre les oies sauvages. Mais chaque fois il se trouvait parmi elles quelque vieille commère qui disait : « Ne faites donc pas les folles. Celles-là auront à souffrir de la faim et du froid. »

Or, il y avait un jeune jars[1] à qui les appels des oies sauvages avaient donné grande envie de partir. « S'il vient encore une bande, je l'accompagnerai. », dit-il.

Une nouvelle bande arriva, appelant comme les précédentes. Alors le jars répondit : « Attendez ! Attendez ! Je viens ! » Il déploya[2] ses ailes et s'éleva dans l'air, mais il avait si peu l'habitude de voler qu'il retomba à terre.

Les oies sauvages semblaient cependant avoir entendu son cri. Elles revinrent lentement en arrière pour voir s'il allait les rejoindre. « Attendez ! Attendez ! » criait-il, en faisant un nouvel effort.

Le gamin entendait tout du mur où il s'était caché. « Quel dommage si le grand jars allait s'envoler ! Père et mère en auraient du chagrin s'il était parti lorsqu'ils reviendront du temple. » Il en oublia une fois encore qu'il était petit et sans force. Il sauta au milieu des oies, et jeta ses bras autour du cou du jars. « Tu resteras ici, tu entends », cria-t-il.

Mais juste à ce moment, le jars avait compris ce qu'il fallait faire pour s'élever du sol. Il ne put s'arrêter pour secouer le gamin, et celui-ci fut emporté dans les airs. Il fut enlevé avec une rapidité qui lui donna le vertige. Avant d'avoir pensé à lâcher prise, il se trouva si haut qu'il se serait tué s'il était tombé à terre. Il n'avait plus qu'à essayer de se hisser sur le dos de l'oie. Il y parvint, mais avec beaucoup de peine. Il n'était pas facile non plus de se maintenir sur le dos lisse et glissant, entre les deux ailes battantes. Il dut plonger ses deux mains dans les plumes et le duvet pour ne pas être précipité.

Un long moment, le gamin eut des vertiges qui l'empêchèrent de se rendre compte de rien. L'air sifflait et le fouettait, les ailes frappaient, les plumes vibraient avec un bruit de tempête. Treize oies volaient autour de lui. Toutes caquetaient et battaient des ailes. Les yeux éblouis, les oreilles assourdies, il ne savait si elles volaient haut ou bas ni quel était le but du voyage.

1. **jars :** mâle de l'oie
2. **déployer :** étendre

Enfin il se ressaisit, et comprit qu'il devait tâcher de savoir où on le conduisait. Mais comment aurait-il eu le courage de regarder en bas ?

Les oies sauvages ne volaient pas très haut, car leur nouveau compagnon de voyage n'aurait pu respirer un air trop léger. À cause de lui elles volaient aussi moins vite qu'à l'ordinaire.

Le merveilleux voyage de Nils Holgerson à travers la Suède de Selma Lagerlöf,

à l'oral

Q'aurais-tu fait à la place de Nils pour retenir le jars ? Imagine ce qui va lui arriver…

Lecture - compréhension

Prendre des indices

1. Sur une copie du texte, entoure d'une couleur différente les mots qui désignent chacun des personnages.
2. Quels personnages parlent ? Encadre ce que chacun dit.
3. Repère deux descriptions dans le texte.

Saisir l'essentiel

4. Pour quelle raison Nils ne veut-il pas que le jars s'envole ? Quel passage montre la détermination de Nils ?
5. Ce texte est-il un extrait : d'un documentaire sur les oies ? d'un roman ? d'un conte ? Justifie ta réponse.

Vocabulaire

► **Reconnaître une famille de mots** ◄

1. **a.** Relève dans le texte, page 73, tous les mots qui te font penser aux *oiseaux*. Compare ta liste avec celle d'un camarade.

   b. Dans la liste suivante, élimine les mots qui n'ont aucun rapport avec *les oiseaux* :
   un bec – un moteur – une graine – la vague – souple – affectueux – la migration – une queue – nicher – l'addition.

   Compare avec un camarade et justifiez vos choix. Vérifie dans le dictionnaire.

2. **a.** À quel terme te font penser ces mots ? une lame – la vague – une marée – le port – plonger.

   b. Parmi les mots suivants, quels sont ceux que tu peux ajouter aux précédents ?
   une méduse – la voile – un tournevis – courageux – le phare – une voiture – la colère – un balcon – le porc.

   c. À deux, cherchez des mots qui complètent la liste obtenue.

3. Dans la liste suivante, encadre en rouge les mots qui te font penser au *temps* et en bleu ceux qui te font penser aux *voyages*. Justifie tes choix.

les nuages – le froid – tomber – le ciel – s'éloigner – un avion – la tempête – explorer – une règle – se dégager.

4. Cherche les mots du texte qui rappellent *l'aventure*, puis complète ta liste avec d'autres mots.

Découvrons comment utiliser les temps du passé

1. a. Lis ce texte :

Il en a oublié encore une fois qu'il était petit et sans force. Il a sauté au milieu des oies, et il a jeté ses bras autour du cou du jars. « Tu resteras ici, tu entends », a-t-il crié. Mais juste à ce moment, le jars avait compris ce qu'il fallait faire pour s'élever du sol. Il n'a pu s'arrêter pour secouer le gamin.

À quels temps sont conjugués les verbes en bleu ? *(Aide-toi du tableau de conjugaison.)*

b. Retrouve ce passage dans le texte de la page 73.
Qu'est-ce qui a changé ? À quels temps sont conjugués les verbes ?

c. Quels sont les verbes qui indiquent des actions ? des descriptions ?

2. Relis le texte de la page 70, des lignes 15 à 24, repère les verbes et classe-les suivant qu'ils expriment une action ou une description.

3. Relis le texte de la page 57 ; repère les parties narratives, les parties descriptives.
Qu'est-ce qui t'a permis de répondre ?
Transforme-le en utilisant le passé composé.

4. a. Recopie ce texte en choisissant la forme verbale qui convient :

La nuit (a été / était) noire. La lune (éclairait / a éclairé) un petit coin de pré. Dans un battement, la chouette (a quitté / quittait) son nid, elle (s'est envolée / s'envolait) et (s'est laissée / se laissait) glisser vers le sol. Heureusement, le souriceau qui (trottait / a trotté) derrière sa mère, (a trouvé / trouvait) un terrier et (pouvait / a pu) s'y faufiler.

À quel temps as-tu mis les actions ? les descriptions ?

b. Recommence l'activité en remplaçant le passé composé par le passé simple.

5. Recopie le texte suivant en utilisant le couple *passé composé / imparfait* ou *passé simple / imparfait* :

Chaque poil de son corps *(se hérisser)*. Le dos *(se voûter)*, [...]la bouche *(cracher)*, les yeux agrandis *(briller)* d'un feu rouge. Le gamin ne *(vouloir)* pas se laisser effrayer par un chat. Il *(faire)* un pas en avant. Alors le chat *(bondir)* et *(retomber)* droit sur le gamin, le *(jeter)* à terre et *(se planter)* sur lui.

Tu peux, avant de commencer, repérer les passages descriptifs et les actions.

6. Écris un court texte qui reprend l'histoire de Nils en utilisant le *passé simple* et *l'imparfait*.

◆ 3. Écrire un texte avec du suspense

Le duel

Le capitaine Achab se lance à la poursuite de Moby Dick, la baleine blanche qui lui a arraché une jambe lors d'une précédente chasse. Il est à bord d'une baleinière[1] avec quelques hommes d'équipage.

En longue file indienne, des oiseaux blancs se dirigeaient vers la baleinière d'Achab. Quand ils n'en furent plus qu'à quelques mètres, ils se mirent à tournoyer au-dessus de l'eau en poussant de joyeux cris d'espoir. Leur vue était plus perçante que celle de l'homme, car Achab n'apercevait aucun indice sur la mer. Soudain, tandis qu'il plongeait le regard dans les profondeurs, il vit une tache blanche vivante de la taille d'une belette, s'élever avec une merveilleuse célérité[2] et grandir de plus en plus, jusqu'au moment où elle se retourna. Alors apparurent nettement deux rangées de longues dents crochues. C'était la bouche ouverte de Moby Dick et sa mâchoire tordue. Son vaste cou se confondait encore avec la mer.

p. 236

Manœuvrant l'aviron de queue, Achab fit virer l'embarcation pour l'écarter de cette apparition. Puis criant à Fedallah de venir prendre sa place, il alla se poster à l'avant, son harpon en main. Grâce à l'habile virage effectué par le vieillard, la proue[3] aurait dû se trouver en face de la tête du cachalot. Mais, avec l'intelligence rusée qu'on lui connaissait, Moby Dick comme s'il eût deviné le stratagème[4], changea de position en une seconde et vint poser sa tête ridée sous la baleinière, le long de la coque.

Toutes les planches de l'embarcation tremblèrent tandis que le cachalot, couché sur le dos un peu en ligne oblique, à la manière des requins qui vont mordre, prenait lentement et sciemment[5] l'étrave dans sa bouche. L'intérieur de la mâchoire d'un blanc de perle, fut à six pouces[6] de la tête d'Achab et monta même plus haut. L'animal secoua le mince bois de pin à la manière d'un chat jouant avec une souris. Fedallah regardait fixement, les bras croisés, mais les rameurs jaunes dégringolaient les uns par-dessus les autres, pour gagner le plus vite possible l'extrémité de l'arrière.

Les plats-bords élastiques se tendaient et se détendaient. On aurait dit que le cachalot prenait un plaisir diabolique à retarder la destruction de la baleinière. Son corps était submergé, on ne pouvait pas lui lancer de dards[7], d'autant plus que la proue était pour ainsi dire à l'intérieur de sa mâchoire. Les autres embarcations s'étaient arrêtées presque sans le vouloir, comme en face d'un dénouement rapide contre lequel on ne peut rien.

1. **baleinière :** bateau utilisé pour chasser la baleine
2. **célérité :** rapidité
3. **proue :** avant du bateau
4. **stratagème :** ruse
5. **sciemment :** volontairement
6. **six pouces :** environ 15 cm
7. **dards :** armes pointues

Mais ce monomane[8] d'Achab, rendu fou furieux par la proximité de son ennemi, saisit de ses mains nues la grosse articulation, essayant de lui faire lâcher prise. Pendant qu'il luttait ainsi, les minces plats-bords se courbèrent, s'affaissèrent et se brisèrent, tandis que les deux mâchoires, tels d'énormes ciseaux, glissaient vers l'arrière et séparaient en deux l'embarcation. Après quoi elles se refermèrent étroitement sous la surface de l'eau, à une distance égale des deux épaves, qui en flottant s'éloignaient l'une de l'autre.

Moby Dick de Hermann Melville, traduit par M. Gay, © Éd. GP, 1954, D.R.

8. **monomane :** fou et têtu

à l'oral

Imagine la suite et la fin de l'aventure, puis raconte l'histoire à tes camarades.

Lecture guidée

1. Recherche dans le texte tous les termes désignant les parties de la baleinière et replace-les sur le dessin.

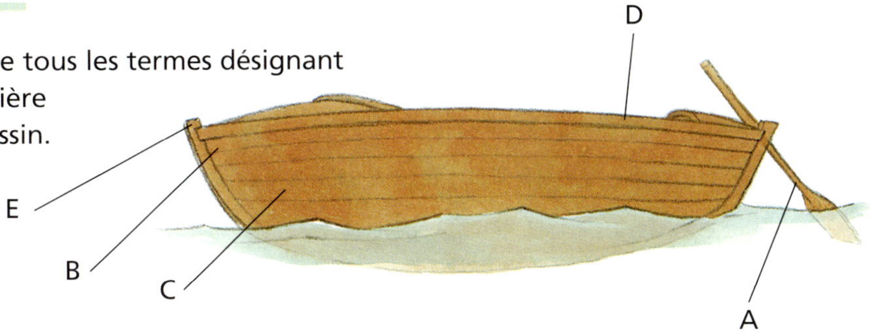

2. Sur une copie du texte, entoure :
- en rouge les passages où Moby Dick intervient,
- en bleu ceux où Achab intervient.

3. Sur une copie du texte, entoure les phrases qui expriment les actions (la narration). Le temps des verbes peut t'y aider.

4. a. Relis le premier paragraphe du texte.

De quoi parle l'auteur dans les trois premières phrases ? Quelle impression ressens-tu ? Quels mots te permettent de justifier ce choix ?

Compare tes réponses avec celles d'un camarade.

b. Que se passe-t-il dans la quatrième phrase ?

Quel mot provoque le changement ? Comment est-il mis en évidence ?

Avec un camarade, trouvez d'autres mots qui pourraient le remplacer.

c. Quel nom donne-t-on à ce procédé qui tient le lecteur en haleine ?

Lire à haute voix

◆ Prépare-toi avec un camarade à lire le texte à haute voix. Repérez les mouvements importants ; mettez en évidence les changements de rythme du texte selon que l'on parle de la baleine ou des hommes.

À toi d'écrire un texte avec du suspense

1. Repère les deux parties dans ce texte :

> La fusée faisait route vers Mars. Tout était normal à bord. L'équipage dormait tranquillement. Un bruit épouvantable éclata. Tous les instruments de bord s'affolèrent. Une météorite venait d'endommager la fusée. Il fallait faire un demi-tour.

Cherche des phrases qui peuvent allonger la première partie.
Crée une brusque rupture à l'aide d'un connecteur *(soudain, tout à coup, subitement)*, puis compare ton travail avec celui d'un camarade.

2. Relis la fin du texte, page 73, à partir de la ligne 15. Imagine la suite du récit en ajoutant du suspense.

p. 198

Pour t'aider

- Relis le 1er paragraphe de la page 76, et repère l'endroit où le récit s'accélère. Quel en est le déclencheur ?
- Organise, toi aussi, ton texte en deux parties.
- N'hésite pas à allonger la partie descriptive; pour cela, enrichis ta description.
- Essaie d'accélérer l'action dans la deuxième partie. Pense à utiliser un déclencheur.
- N'oublie pas de jouer sur les temps des verbes.

p. 156
p. 157
p. 224

À toi de réécrire

3. a. Mélissa a continué ainsi les aventures de Nils :

> *Nils fut maintenant installé confortablement sur le cou du jars.*
> *Mais le jars n'a pas eu assez de forces pour continuer de voler. Il devait laisser partir les autres. Il a survolé maintenant la Suède et Nils regarda vers le sol ; il aperçut une ferme et a dit au jars de descendre.*
> *Une fois sur le sol, Nils quittait son perchoir et s'est dirigé vers les habitations. Il a frappé : personne ne lui a répondu. Ensuite, il repartait vers le jars qui fut reposé.*

Repère les verbes conjugués, puis compare avec ton voisin.

b. Quels sont les temps utilisés dans les passages descriptifs ? narratifs ?

c. Dans un texte au passé, quels temps peut-on utiliser ensemble ?

d. Réécris ce texte en corrigeant les erreurs que tu as repérées.

p. 198
p. 200

Lorsque Ismahel s'embarque à bord du baleinier "Péquod", pour une campagne de chasse de trois ans, il est loin de se douter qu'il va être entraîné dans une effroyable aventure...

Bientôt l'énigmatique et légendaire Capitaine Achab dévoile son véritable dessein : renoncer à la traditionnelle pêche au cachalot pour se lancer sur les traces de Moby Dick, la monstrueuse Baleine Blanche, qu'il combat depuis des années et à qui il semble avoir fixé un ultime rendez-vous.

Commence alors une incroyable odyssée qui entraînera navire, marins et lecteurs aux confins des ténèbres.

Quête infinie et désespérée du capitaine d'un bateau-ivre embarqué pour un voyage sans retour, "Moby Dick" est une tragédie épique au terrible pouvoir dramatique.

Herman Melville (1819-1891) fut marin, aventurier, romancier et poète. "Moby Dick", publié en 1851, reste son ouvrage le plus connu. John Huston en a tiré un film en 1956.

ISBN 2-266-07569-1

9 782266 075695

CATÉGORIE 6

L'essentiel

1. D'où proviennent ces documents ?
2. Quels renseignements trouves-tu sur la une ? et sur la quatrième ?
3. Comment l'illustrateur rend-il l'atmosphère du livre ?
4. Comment choisis-tu un livre ? en regardant l'illustration du recto ou en lisant le texte du verso ?

En détail

5. Quel est le prénom de l'auteur ? Où le trouve-t-on ?
6. Repère le résumé, le début du récit, le jugement sur le livre. Où les trouve-t-on ?
7. Qu'explique le paragraphe en italique ?
8. Quels personnages reconnais-tu sur l'illustration ?

À ton tour

- À toi de réaliser une couverture de livre pour *Le merveilleux voyage de Nils Holgerson*. Aide-toi du document ci-dessus (pense à différencier le résumé, le début du texte et ton opinion sur le livre).

Océano Nox

Oh ! combien de marins, combien de capitaines
Qui sont partis joyeux pour des courses lointaines,
Dans ce morne horizon se sont évanouis !
Combien ont disparu, dure et triste fortune !
Dans une mer sans fond, par une nuit sans lune,
Sous l'aveugle océan à jamais enfouis !

Combien de patrons morts avec leurs équipages !
L'ouragan de leur vie a pris toutes les pages
Et d'un souffle il a tout dispersé sur les flots !
Nul ne saura leur fin dans l'abîme plongée.
Chaque vague en passant d'un butin s'est chargée ;
L'une a saisi l'esquif, l'autre les matelots !

Victor Hugo (1802-1885)
l'Homme blanc.

◆ *Selon toi, à quoi correspond chacune des formes colorées ? Qu'en penses-tu ?*

Paul Klee, *Tapis du souvenir*, 1914.
Huile/bois. 33 x 20,5 cm, Suisse, Berne, coll. Bürgi.

Un matin

Dès le matin, par mes grands'routes
[coutumières
Qui traversent champs et vergers,
Je suis parti clair et léger,
Le corps enveloppé de vent et de lumière

Je vais, je ne sais où. Je vais,
[je suis heureux ;
C'est fête et joie en ma poitrine ;
Que m'importent droits et doctrines,
Le caillou sonne et luit
[sous mes talons poudreux.

Les bras fluides et doux des rivières
[m'accueillent ;
Je me repose et je repars
Avec mon guide, le hasard,
Par des sentiers sous bois
[dont je mâche les feuilles.

Emile Verhaeren,
Les forces tumultueuses.

Rêve d'enfant

Qui n'a rêvé de gloire et de fortune
De longs voyages aux émouvantes arrivées
Qui n'a même distrait rêve de la lune
Penché sur le ciel et près de chavirer

Qui n'a couru les mille et quatre chemins
Chemins d'espoir et chemins d'infortune
Ah qu'aujourd'hui est beau quand il y a demain
Dans la douceur des soirs au plein sommet des dunes

Poèmes du petit matin de Claude Haller,
Coll. *Livre de poche Jeunesse*, © Hachette Livre.

On dit que…

Entre l'arbre et l'écorce il ne faut pas mettre le doigt.

Mieux vaut tard que jamais.

Pierre qui roule n'amasse pas mousse.

Qui veut voyager loin ménage sa monture.

En avril ne te découvre pas d'un fil.

Qui veut noyer son chien l'accuse de la rage.

Atelier de poésie

1. Comment s'appellent les phrases ci-dessus ? En connais-tu d'autres ?
2. Amuse-toi à compléter ces proverbes. Tu peux t'aider d'un dictionnaire.
   … deux lièvres à la fois.
   … pas le chat qui dort.
   … des fourmis à une charrette.
   … la chandelle par les deux bouts.
   … qui croyait prendre.
3. Retrouve les proverbes suivants :

On ne fait pas d'omelette…	… sans casser des œufs.
L'appétit vient…	… en mangeant.
L'argent n'a…	… que deux tu l'auras.
Qui s'y frotte…	… pas d'odeur.
Un tien vaut mieux…	… s'y pique.

À toi d'écrire

4. Recopie tous ces proverbes sur des bandes de papier, coupe-les en deux et fais-en deux paquets. Amuse-toi à les reconstituer en tirant au hasard.
5. Écris des proverbes pour différents moments de ta vie :
   Ex. : Quand le maître n'est pas là, les…
   Savoir ses leçons sur…
6. Réécris des proverbes en ne gardant que ce qui est en rose dans le proverbe suivant :
   Pierre qui roule n'amasse pas mousse.
   Ex. : Plume qui vole n'amasse pas de duvet.

6

Dans cette unité tu vas apprendre à :

- *1. Expliquer un phénomène.*
- *2. Relier les propositions.*
- *3. Écrire une fiche explicative.*

à l'oral

- *Décrire le fonctionnement d'un appareil.*

La draisienne
1790

Bicycle
1870

Bicyclette
1879

Vélo aérodynamique
Début des années 1980

Quels points communs et quelles différences vois-tu entre les quatre images ?

à l'oral

Observer et décrire

1. Observe la page de gauche. Cite les véhicules du plus ancien au plus moderne, en indiquant à quoi ils servent. Le conducteur doit-il toujours faire de la même manière pour avancer, pour tourner ?

2. Décris à tes camarades la bicyclette moderne et un de ses ancêtres, en indiquant d'abord leurs ressemblances, puis leurs différences.

3. Décris de la même manière un autre objet moderne et son ancêtre sans donner son nom. À tes camarades de retrouver de quoi il s'agit.

S'exprimer

1. À quelle époque du passé aurais-tu aimé vivre ?
De quoi serais-tu alors entouré ? Cite quelques objets qui pourraient te servir.
Quels sont ceux qui te manqueraient ?

2. Comment imagines-tu ces mêmes objets dans l'avenir ?

Décrire le fonctionnement d'un appareil

- Compare ces deux appareils. À quoi servent-ils ?
Qu'ont-ils en commun ? En quoi sont-ils différents ?
- Décris le fonctionnement de ces appareils.

Pour cela et pour chacun des appareils :
- Repère les parties importantes et décris-les.
- Donne d'abord les explications de ce qui se passe et de ce qu'il te faut faire si tu reçois un appel (les parties utiles, celles qui servent à entendre, à parler…).
- Décris ensuite ce qui se passe et ce qu'il faut faire pour appeler un correspondant (les parties qui te servent, ce qui va se produire chez celui que tu appelles, comment se termine la communication…).

◆ 1. Expliquer un phénomène

A. Une autre façon de gonfler un ballon

Photo 1 : le ballon se gonfle.

Réalisons l'expérience

Tu as besoin d'une petite bouteille en verre, d'un ballon en caoutchouc mince et de bâtons de craie (à la place de la craie tu peux utiliser du bicarbonate de soude qui se vend en pharmacie).

1°) Verse le vinaigre jusqu'au tiers de la bouteille. Ajoute de l'eau de façon à la remplir aux deux tiers.

2°) Écrase la craie et verse, à l'aide d'un entonnoir, la poudre obtenue (ou le bicarbonate) dans le ballon gonflable.

3°) En prenant bien soin de maintenir le ballon vers le bas pour ne pas renverser la poudre, enfile son extrémité autour du goulot de la bouteille.

4°) Redresse-le alors pour faire tomber la poudre (bicarbonate ou craie) dans la bouteille. Le vinaigre se met à bouillonner et le ballon se gonfle (photo 1) !

Comprenons ce qui s'est passé

p. 164
p. 240

Lorsque le vinaigre (qui est acide) est en contact avec le bicarbonate ou la craie (qui contient du calcaire), il se produit une réaction chimique.

Cette réaction dégage du gaz carbonique en grande quantité (le gaz carbonique est un gaz présent dans l'air).

Le gaz ainsi dégagé a besoin de beaucoup de place, il va donc « pousser » sur les parois du ballon et le gonfler.

Plus il se formera de gaz, c'est-à-dire plus il y aura de vinaigre et de craie, plus le ballon sera gonflé.

B. Les fleurs aussi boivent !

Photo 2 : les fleurs sont colorées.

Réalisons l'expérience

Tu as besoin de plusieurs verres, de différentes couleurs d'encres ou de colorants alimentaires (choisis des couleurs vives !) et de quelques fleurs blanches.

1°) Verse, dans chaque verre, un peu d'encre ou de colorant, puis de l'eau jusqu'au tiers.

2°) Enlève les feuilles des tiges et dispose chaque fleur dans un verre.

3°) Place les verres contenant les fleurs dans une pièce chauffée. Au bout de quelques heures, elles vont se colorer (photo 2) !

Comprenons ce qui s'est passé

Comme tous les êtres vivants, les plantes ont besoin d'eau pour vivre : comme nous elles boivent. L'eau circule à travers la plante, de l'extrémité coupée de la tige jusqu'aux feuilles et aux fleurs.

Les encres nous permettent de suivre ce cheminement : en colorant les pétales de la fleur, elles nous prouvent que la plante a bu de l'eau contenue dans le verre.

d'après *Le petit chercheur* © Bordas / HER.

Le titre du 1er texte : ....

Le titre du 2e texte : ....

Ces textes sont-ils extraits d'une encyclopédie ? d'un livre scientifique pour enfants ? d'une revue pour adultes ?

Vocabulaire

1. Recherche, dans le texte A, le produit que l'on peut utiliser à la place des craies.
À l'aide du dictionnaire, trouve à quoi peut servir ce produit.

2. Le terme *bicarbonate* est composé avec le préfixe *bi* qui signifie *deux*.
Aide-toi du dictionnaire pour trouver comment on nomme :
un avion qui possède deux moteurs – quelqu'un qui parle deux langues –
– un être qui possède deux pieds – un chapeau qui possède deux cornes.

3. Recherche, dans le texte B, les mots de la famille de *couleur*.

4. Utilise un mot de la famille de *couleur* dans les phrases suivantes :
– Le jeune garçon … son dessin. – Pour … cette confiture, on a introduit un … .
– Cette chemise ne possède que deux couleurs, elle est … .
– Le drapeau français est composé de blanc, de bleu et de rouge : il est … .

Lecture - compréhension

Prendre des indices

1. Explique chaque titre en observant les illustrations.

2. Quels sont les titres des différentes parties de chaque texte ?

3. Repère les verbes de chaque partie. Quelles différences remarques-tu ?

4. À quoi servent les photographies ? Comment sais-tu à quoi elles se rapportent ?

Saisir l'essentiel

5. Dans le texte A : Pourquoi le ballon se gonfle-t-il ?
À quoi sert chaque partie du texte ?

6. Dans le texte B : Pourquoi choisit-on des fleurs blanches ? Pourquoi met-on de l'encre dans le verre ? Qu'arrive-t-il à la fleur ?

Découvrons la façon d'expliquer un phénomène

1. a. Combien chaque texte, pages 84 et 85, comporte-il de parties ?

b. Pour chacun des textes, reproduis et complète le tableau suivant :

TEXTE (titre) : ...	Partie 1	Partie 2
• Type (indiquer ce qu'il faut faire, expliquer ou raconter)	...	...
• Écriture utilisée	...	...
• Particularités des paragraphes	...	...
• Temps des verbes employés		...
• Renvoi vers la photographie	...	...
• À qui s'adresse l'auteur ?	...	...

2. À quoi servent ces deux textes ? à *informer* ou *à indiquer ce qu'il faut faire* ?
Comment reconnais-tu la partie qui explique un phénomène ?

3. Indique si ces phrases proviennent d'un texte qui explique un phénomène. Justifie ta réponse.

a. Les antilopinés regroupent des animaux au corps svelte, aux pattes fines...
b. – Quelle histoire ! dis-je en essayant de sourire.
c. Papa sursauta si fort qu'il tomba à la renverse.
d. Regarde ce dessin et explique pourquoi l'eau s'évapore.
e. Le Soleil est une étoile (schéma 4).
f. Question 1 : Quelle est l'origine de la fumée au-dessus du volcan ?

À toi d'écrire

p. 186 p. 240

4. Observe cette expérience et réalise-la.

Construis une horloge à eau

Activités

Construis l'horloge à eau (figure ⓐ) et gradue-la.

• Avec une pointe métallique chauffée, il est facile de faire un trou dans le fond d'une bouteille de plastique.

• Avec cette bouteille percée, tu peux fabriquer des « chronomètres » de différents modèles (figure ⓑ).

ⓐ

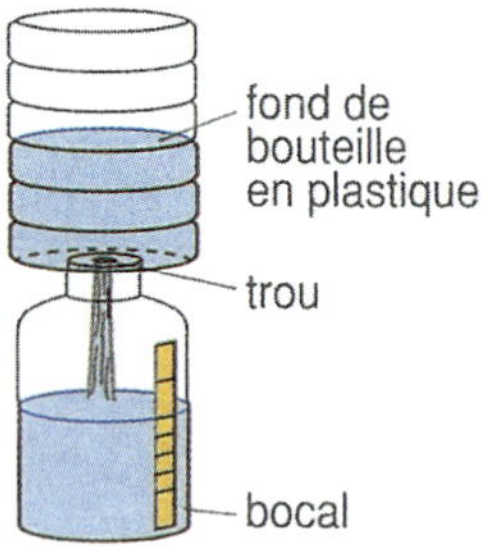

ⓑ

5. Avec un camarade, répondez aux questions suivantes :

Pourquoi l'eau descend-elle ? Que fait la première élève ? Que tient la deuxième ? À quoi sert la bande de papier collée sur la bouteille ? Peut-on dessiner les traits avant de réaliser l'expérience ?

6. En t'aidant de la rubrique *Découvrons* et des réponses aux questions précédentes, rédige un texte sur cette expérience pour ton cahier de sciences :

utilise deux parties, l'une pour décrire l'expérience, l'autre pour expliquer.

◆ 2. Relier les propositions

Alerte au ptérodactyle

Pierre-Paul Louis de Culbert que ses camarades appellent P.P. Cul-Vert ou P.P. est un élève inventif qui veut participer au cinquantième anniversaire du Club des Inventeurs. Pour cela, il engage deux camarades Mathilde et le narrateur, Rémi, pour protéger une mystérieuse invention…

– Rien en vue ? interrogea Mathilde en s'installant à mes côtés.

– Euh, non… La nuit est trop claire. Il ne se passera rien.

– Je t'ai apporté quelques restes. Viande froide et tranche de charlotte, j'espère que ça t'ira.

Chère bonne vieille Mathilde ! J'aurais pu manger des quenelles de dinosaure tellement j'avais faim.

– Je me jetais sur la nourriture quand sa main me broya le poignet.

– Regarde ! En bas, près du hangar !

Je me penchai à mon tour et poussai un cri étranglé. Le long du hangar s'étendait un vaste champ éclairé par la lune. Et là, quelque chose bougeait… Une ombre gigantesque, surhumaine, une… Comment vous la décrire sans que vous me preniez pour un menteur ? Imaginez une sorte d'animal immense, mi-oiseau, mi-chauve-souris, qui tenterait de prendre son vol, battant pesamment des ailes et agitant un bec énorme ! Instantanément, mon sang se glaça dans mes veines. Incapables de bouger, nous vîmes l'horrible créature s'élever du sol, retomber lourdement, rebondir encore, planant sur quelques mètres avant de se reposer, les ailes battant l'air dans un flap-flap terrifiant.

p. 202

– Un ptéro…, un ptéro…, un ptérodactyle géant ! bégaya Mathilde, retrouvant la première l'usage de la parole.

– Un ptéro-quoi ? bredouillai-je.

– Un monstre de la préhistoire, disparu il y a des millions d'années !

C'était à n'en pas croire nos yeux ! Un monstre de la préhistoire, ici, aux Corneilles ?

– Vite, cria Mathilde en sautant sur ses jambes. M Coruscant ! Il faut qu'il voie ça !

J'avais oublié notre brave prof d'histoire. Lui seul pouvait nous donner la clef de ce prodige.

Comme des dératés, nous dévalâmes l'escalier en colimaçon[1]. Le temps de cogner à la porte de sa chambre et M. Coruscant surgit, une chandelle à la main, enveloppé dans une grande robe de chambre qui lui tombait jusqu'aux pieds.

– Mes enfants, que se passe-t-il ?

Les cheveux hérissés sur la tête lui donnaient l'air d'un hibou qu'on vient de tirer de son sommeil. Quand je raconterai ça aux copains de la classe,

1. **en colimaçon :** en hélice

pensai-je… […] Mais déjà Mathilde l'entraînait, bredouillant des explications incompréhensibles :

– Alerte au ptéro…, alerte au ptéro… !

– Et P.P.? réalisai-je soudain. Où est-il ?

Je filai droit à sa chambre. Elle était vide. […] J'eus beau regarder sous le lit, dans les placards et la salle de bains, pas de P.P.. Disparu. Envolé. Introuvable. […] Me ruant hors de la chambre, je rejoignis Mathilde et M. Coruscant. Que ceux d'entre vous qui rêvent d'être garde du corps, agent secret ou karatéka y réfléchissent à deux fois. [...]. Fermez un instant les yeux et imaginez la scène : au pied d'un donjon en ruines silhouetté par la lune, votre copine Mathilde et un prof d'histoire en robe de chambre, qui contemplent quelque chose, comme pétrifiés d'effroi. Cette chose, c'est un ptérodactyle géant, un oiseau carnivore de la préhistoire qui repose dans un champ, les ailes affaissées, semblable à une grosse baudruche[2] dégonflée.

– Est-ce que vous nous croyez, maintenant ? dit enfin Mathilde.

Le club des inventeurs de J.-P. Arrou Vignod, coll. *Folio Junior*, © Gallimard Jeunesse.

2. **baudruche :** matière légère dont on fait les ballons

à l'oral

As-tu déjà eu l'occasion de voir un objet ou un appareil étrange ? Raconte !

Lecture - compréhension

Prendre des indices

1. Comment se nomment les quatre personnages de cette histoire ?
2. Qui est le narrateur ? Relève tout ce qui t'a aidé à le trouver.
3. À partir de quelle ligne, les enfants découvrent-ils quelque chose qui bouge ?
4. À partir de cette ligne, relève tous les termes qui désignent cette chose qui bouge, et souligne les adjectifs qualificatifs employés.
   Quelle impression donnent-ils au lecteur ?

Saisir l'essentiel

5. Connaît-on l'invention de P.P. ? As-tu une idée de ce qu'il a pu fabriquer ?
6. Donne une définition du terme *ptérodactyle*.
7. Les personnages savent-ils pourquoi P.P. a disparu ?

Vocabulaire

► Repérer le champ lexical d'un mot ◄

1. À quelle période vivait le ptérodactyle ? Combien de fois trouves-tu le mot désignant cette période dans le texte ? Quel autre mot de la même famille s'y trouve également ?
2. Comment est formé le mot *préhistoire* ?

3. a. Le mot *histoire* vient du grec *historia*. Trouve les autres termes ayant la même origine :

Petite histoire sans beaucoup d'importance •	• un historien
Auteur d'ouvrages d'histoire •	• une historienne
Qui a rapport avec l'histoire •	• historique
Étudiante en histoire •	• historiquement
D'une manière historique •	• historiette

b. Compose une phrase en utilisant chacun de ces mots.

Découvrons comment relier les propositions

1. a. Ces phrases, extraites du texte, page 87, sont incomplètes, réécris-les en entier.

Pierre-Paul Louis de Culbert est un élève inventif. – Imaginez une sorte d'animal immense, mi-oiseau, mi-chauve-souris, battant pesamment des ailes et agitant un bec énorme ! – M. Coruscant surgit, une chandelle à la main, enveloppé dans une grande robe de chambre.

Quels renseignements supplémentaires obtient-on alors ?

b. Souligne le mot sur lequel la partie ajoutée donne un renseignement.
Encadre les mots qui commencent les parties que tu as ajoutées. (Ce sont des pronoms relatifs.)

2. a. Ajoute des informations sur le mot souligné :

L'invention est une inoffensive machine volante dont … – Mathilde et Rémi découvrent ce qu'était ce monstre qui …– Ce monstre est un carnivore de la préhistoire qui… – Les enfants étaient près du hangar où…

b. Ajoute un renseignement en commençant par un pronom relatif.

Le ptérodactyle est un monstre … – Rémi est un camarade de P.P. ….
– M. Coruscant est un professeur d'histoire-géographie …

3. a. Découpe chaque phrase complexe en trois phrases simples :

- L'animal extraordinaire qu'avait inventé P.P., ressemblait à un monstre qui fait peur.
- La bicyclette dont tu me parles appartient à mon frère qui habite à Lyon.

b. Fais une seule phrase à chaque fois :

- Le *livre* raconte une histoire magnifique. J'ai lu ce *livre* hier.
- Tu me parles d'une *histoire*. L'*histoire* raconte la vie d'un *savant*. Ce *savant* a inventé le moteur à essence.

4. Compare ces deux phrases :

Je parie. – Quand vous lirez ce qui va suivre, je parie que vous aurez envie de vous recycler immédiatement dans des activités moins dangereuses.

Les renseignements portent-ils sur un nom ou sur le groupe verbal ?

5. Souligne la partie de phrase qui donne un renseignement sur le groupe verbal :

La fusée aurait décollé si le savant n'avait pas oublié l'essence. – Lorsque l'avion a décollé, les passagers ont eu très peur. – Oscar tentait de s'agripper alors que son camarade pédalait fort. – Les enfants iront au concours d'inventeurs dès que leur machine sera prête.

LE CHAUD CONTRE LE FROID

L'air chaud, plus léger que l'air froid, fait monter les montgolfières, tintinnabuler les carillons des anges... La rencontre du chaud et du froid est à l'origine des vents et des courants marins.

Une spirale mobile

★★

Il te faut :
- une feuille de papier,
- du fil et une aiguille,
- un compas,
- une punaise.

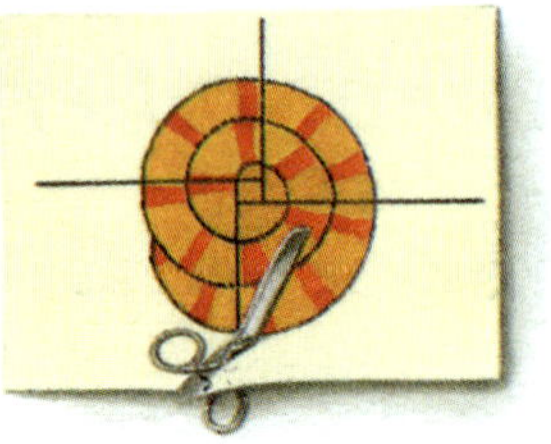

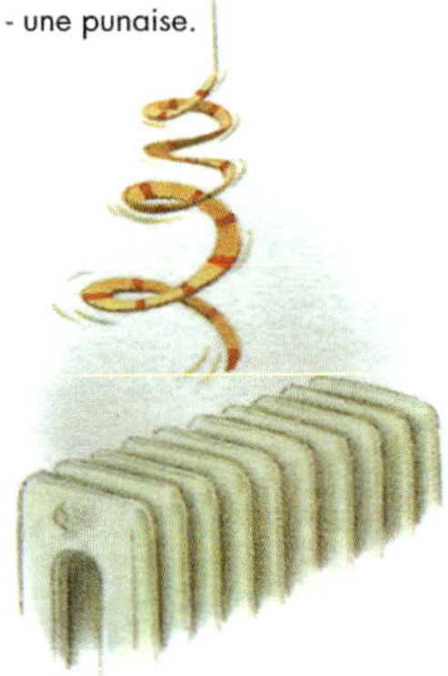

1 Trace, puis découpe une spirale dans le papier. Décore-la.

2 Avec une aiguille, passe un fil au centre de ta spirale, puis suspends-la au-dessus d'un radiateur. L'air chaud s'engouffre dedans et ta spirale s'anime !

QU'EST-CE QUE LE VENT ?

La Terre, en tournant, provoque la rencontre de masses d'air froid et de masses d'air chaud. Comme l'air chaud a tendance à monter et l'air froid à rester en bas, lorsque deux masses d'air de températures différentes se croisent, il se produit un mouvement d'air. C'est lui qui génère le vent.

LES BALLONS À AIR CHAUD

En 1783, les frères Montgolfier, fabricants de papier à Annonay, firent voler une « montgolfière » de 11 mètres de diamètre, en toile doublée de papier. L'air du ballon était chauffé par un tas de paille brûlant sur un gril placé au centre de la nacelle. Elle réussit à s'élever à plus de 1 800 mètres d'altitude.

26

Méga expériences, coll. *L'encyclopédie vivante*, © Nathan/HER.

à l'oral

As-tu déjà vécu une aventure particulière grâce ou à cause du vent ? Raconte.

Lecture guidée

1. Combien comptes-tu de parties dans ce document ?
Retrouve-les dans la silhouette ci-contre :

2. Y a-t-il un ordre pour lire ces parties ? Comment le sais-tu ?

3. Sur une copie du texte :
   - numérote les différentes parties,
   - souligne les verbes en rouge,
   - entoure une date, l'invention et le nom de l'inventeur qui correspondent.

4. Réponds et précise à chaque fois les indices qui te permettent de répondre :
   a. Quelle partie explique un phénomène ?
   b. Laquelle informe sur une invention ?
   c. Lesquelles donnent des indications pour réaliser quelque chose ?

5. Réponds aux questions suivantes en indiquant le numéro de la partie (ou des parties) où se trouve la réponse :
   a. Est-ce l'air froid ou l'air chaud qui a tendance à monter ?
   b. À quelle altitude la première montgolfière s'éleva-t-elle ?
   c. Pourquoi montait-elle ?
   d. Quel est le nom de l'objet à fabriquer ?
   e. Pourquoi la spirale s'anime-t-elle ?

6. Relève les verbes des différentes parties et classe-les selon leur temps (tu peux t'aider du tableau de conjugaison).
Que remarques-tu ?
L'auteur aurait-il pu choisir un temps différent dans *Les ballons à air chaud* ?
Fais la transformation.

Lire à haute voix

◆ **Avec un de tes camarades, vous êtes journalistes et vous présentez une émission scientifique à la télévision (les téléspectateurs sont vos camarades de classe).**

Répartissez-vous les rôles, lisez le texte plusieurs fois, préparez les liaisons, les pauses, les changements de ton… Entraînez-vous devant une glace en vous regardant le plus souvent possible.

À toi d'écrire une fiche explicative

1. Tu vas rédiger une fiche qui expliquera pourquoi et comment une bicyclette avance.

a. Trouve un titre pour ta fiche.
b. Prévois les emplacements où tu dessineras : une bicyclette – le mécanisme de transmission. (Tu peux utiliser une image de la page 82, et le schéma ci-dessous, et ajouter un agrandissement de la chaîne ou du pignon.)
c. Prépare un emplacement où tu écriras l'histoire de la bicyclette.
d. Donne les explications sur ce qui se produit (comment avancer, freiner, se diriger...).

Pour t'aider

p. 188 p. 194 p. 224

- **Reprends d'abord le texte, page 90.**
  Quel est le titre général ? le titre de la partie qui donne des explications ? Dans quelle partie a-t-on la réponse à la question posée ? A quoi sert le dessin de la partie explicative ?
- **Reprends la page 82 et observe les photographies du bicycle et de la bicyclette moderne.**
  Dans chaque cas, que fait le conducteur pour diriger et pour faire avancer sa bicyclette ? (Sur quoi appuie-t-il ? Comment cela fonctionne-t-il ?...)
- **Observe maintenant le mécanisme de transmission sur la bicyclette moderne. Désigne les parties suivantes :**
  chaîne, pédales, pignon, roue, pédalier...

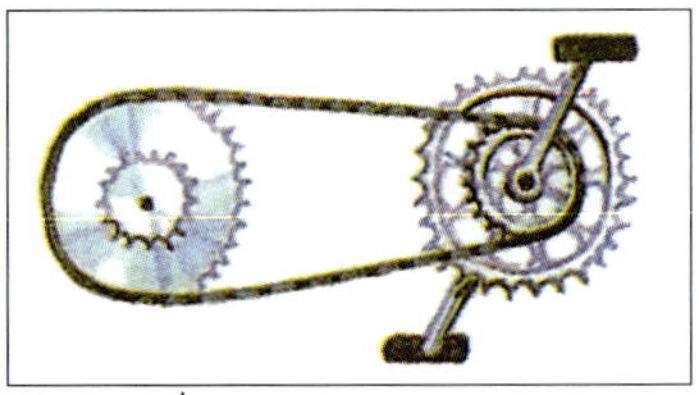

- **Tu peux utiliser certaines de ces remarques :**
  – Lorsque la chaîne est sur le petit pignon arrière, l'effort à fournir est important mais la distance parcourue est grande.
  – Lorsque la chaîne est sur le petit pédalier, l'effort à fournir est peu important mais il faut faire beaucoup de tours de pédales pour avancer.

À toi de réécrire

2. Relis ta fiche en répondant à ces questions :

	Oui	Non
a. Ta fiche a-t-elle un titre ?		
b. Comporte-t-elle des dessins ou des photos ?		
c. As-tu donné les dates des inventions ?		
d. As-tu indiqué ce que doit faire chaque utilisateur ?		
e. As-tu toujours utilisé le même temps ?		

3. a. Si dans certaines cases, la réponse est *non*, corrige-ton texte, puis fais-le relire à ton voisin.

p. 188
p. 194

b. À deux, essayez d'améliorer vos fiches.

Lire un document scientifique

Que mangent les arbres de la forêt ?

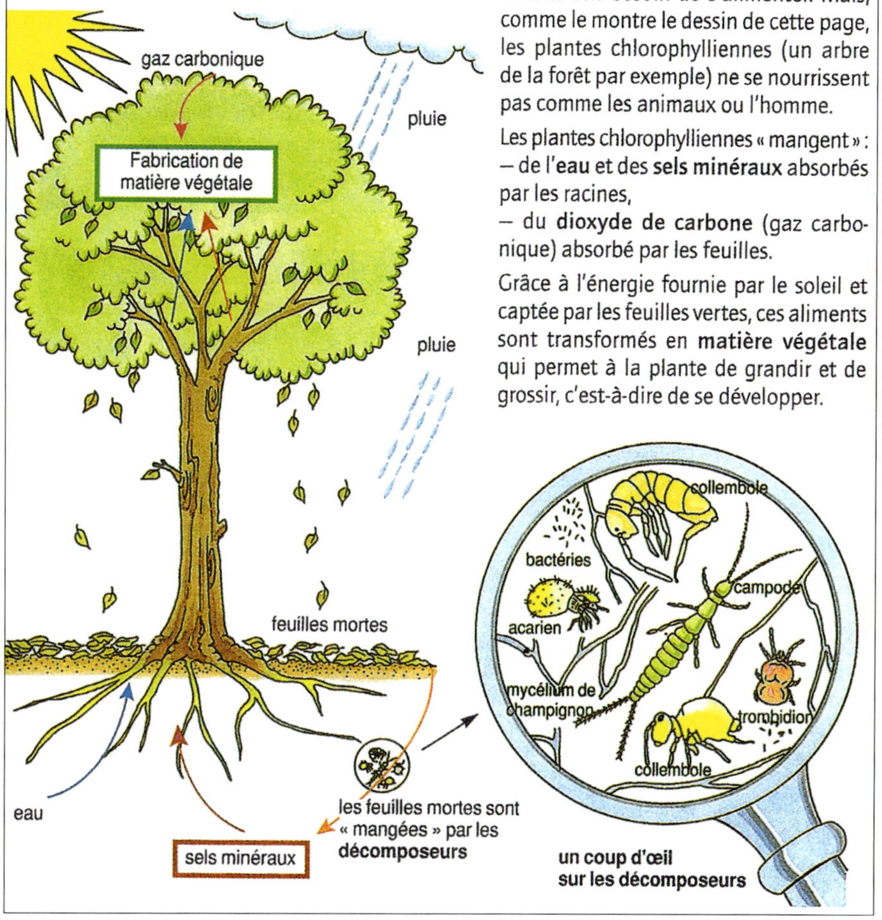

Pour se maintenir en vie, tous les êtres vivants ont besoin de s'alimenter. Mais, comme le montre le dessin de cette page, les plantes chlorophylliennes (un arbre de la forêt par exemple) ne se nourrissent pas comme les animaux ou l'homme.

Les plantes chlorophylliennes « mangent » :
– de l'**eau** et des **sels minéraux** absorbés par les racines,
– du **dioxyde de carbone** (gaz carbonique) absorbé par les feuilles.

Grâce à l'énergie fournie par le soleil et captée par les feuilles vertes, ces aliments sont transformés en **matière végétale** qui permet à la plante de grandir et de grossir, c'est-à-dire de se développer.

Extrait de *Sciences et technologie*, CM, Tavernier, © Éd. Bordas/HER.

L'essentiel

1. Combien de parties ce document comporte-t-il ? Que décrit chacune d'elles ?
2. Que signifient les flèches qui vont vers l'arbre ?
3. Explique ce que tu as compris en regardant ce dessin.
4. Réponds à la question du titre.
5. À quoi sert ce document ?

En détail

6. Pourquoi certains mots du texte sont-ils écrits en gras ? Pourquoi l'auteur met-il certaines parties du texte entre parenthèses ?
7. Qu'est-ce qu'un *collembole* ?
8. Recherche l'explication des deux groupes de mots encadrés en couleur. Où trouves-tu ces explications ?

À ton tour

- Réalise une fiche : *Que mangent les plantes ?*

  Cherche les informations en BCD ou dans ton livre de sciences.

  Aide-toi de ce document pour choisir les différentes parties de ta fiche.

Éclipse sur plein écran

– Dépêche-toi, p'pa ! On va encore être en retard !

– J'arrive, Tom ! J'arrive !

William, maman et moi, nous l'attendons dans la voiture depuis plus de dix minutes. Je me demande ce qu'il peut bien fabriquer ! La Mercedes ronronne déjà, c'est toujours ça de pris. Aussi incroyable que cela paraisse, elle a même démarré sans se faire prier, sans qu'on ait besoin de la pousser. Je hurle à nouveau :

– L'éclipse ne nous attendra pas ! Si tu crois que…

Papa pointe enfin le bout de son nez et s'installe au volant de son bolide préféré.

La vieille décapotable accomplit péniblement quelques centaines de mètres sur le chemin avant d'émettre un éléphantesque « burp » qui la fait caler au bord du fossé. C'est fini pour aujourd'hui, je le sais, elle ne voudra plus avancer avant un bon moment. Je saute par-dessus la portière, invitant William à m'imiter :

– Allez viens ! On ira plus vite à pied !

Cinq minutes de course effrénée – William est à peu près remis à présent – et, en sueur, nous débouchons sur la place du village. La foule des grands jours y est rassemblée. Pour l'occasion, le maire s'est fendu de sa ceinture tricolore et, à ses côtés, les adjoints bombent le torse et avancent le menton, pas peu fiers d'être fixés par l'œil de plusieurs caméras. Bonne mère, ce n'est pas souvent que la télévision débarque à Rivesacq avec armes et bagages !

Les cameramen sont à chaque poste, Sandra prête à circuler dans la foule, son micro à la main, suivie par un géant portant une caméra mobile. Avant-hier, elle m'a confié :

– Tu sais, Tom, j'ai compris que ce n'est pas l'éclipse qui était importante mais plutôt la manière dont les gens la ressentiront. Je vais m'intéresser au côté humain du phénomène. Une sorte de reportage de l'intérieur.

J'avoue n'avoir pas tout compris.

Le plus drôle, c'est que tout cet attroupement s'est protégé les yeux avec des lunettes filtrantes diverses et variées. Il y en a des grosses, des larges, des fines, des rouges, des vertes… Un véritable carnaval ! Je sors les miennes de ma poche. Inutile de se laisser griller la rétine. M. Cabrol monte sur l'estrade et commence son show :

– La Lune tourne en 28 jours environ, autour de la Terre qui, elle-même, tourne autour du Soleil en 365 jours et 6 heures. La Lune se trouve alors régulièrement entre le Soleil et la Terre, à chaque nouvelle lune. C'est dans ce cas de figure Soleil-Lune-Terre que peut se produire une éclipse lorsque, en plein jour, la Lune vient masquer la lumière solaire…

Il s'interrompt car, au même instant, un léger voile vient ternir la couronne du Soleil.

– C'est parti, bonne mère ! s'écrie-t-il en pointant son doigt vers les cieux.

Tous les visages se lèvent en même temps, un murmure parcourt l'assemblée. Quelle joyeuse bande de têtes en l'air ! Le croissant noir s'agrandit peu à peu. Le spectacle est superbe mais je n'ai pas vraiment le temps de m'y attarder car je vois la Grenouille qui s'enfuit soudainement de la place. Que se passe-t-il, bon sang ? Il sème ses lunettes sur la route, il a l'air terrorisé. Quelle mouche l'a donc piqué ? Je prends sa foulée. Il rentre chez lui et tente de refermer la porte mais mon pied l'en empêche :

– Qu'est-ce qu'il y a, Daniel ?

Ses yeux lancent des éclairs de panique :

– Le Soleil, Tom ! La nuit mange le Soleil !

Ouf ! Ce n'est que ça ! Il a tout bêtement peur de l'éclipse. Il faut dire que pour lui, ce phénomène astronomique n'est guère aisé à comprendre. Je renonce d'ailleurs à lui expliquer, me contentant de lui assurer :

– T'en fais pas ! C'est tout à fait naturel ! C'est à cause de la Lune.

– La Lune c'est la nuit ! m'assure-t-il d'un ton où perce encore l'angoisse.

– Le Soleil va revenir, Daniel ! C'est sûr. Dans quelques minutes…

– Tu me le promets, l'Amerloque ? Tu me le promets ?

– Je te le jure, Daniel !

Mes paroles ont l'air de l'apaiser. Je continue :

– Il n'y a aucun risque. Viens, on va rechercher tes lunettes pour regarder.

Il me suit et nous revenons vers la place. Au retour, je ramasse ses bésicles filtrantes et je les lui tends. Il les pose sur son nez avec un sourire dont il a le secret :

– Elles sont belles, hein ?

– Magnifiques, Daniel ! Elles sont magnifiques !

Il a déjà complètement oublié sa peur, tout à sa fierté de posséder un tel trésor. En arrivant, je distingue immédiatement Guignard, au dernier rang du cercle qui s'est formé. Il doit nous guetter car il a ôté ses lunettes protectrices. Son regard luit d'une étincelle qui ne me dit rien qui vaille. Il m'invite d'un geste :

– Tom, Tom !

Méfiant, je m'approche de lui :

– Qu'est-ce que tu veux, la Hache ?

Les disparus de l'Éclipse, raconté par Gilles Fresse d'après le scénario imaginé par les enfants de CM1 de l'école de Jaux (60), coll. *Pleine Lune*, © Nathan / HER.

L'atelier de lecture

1. Comprendre des phrases

Dans quelles phrases apprend-on que c'est Natacha qui a cassé le bol ?
Dans quelles phrases apprend-on que c'est Olivier ?

a. « Olivier, dit Natacha, a cassé le bol. »
b. Olivier dit : « Natacha a cassé le bol. »
c. Natacha, la sœur d'Olivier, a cassé le bol.
d. Le frère de Natacha, Olivier, a cassé le bol.
e. Natacha (la sœur d'Olivier) a cassé le bol.
f. Natacha dit qu'Olivier a cassé le bol.

Et dans la phrase suivante : qui a cassé le bol ?

Natacha dit que c'est Gilbert, le copain d'Olivier qui a amené le chien qui en courant après le chat a cassé le bol.

2. Lire une consigne

a. Parmi ces figures, retrouve les deux qui correspondent aux consignes suivantes :

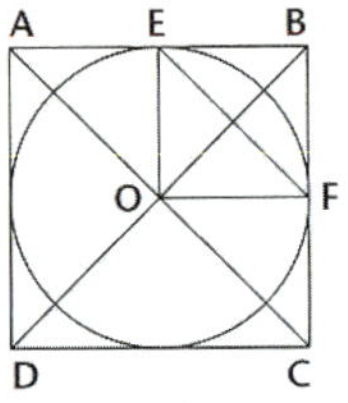

Fig. 1

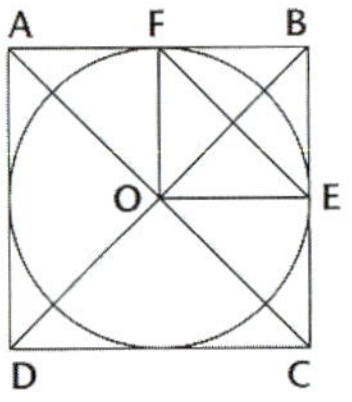

Fig. 2

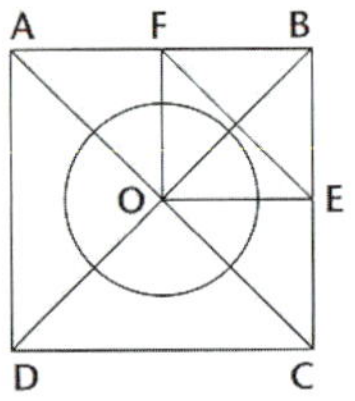

Fig. 3

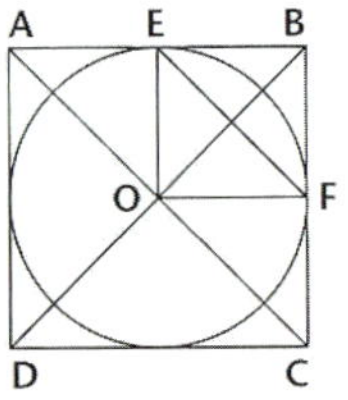

Fig. 4

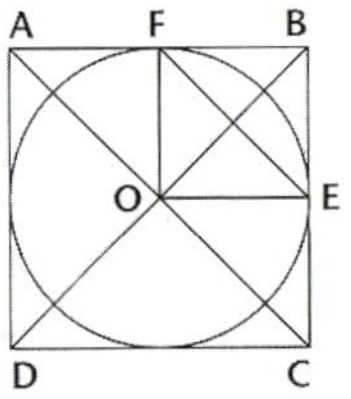

Fig. 5

1° Tracer un carré ABCD.
2° Tracer les diagonales AC et BD et désigner par O leur point d'intersection.
3° Tracer un cercle de centre O et qui a pour diamètre la longueur AB.
4° Nommer F le point de contact du cercle avec AB, E le point de contact du cercle avec BC.
5° Tracer le triangle OFE.

b. Reproduis la figure correcte sur une feuille (n'hésite pas à l'agrandir), puis repère par le code demandé ci-dessous chacune de ces « régions » :

• dans toutes les régions composant le triangle BCD (8 régions).
•• dans toutes les régions composant le carré FBEO (6 régions).
* dans toutes les régions situées à l'intérieur du cercle (8 régions).
# dans les régions du carré ABCD où il n'y a rien (3 régions).

c. Colorie ensuite la figure selon le code ci-dessous :

bleu •• noir * jaune •• * rose • orange ••• rouge • * violet •••* vert

L'atelier de lecture

3. Maîtriser la lecture

Recopie cette histoire drôle en séparant les mots et en ponctuant correctement.

un epet itefil ledon neàma ngerà sonpo issonr ougenoubl iepa sdecha ngerso neau ditlama mance n'estpaslape inerép ondlafillet teiln'apa sfinidebo irecel ledelas emai neder nière

4. Comprendre un texte

Remplace chaque étoile par un mot :

Au Moyen Âge, un ouvrier vient de monter une cloche en haut d'un clocher. Le maître d'œuvre arrive...

– As-* bien travaillé, aujourd'hui ?

– Oh oui, maître ! J'ai monté la * en haut du clocher. Les villageois m'ont aidé.

– Bien. Demain, * demanderas aux * de t'aider pour * redescendre.

– Mais * penseront que * suis fou ! * avons beaucoup sué pour * cette cloche là-haut !

– * avez sué pour rien. Cette cloche est trop * pour le clocher. Nous y installerons une cloche de 200 kilos, pas plus.

– Mais maître...

BRAOUMMMMM !!!

– Oh, maître ! Le * s'est effondré et notre * est retombée toute seule par terre !

– Catastrophe !

– Oh non, maître ! Puisque la cloche n'a plus besoin de moi pour *, je vais emmener votre * Isabelle faire une promenade au bord de la *. Et plus tard, nous * marierons peut-être ensemble ! C'est une bonne *, n'est-ce * ?

5. Séparer deux textes

À toi de remettre les phrases dans le bon ordre pour retrouver les deux histoires drôles !

– Parce que d'ici, on peut voir la Lune mais pas l'Australie !

– Mais je ne vois pas de marguerites, s'étonne la maîtresse.

– Qu'est-ce qui est le plus éloigné de chez nous, la Lune ou l'Australie ?

– Qu'est-ce que tu as dessiné ? demande la maîtresse. Ta feuille est toute verte.

– Et pourquoi ? demande le maître.

– Il est parti cueillir des marguerites dans un autre pré ! s'exclame Claire. Dans celui-ci, il n'y a plus rien.

La maîtresse regarde le dessin de Claire.

– C'est parce que l'enfant les a toutes cueillies, répond Claire.

– Et l'enfant, où est-il ? demande la maîtresse.

– L'Australie, bien sûr ! répond Jérôme.

Le maître interroge ses élèves :

– J'ai dessiné un enfant qui ramasse des marguerites dans un pré, répond Claire.

7

Dans cette unité tu vas apprendre à :

- *1. Identifier et organiser des informations.*
- *2. Organiser des paragraphes.*
- *3. Écrire un article.*

à l'oral

- *Faire un reportage.*

Aimerais-tu vivre comme les personnages de cette scène ? Pourquoi ?

à l'oral

Observer et déduire

1. Observe la page de gauche. Où se déroule cette scène ? Qu'est-ce qui te l'indique ?
2. Quels sont les différents personnages ? Que fait chacun d'eux ?
3. Observe maintenant les deux images : l'illustration et la photo ci-contre. Quels matériaux sont utilisés pour construire la case ? Quels indices te permettent de répondre ?

Faire un reportage

◆ Avec ta classe, vous avez déjà visité un musée, une ferme ou un autre lieu... À deux, vous allez faire un reportage concernant cette visite, pour l'enregistrer ensuite.

Pour cela :

- **Il faut le préparer :** précisez le lieu, la date, ce que vous avez fait, avant, après...
- **Vous pouvez vous reporter au texte de la page 106.** Repérez les informations qui sont données (dans quel ordre ?...).
- **Qu'avez-vous appris au cours de cette visite ?** Reprenez toutes les informations et classez-les.
- **Lorsque vous êtes prêts, vous pouvez présenter votre reportage à deux ou trois camarades.** Qu'en pensent-ils ? N'avez-vous rien oublié ?
- **Demandez-leur de vous présenter leur reportage** et comparez les éléments dont vous avez parlé. Complétez votre travail.

Lorsque vous êtes prêts, enregistrez votre reportage au magnétophone pour le faire écouter à toute la classe. Qu'en pensent vos camarades ?

◆ 1. Identifier et organiser des informations

télé

Comment chantent les cigales ?

LA VIE DE LA RÉDACTION :

magnéto

Whoopi Goldberg ou de Funès

mardi 12 septembre 2000

Mon Quotidien

n° 1437 Le seul journal pour les 10-14 ans qui paraît tous les jours

Afrique : 2 pays contre l'esclavage des enfants

La Côte d'Ivoire et le Mali ont signé un accord contre le trafic d'enfants esclaves. Car plus de 15 000 enfants maliens sont encore exploités.

JO

L'équipe de France espère obtenir 40 médailles aux Jeux olympiques de Sydney (Australie).

Espace

Sept astronautes aménagent la station spatiale internationale pour son futur équipage.

84%

La Côte d'Ivoire et le Mali veulent protéger les enfants

p. 168 p. 244

Deux pays d'Afrique, la Côte d'Ivoire et le Mali, viennent de signer un accord contre le trafic d'enfants. Ils vont surveiller leurs frontières et contrôler les plantations dans lesquelles ces enfants travaillent.

Abou, un enfant malien de 10 ans aura peut-être une chance de quitter la plantation de Toulé, en Côte d'Ivoire, où il travaille sept jours sur sept. Et qui sait, peut-être pourra-t-il un jour aller à l'école. Mon Quotidien l'avait rencontré en juin, en Afrique (voir n° 1383). Il travaillait comme esclave dans un champ d'igname, une plante cultivée sur ce continent. Mais le 1er septembre, le Mali et la Côte d'Ivoire ont signé un accord pour mettre fin à la situation des enfants comme lui.

Méfiants

Les policiers des deux pays vont renforcer la surveillance aux frontières. Et tenter de démanteler les réseaux de trafiquants. Ces derniers voyagent souvent la nuit, avec les enfants maliens entassés dans des petits bus appelés « goélettes ». La police va aussi effectuer des contrôles dans les plantations. *« Cela sera difficile, car les chefs des plantations sont devenus méfiants*, explique Kaba Diakité, un Malien qui a longtemps enquêté sur ce sujet. *Car ils sont alertés par des complices. Ils ont donc parfois le temps de cacher les enfants avant que la police arrive. Et ils forcent aussi les enfants esclaves à dire qu'ils travaillent chez leur grand-frère. »*

Mathilde Giard
(envoyée spéciale en Afrique)

Plus de 15000 enfants esclaves

Selon l'Unicef, plus de 15000 enfants maliens sont employés comme esclaves en Côte d'Ivoire. Ils viennent de villages très pauvres. Des trafiquants leur proposent un travail bien payé en Côte d'Ivoire : 75 francs par mois environ. Mais, en réalité, les jeunes ne sont jamais payés. Ils travaillent dur dans des champs de coton, de maïs ou de riz… Peu d'entre eux osent s'enfuir *« car ceux qui sont retrouvés sont torturés »*, explique Kaba Diakité.

Article extrait de *Mon Quotidien* n°1437, 12-09-2000, le quotidien d'actualités des 10-14 ans, tél. 01 53 01 23 60.

Vocabulaire

1. En t'aidant du texte, donne une définition du verbe *démanteler*.
   Vérifie dans ton dictionnaire.

2. Que signifie cette expression ?
   Il travaille sept jours sur sept.
   Remplace-la par d'autres expressions que tu connais.

3. a. Cherche dans ton dictionnaire les différents sens du mot *trafic*.
   b. Construis une phrase avec chaque sens de ce mot.
   c. À quel sens se rapporte le nom *trafiquant* ?
   d. Relève tous les mots du texte qui font penser au trafic d'enfants.

4. Comment appelle-t-on les habitants du *Mali*, de la *Côte d'Ivoire*, de l'*Algérie*, de l'*Italie* ? et ceux du *Congo*, du *Sénégal*, de *France*, d'*Angleterre* ?
   Aide-toi, si besoin, de ton dictionnaire.

5. Qu'est-ce qu'un *quotidien* ?
   Comment s'appelle un journal qui paraît chaque semaine ? chaque mois ?

Lecture - compréhension

Prendre des indices

1. Relève tous les indices du texte qui montrent que les enfants de ces pays sont des esclaves.
2. Sur une copie du texte, repère :
   – en rouge tout ce qui concerne Abou,
   – en bleu tout ce qui concerne les trafiquants.

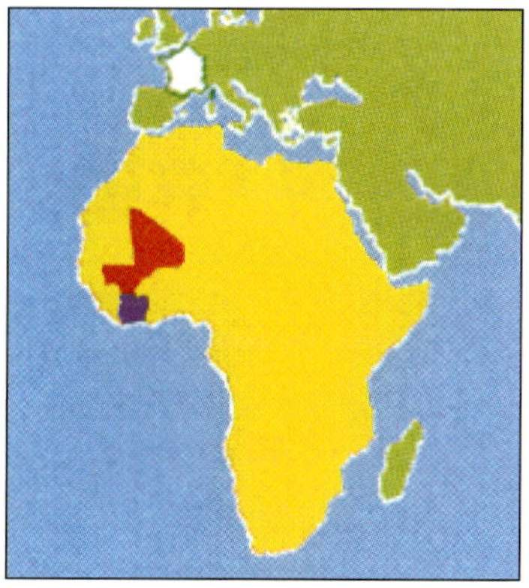

3. Que doivent faire les enfants ?
4. Qui est Kaba Diakité ? et Mathilde Giard ?
5. D'où est extrait ce texte ?
   À quoi se rapporte l'illustration ci-contre ?

Saisir l'essentiel

6. Explique le titre.
7. Quel est le rôle des policiers ?
   Que doivent-ils combattre ?
8. Que propose-t-on à ces enfants ? Que se passe-t-il en réalité ?
9. De quoi les deux états veulent-ils préserver les enfants ?

Découvrons l'organisation des informations

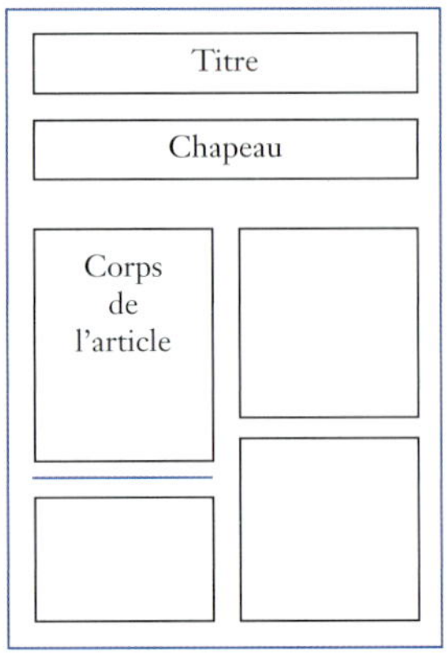

1. a. Relis l'article, page 100, et compare-le avec cette silhouette.
Retrouve chaque partie et relève les informations données dans chacune d'elles.

b. À quoi sert chacune de ces parties ?

2. a. Retrouve maintenant la silhouette de l'article, page 106.

b. Donne le nom de chaque partie.

c. Quelles sont les différentes informations ? À quels endroits sont-elles données ?

3. Voici des informations concernant le droit d'une jeune fille à l'éducation (attention, elles n'ont pas été organisées !) :

– L'université d'Oxford refuse de l'inscrire.
– Laura, une élève de 16 ans obtient d'excellentes notes à son examen.
– Harvard lui propose une bourse.
– Refuser ce droit est anormal.
– L'université américaine d'Harvard est prête à l'accueillir.
– Le droit à l'éducation est un droit fondamental des enfants.
– Les études à Harvard sont payantes et très chères.
– Elle veut faire des études de médecine à Oxford (Angleterre).
– Elle est issue d'une école publique.

Retrouve l'ordre dans lequel elles doivent être présentées et compare ton résultat avec celui de ton voisin.
Comment avez-vous fait ?

À toi d'écrire

4 Relis le texte, page 40, à partir de la ligne 19.
Tu vas rédiger un article qui parlera de la disparition d'Emmi.

- Repère les éléments que tu peux transformer en informations et imagine celles qui te manquent (à quel endroit cela s'est-il passé ? à quelle date ?...).
- Trouve un titre.
- Rédige un chapeau pour présenter les événements les plus importants.
- Organise ton article en plusieurs parties (la disparition, les recherches, la façon de vivre de l'enfant...).
- Donne ton avis sur la situation de cet enfant.

p. 208
p. 244

◆ 2. Organiser des paragraphes

Envoyée spéciale en Bosnie

Je suis journaliste-reporter, (autrement dit une « envoyée spéciale ») un métier que l'on pense, à tort, réservé aux hommes. En 1993, le journal auquel je collabore, m'a demandé d'aller faire un reportage sur la guerre en Bosnie centrale. Malgré le danger, j'ai accepté.[…]

Je suis arrivée ce matin à l'aéroport de Split. J'y ai retrouvé mon vieux coéquipier Greg, le photographe. Sans perdre de temps, il m'entraîne d'un pas décidé vers le parking. Une voiture tout terrain, sale et cabossée nous y attend.

– Ne fais pas cette tête-là Heidi : le moteur est intact ! Le principal, c'est que cet engin fonctionne et qu'il soit blindé. Ces deux conditions étant réunies, en route ! À toi l'honneur, ajoute-t-il en me tendant la clef de contact, moi je vais en profiter pour me reposer, alors s'il te plaît, sois prudente !

Sa remarque me fait sourire : nous allons rouler sur une route très dangereuse et nous pouvons à tout moment être pris sous les bombardements… Avant de démarrer, je colle sur les portières de grands autocollants portant ce mot : PRESS[1]. Au bout de cinq minutes, Greg ronfle déjà comme un bienheureux. […] Un char de l'O.N.U. barre la route. Je stoppe net. Greg se réveille. Un « casque bleu »[2] vient à notre rencontre et nous demande en anglais :

– Where are you going ?[3]

– À Bila, répond Greg. Nous sommes journalistes.

– Faites attention en traversant Gornji Vakuf, la prochaine ville. Il y a eu de très violents combats ce matin mais c'est un peu plus calme maintenant. Roulez très vite et surtout, ne vous arrêtez pas !

Nous remercions l'officier et repartons. Greg a repris le volant. À toute vitesse, nous traversons Gornji Vakuf : une ville fantôme aux maisons en ruines. Je ne suis pas rassurée malgré mon gilet pare-balles : on entend au loin les explosions des tirs d'obus.

Une heure plus tard, nous parvenons sains et saufs à Bila. Le village est encerclé par des militaires.

Les habitants, en majorité des Croates de Bosnie, sont pris au piège et ne peuvent s'enfuir. Il n'y a ni eau, ni électricité. Le seul hôtel a fermé ses portes. Greg et moi trouvons une chambre chez Madame Viktoria, une charmante femme aux cheveux noirs et au regard profond.

Je lis des histoires vraies, n°19 de Heidi Rinke et Pascal Deloche, © Fleurus presse.

p. 206

1. **PRESS :** presse
2. **casque bleu :** soldat de l'O.N.U.
3. **Where are you going ? :** Où allez-vous ? (en anglais)

à l'oral

Aimerais-tu être *envoyé spécial* comme Heidi Rinke ? Pourquoi ?

Lecture - compréhension

Prendre des indices

1. **Quels sont les principaux personnages du texte, page 103 ?**

2. a. **Sur une copie de ce texte, colorie :**
– en bleu les informations données sur la situation en Bosnie,
– en rouge les passages qui racontent l'aventure des deux journalistes.

b. **Quels passages montrent qu'il y a eu des combats ?** Indique les lignes du texte.

3. **Quels passages montrent que Greg est habitué à vivre dangereusement ?**
Recopie les phrases du texte.

4. **Quelles précautions les deux journalistes prennent-ils pour se protéger ?**

Arrivée du 1er convoi humanitaire depuis plus de 3 ans. Gorazde (Bosnie), 17 octobre 1995.

Saisir l'essentiel

5. **Qui raconte ce qui s'est passé ?**

6. a. **À quoi sert ce texte ?**

b. **Est-il extrait d'un roman ?**
d'un récit vécu ?
d'un article de journal ?

Vocabulaire

► **Chercher des homonymes** ◄

1. a. **Lis ces phrases à voix haute et repère les homonymes** (les mots qui se prononcent de la même façon) :
Je colle de grands autocollants sur la voiture. – Fixer avec de la colle forte. – Mon frère qui est en cinquième a eu deux heures de colle. – Les coureurs franchissent le col à toute allure. – Elle porte un pull à col roulé. – L'antiquaire vend un merveilleux vase ancien à long col.

b. **Donne la définition de chacun de ces mots** (tu peux t'aider du dictionnaire).

2. a. **Qu'est-ce que ces mots ont de particulier :** vers, vert, verre, vair, ver ?

b. **Place chacun dans la phrase qui convient :**
Il arrivera … 5 heures. – Cendrillon a perdu sa pantoufle de … . – Pierre a cassé le … de sa montre. – Il me reste 3 … à apprendre. – Mon pantalon est … foncé. – Le … de terre creuse des galeries dans le sol.

3. a. **À deux, cherchez toutes les façons d'écrire [mɛtr], vérifiez dans le dictionnaire celles qui existent et utilisez-les dans une phrase.**

b. **Faites le même travail avec [mɛr] et [pɛr] ; [sã] et [fwa].**

Découvrons comment organiser des paragraphes

1. a. Sur une copie du texte, page 103, entoure les différents paragraphes.

b. Donne un titre à chaque paragraphe et résume-le en une seule phrase.

c. Place les différents titres sur un axe du temps.

d. Relève les mots qui t'ont permis de repérer les différentes parties et l'enchaînement des événements, puis compare avec ton voisin.

2. a. Un reporter a rédigé un article sur l'immigration clandestine. Retrouve l'ordre des paragraphes.

A Pourtant, le trafic d'êtres humains est interdit. Les droits de l'homme l'interdisent.

B Là, ils travaillent des années pour rembourser le prix de leur passage.

C Mais le plus souvent, ils disparaissent dans des ateliers de travail clandestin. Ils sont sous-payés et ne peuvent sortir.

D Une fois arrivés dans le pays, les immigrants peuvent essayer de demander des papiers au pays d'accueil. C'est une démarche très longue.

E Depuis le début de l'année, deux cents immigrants clandestins ont franchi la frontière sous la conduite de trafiquants. Ces trafiquants leur demandent des sommes importantes.

b. Compare ton résultat avec celui de ton voisin. Qu'est-ce qui vous a guidés ? Résume chaque partie par un titre.

3. Voici le plan d'un article :

- Un enfant travaille dans une plantation.
- Deux états veulent abolir l'esclavage.
- Les policiers vont :
  - surveiller les frontières,
  - contrôler les plantations.
- Le témoignage d'un enquêteur.

Retrouve l'article dans cette unité et repère les différents paragraphes. Justifie ton choix.

4. a. Relis le texte, page 76. Cherche les différentes parties : le début, les actions d'Achab, celles de Moby Dick…

b. Compare ton travail avec celui d'un camarade, et résume chaque partie par une phrase.

◆ 3. Écrire un article

Le Danube empoisonné

Première conséquence de la pollution des rivières au cyanure : des milliers de poissons morts.

• Le cyanure déversé dans l'un des affluents du Danube continue lentement mais sûrement son travail mortel.
• Plus de 300 kilomètres de rivières sont déjà touchés par la pollution.
• Des milliers d'habitants sont privés de pêche, de légumes et d'eau potable.
• Après la Roumanie, la Hongrie, ce sont aujourd'hui la Bulgarie et l'Ukraine qui sont menacées.

30 janvier

D'importantes chutes de pluie provoquent la rupture d'une digue sur un des bassins de la mine d'or d'Aurul, en Roumanie.
Des milliers de mètres cubes d'eau s'échappent alors vers la rivière Szamos. Mais cette eau est infestée de cyanure : 800 fois le taux autorisé. Dans les mines d'or, on utilise en effet le cyanure - un poison mortel - pour transformer le minerai en pépites. La pollution ne se voit pas tout de suite car une croûte de glace recouvre la rivière.

4 février

La pollution atteint la rivière Tisza, en Hongrie. Cette fois, elle est bien visible. Des centaines de poissons morts flottent à la surface de l'eau. Le 13 février, c'est au tour du Danube d'être empoisonné. Aujourd'hui, ce sont plus de 300 km de rivières qui sont touchés par le pollution. Au fil des eaux, la concentration en cyanure est plus faible. Mais il n'empêche que pour les riverains, c'est la catastrophe : impossible de consommer les poissons des rivières, de manger les légumes des potagers, de boire l'eau. Certains ont même peur de se laver.
Il est difficile d'évaluer les conséquences à long terme sur l'environnement, en particulier ce que deviendra le cyanure qui imprègne les terres.
Les Hongrois estiment déjà que la faune et la flore de la rivière Tisza ont été totalement détruites. Ils se retournent contre les propriétaires de la mine (une société moitié australienne, moitié roumaine). Ces derniers – qui plaident non coupables – auraient pourtant dû être plus vigilants sur la sécurité de leurs installations. Il semble que les digues du bassin où était retenue l'eau cyanurée avaient été construites avec des matériaux de récupération !

Armelle Breton

article extrait de *L'Hebdo des juniors* n°339, 26 fév. /3 mars 2000 © Télérama/Fleurus presse.

à l'oral

Explique comment s'est produite cette pollution et comment on aurait pu l'éviter...

Lecture guidée

1. Cherche tous les mots du texte qui se rapportent à la pollution.

2. a. Relis cette information donnée dans l'article :

Les Hongrois estiment déjà que la faune et la flore de la rivière Tisza ont été complètement détruites.

Explique ce que sont *la faune* et *la flore*. Tu peux t'aider du dictionnaire.

b. Dans quelle famille places-tu :

les poissons, les algues, les libellules, les grenouilles, les nénuphars ?

c. Avec un camarade, cherchez d'autres éléments de la faune et de la flore.

3. Voici les différents sous-titres en couleur. Retrouve dans l'article les éléments qui s'y rapportent et, sur une copie du texte, colorie-les de la même couleur :

- Le cyanure déversé dans l'un des affluents du Danube continue lentement mais sûrement son travail mortel.
- Plus de 300 kilomètres de rivières sont déjà touchés par la pollution.
- Des milliers d'habitants sont privés de pêche, de légumes et d'eau potable.
- Après la Roumanie, la Hongrie, ce sont aujourd'hui la Bulgarie et l'Ukraine qui sont menacées.

4. Cet article est paru dans le numéro de février 2000. Le premier paragraphe relate ce qui s'est passé le 30 janvier… Relève les verbes du 1er paragraphe.
À quel temps sont-ils conjugués ? Comment peut-on expliquer le choix de ce temps ?

5. a. Retrouve ces informations dans le texte :

– Le 13 février, le Danube est empoisonné.
– La pollution touche déjà plus de 300 km de rivières.

b. Quelles différences constates-tu ?
Quelle impression cherche à provoquer la journaliste en utilisant *c'est* et *ce sont* ?

6. Retrouve maintenant celles-ci :

– On a détruit la faune et la flore de la rivière Tisza.
– On a construit les digues où l'on retient l'eau cyanurée avec des matériaux de récupération.

Que remarques-tu ?

Lire à haute voix

◆ **Lis plusieurs fois l'article en te regardant dans une glace comme si tu présentais le journal télévisé. Propose d'abord ton interprétation à un camarade, puis à toute la classe.**
Auparavant sur une copie du texte, repère avec un surligneur les éléments que la journaliste a voulu mettre en évidence ; prépare ta lecture en insistant avec des intonations différentes.

À toi d'écrire un article

1. À toi d'écrire un article sur :

la maladie de la vache folle.

Lorsque tu auras terminé, tu pourras le taper sur l'ordinateur de ta classe, l'imprimer et l'afficher.

Pour t'aider

- Cherche des documents en BCD. Reprends des articles dans la presse pour enfants. Recueille les informations et compare-les avec celles de tes camarades.
- Sur une copie de l'article, page 106, encadre :

  le titre de l'article – le chapeau – le corps de l'article – la photographie.

  Repère à quoi sert chaque partie et fais le plan de l'article.
- Compose ton article (titre, chapeau, photographies) en fonction des différentes parties.
- Relis l'activité 4 de la page précédente pour t'aider à rédiger l'article.

À toi de réécrire

2. a. Camille a écrit l'article suivant pour le journal de l'école :

> La vache folle est une maladie qui touche les vaches. La maladie de la vache folle est apparue, il y a quelques années dans les troupeaux de vaches.
> Les vaches l'attrapent en mangeant des farines d'animaux morts. Ce sont des morceaux de viande réduits en poudre et que les fermiers donnent à leurs vaches.
> Par sécurité on a interdit les farines animales et on suit les vaches de la naissance à la mort.
> Quand on avale certaines parties d'une vache folle (la colonne vertébrale), nous pouvons attraper la maladie de Kreutzfeld-Jacob ; Donc on conclut que cette maladie peut être transmissible à l'homme dans de très rares cas.
> Quand une vache est malade. On lui observe des signes alarmants, elle tremble, la vache ne peut pas rester debout elle a de drôles de réactions.

Avant d'écrire, elle avait fait le plan suivant :

Une maladie bovine – Des signes alarmants – Des mesures de sécurité – Une maladie transmissible à l'homme.

p. 188
p. 224

b. Oralement, à deux, remettez de l'ordre dans ce texte.

c. Puis, réécrivez-le chacun pour qu'il soit présenté comme un article et améliorez-le.

Lire la Une d'un journal

JDE

L'info simplement

Le journal des enfants

HEBDOMADAIRE
NUMÉRO 804
PRIX : 5 F OU 0,76 €
JEUDI 18 MAI 2000

EDITO

Vache folle : rassurer les Français

Depuis plusieurs jours, la maladie de la vache folle panique la France. Au marché de Rungis (près de Paris), là où les commerçants achètent leurs produits, les pièces de bœuf ne trouvent presque plus d'acheteurs. Dans les magasins, les gens achètent de moins en moins de bœuf. Certains n'achètent plus de viande du tout que ce soit du mouton, du porc ou du poulet. Ils savent que ces animaux mangent aussi des farines animales. Pour rassurer les parents, des cantines scolaires ne proposent plus de bœuf aux repas. La peur de la maladie de la vache folle a gagné toute la France. Pourtant, les spécialistes de la maladie disent depuis longtemps que l'ESB (encéphalopathie spongiforme bovine) n'est pas présente dans les muscles des bœufs et, donc, dans la viande que nous mangeons. De plus, les produits dangereux tels que le cerveau, les intestins, etc. ont déjà été interdits. Comment calmer cette peur ? Il existe des propositions (voir page 11). Pour continuer à manger du bœuf, il faut se demander à qui on l'achète. Les bovins n'ont pas tous été nourris avec des farines animales. Beaucoup de troupeaux paissent l'été dans les prés. L'hiver, ils se nourrisent de foin et de céréales.

Françoise ITAMARD

En 1998, en Afrique du Sud, des enfants participent à une marche pour protester contre le travail des enfants.

Enfants : à vous la parole

Le 20 novembre, en France est déclaré Journée des Droits de l'Enfant. Pourquoi cette date ? Parce que c'est l'anniversaire du 20 novembre 1989. Ce jour-là, à l'ONU à New York, aux Etats-Unis, la Convention internationale des Droits de l'Enfant est née. C'est un texte de 54 articles rappelant les droits des enfants dans le monde. A ce jour, la Convention a été signée et ratifiée par tous les pays (au total 191) sauf les Etats-Unis et la Somalie. Pour ce 20 novembre 2000, nous vous proposons une opération exceptionnelle. Grâce à un dossier spécial, vous allez pouvoir vous exprimer sur vos droits à vous, enfants de France, et participer au prochain Sommet de l'ONU pour les enfants.

(dossier spécial Droits de l'Enfant pages 3 à 10)

Le mot

Funiculaire

Ce mot vient du latin « funiculus » qui veut dire petite corde. On utilise ce mot pour parler d'un train qui gravit les montagnes. Samedi dernier, en Autriche, le funiculaire qui mène les skieurs du village de Kaprun au glacier du Kitzsteinhorn a pris feu. Cent cinquante neuf personnes sont mortes brûlées ou asphyxiées dans le tunnel. C'est une terrible catastrophe. ■

SOMMAIRE

L'essentiel

1. Quel est le titre du journal ? Qu'est-ce que le sommaire ?
2. Y a-t-il des informations dans l'édito ? De quoi s'agit-il ?
3. Quel est l'article le plus important ? Est-il complet ?

En détail

4. Repère toutes les informations que l'on a sur ce journal.
5. Relève les sujets abordés et la page où l'on en parle.

À ton tour

- À toi de faire la Une de ton journal :
  - fais la liste des sujets que tu voudrais traiter,
  - choisis le sujet principal,
  - trouve des titres pour chaque rubrique,
  - découpe des photos dans un magazine.

You spique Angliche ?

You spique Angliche ?
Faut être drôlement fortiche
Pour parler anglais,
La langue du bridge !
Une langue au porridge :
Beaucoup de son et peu de lait. […]
Avec des mots comme ça on passe partout
À Zanzibar à Tombouctou
Chez les Mongols et chez les Sioux
Avec des mots comme ça
On peut partout
Manger de la soupe aux choux
L'anglais c'est aussi l'américain
Ça vaut le coup
De se donner un peu de tintouin
En Amérique, pour parler anglais
On colle du chewing-gum tout au fond du palais.
En Chine, pour parler anglais
On vous coupe la langue et on vous la remet.

René de Obaldia, *Innocentines*, © Éd Grasset.

Qu'elle est belle la terre !

Qu'elle est belle, la terre, avec ses vols d'oiseaux
Qu'on entrevoit soudain à la vitre de l'air,
Avec tous ses poissons à la vitre de l'eau !
La peur les force vite à chercher un couvert
Et l'homme reste seul derrière le rideau.

Qu'elle est belle, la terre, avec ses animaux,
Avec sa cargaison de grâce et de mystère !
Le poète se tient à la vitre des mots.
Cette beauté qu'il chante, il la donne à son frère
Qui se lave les yeux dans le matin nouveau.

P. Menanteau,
Pour un enfant poète,
coll. *Fleurs d'encre*,
© Hachette Livre.

Ils cassent le monde

Ils cassent le monde
En petits morceaux
Ils cassent le monde
À coup de marteau
Mais ça m'est égal
Ça m'est bien égal
Il en reste assez pour moi
Il en reste assez
Il suffit que j'aime
Une plume bleue
Un chemin de sable
Un oiseau peureux
Il suffit que j'aime
Un brin d'herbe mince
Une goutte de rosée
Un grillon de bois
Ils peuvent casser le monde
En petits morceaux
Il en reste assez pour moi
Il en reste assez
J'aurai toujours un peu d'air
Un petit filet de vie,
Dans l'œil un peu de lumière
Et le vent dans les orties [...]

Boris Vian,
Je voudrais pas crever,
© S. N. E.
Pauvert/Fayard.

◆ *Que représente ce tableau ? Que te suggèrent les couleurs ?*

Peinture naïve,
Scène villageoise
de Manuel R,
Saint-Domingue,
Altagracia Reg.

Congés payés

moi dit la cathédrale
je voudrais être coureur à pied
pour pouvoir lâcher mes béquilles

moi dit le pont
je voudrais être suspendu
pour pouvoir sauter à la corde

moi dit l'imagination
je voudrais être riche
pour pouvoir emmener l'Anselme en vacances

moi dit la Seine
je voudrais être mer
pour avoir des enfants qui jouent avec le sable

Jean l'Anselme, *Il fera beau demain*, 1952,

Atelier de poésie

1. Entraîne-toi à lire à voix haute le poème de Jean l'Anselme avec des tons différents :
joyeux, solennel, sur le ton du secret…

2. Repère les mots qui reviennent régulièrement. Quels sont-ils ? Où sont-ils ?

À toi d'écrire

3. a. Choisis un monument et écris une phrase à la manière de Jean l'Anselme :
moi dit … je voudrais être … pour …
Fais la même chose avec un arbre, un animal, un personnage…

Compare avec ton camarade ce que vous avez trouvé. Puis écris ton poème.

b. Vous pouvez aussi jouer à deux en écrivant chacun votre tour une partie de la phrase sans que l'autre la voie.
Avec vos essais les plus réussis, composez le poème de la classe.

8

Dans cette unité tu vas apprendre à :

- *1. Exprimer un avis.*
- *2. Utiliser des connecteurs.*
- *3. Justifier un avis.*

à l'oral

- *Justifier un point de vue.*

Quel genre de musique aimes-tu ? Pourquoi ?

à l'oral

Observer et décrire

- Choisis un musicien sur l'illustration et décris-le pour que tes camarades puissent le retrouver.

  Attention ! tu n'as pas le droit de dire de quel instrument il joue.
  En revanche, tu peux parler de son allure générale, de ses vêtements, ou donner tout autre détail utile.

S'exprimer

- Choisis un chanteur ou une chanteuse que tu n'aimes pas du tout. Explique les raisons pour lesquelles tu ne l'apprécies pas, tout en restant respectueux de cette personne et de son travail.

  Tu peux parler de sa voix, de sa musique, des paroles de ses chansons, de sa façon de s'habiller, de répondre aux questions au cours d'une interview, etc.

Justifier un point de vue

- Choisis un artiste de la chanson que tu aimes beaucoup. Présente-le ensuite à tes camarades en faisant son portrait, puis explique pourquoi cet artiste est une de tes vedettes préférées.

  Tu peux préparer ton projet avec quelques camarades qui s'intéressent au même artiste…

  Pour cela :
  - Recherchez des articles ou des documents qui lui sont consacrés et rassemblez-les pour les lire ou les observer ensemble.
  - Répartissez-vous ensuite le travail pour que chacun participe à la présentation devant la classe.
    Vous pourrez ainsi prendre la parole à tour de rôle pour dire : pourquoi certains l'aiment, pourquoi certains ne l'aiment pas, ce qu'il fait de bon et de moins bon (bon chanteur, mauvais acteur, par exemple), etc.
  - Pensez toujours à justifier vos opinions à l'aide d'arguments ou d'exemples (vous pouvez même faire écouter quelques extraits choisis à vos camarades).

◆ 1. Exprimer un avis

Christophe découvre le piano

Christophe a cinq ans lorsque son grand-père offre un piano à ses parents. Il va découvrir cet instrument magique et se passionner pour la musique.

Grand-père venait de donner à ses enfants un vieux piano, dont un de ses clients l'avait prié de le débarrasser, et que sa patiente ingéniosité[1] avait remis à peu près en état. Le cadeau n'avait pas été très bien accueilli. Louise trouvait que la chambre était déjà bien assez petite, sans l'encombrer encore ; et Melchior dit que papa Jean-Michel ne s'était pas ruiné : c'était du bois à brûler. Seul le petit Christophe fut joyeux du nouveau venu, sans bien savoir pourquoi. Il lui semblait que c'était une boîte magique, pleine d'histoires merveilleuses, comme dans ce volume[2] des Mille et une Nuits, dont grand-père lui lisait de temps en temps quelques pages, qui les enchantaient tous les deux. [...]

Maintenant, sa plus grande joie est quand sa mère doit passer la journée en service, ou faire une course en ville. Il écoute ses pas descendre dans l'escalier : les voilà dans la rue ; ils s'éloignent. Il est seul. Il ouvre le piano, il approche une chaise, il se juche[3] dessus ; ses épaules arrivent à la hauteur du clavier : c'est assez pour ce qu'il veut. Pourquoi attend-il d'être seul ? Personne ne l'empêcherait de jouer, pourvu qu'il ne fasse pas trop de bruit. Mais il a honte devant les autres, il n'ose pas. Et puis, on cause, on se remue : cela gâte le plaisir. C'est tellement plus beau, quand on est seul !... Christophe retient son souffle, pour que ce soit plus silencieux encore, et aussi parce qu'il est un peu ému, comme s'il allait tirer un coup de canon. Le cœur lui bat, en appuyant le doigt sur la touche ; quelquefois, il le relève, après l'avoir enfoncé à moitié, pour le poser sur une autre. Sait-on ce qui va sortir de celle-ci, plutôt que de celle-là ? Tout à coup le son monte : il y en a de profonds, il y en a d'aigus, il y en a qui tintent, il y en a d'autres qui grondent. L'enfant les écoute longuement, un à un, diminuer et s'éteindre ; ils se balancent comme les cloches, lorsqu'on est dans les champs et que le vent apporte leur voix et l'éloigne tour à tour ; puis, quand on prête l'oreille, on entend dans le lointain d'autres voix différentes, qui se mêlent et tournent, tels des vols d'insectes ; elles ont l'air de vous appeler, de vous attirer au loin... loin... de plus en plus loin, dans les retraites mystérieuses, où elles plongent et s'enfoncent... Les voilà disparues !... Non ! elles murmurent encore... Un petit battement d'ailes. Que tout cela est étrange ! Ce sont comme des esprits. Qu'ils obéissent ainsi, qu'ils soient tenus captifs[4] dans cette vieille caisse, voilà qui ne s'explique point ! [...]

Un jour, Melchior le surprit. Il le fit tressauter[5] de peur avec sa grosse voix.

p. 172
p. 210
p. 248

1. **ingéniosité :** intelligence et débrouillardise
2. **volume :** livre
3. **se jucher :** grimper
4. **captif :** prisonnier
5. **tressauter :** sursauter

« Cela t'intéresse donc, gamin ? demanda-t-il en lui tapant amicalement la tête, veux-tu que je t'apprenne à jouer ? »

S'il le voulait !... Il murmura que oui, ravi. Ils s'assirent tous deux devant le piano, Christophe juché, cette fois, sur une pile de gros livres ; et, très attentif, il prit sa première leçon.

Jean-Christophe, *L'aube*, de Romain Rolland, © Éd. Albin Michel.

Vocabulaire

1. Parmi ces verbes, recopie ceux du texte qui indiquent ce que font les sons du piano.

monter – apprendre – gronder – diminuer – s'éteindre – tressauter – empêcher – tinter – disparaître – se balancer – battre – plonger – s'enfoncer – murmurer – se mêler – tourner – ouvrir – appuyer.

Puis, ajoute trois autres verbes convenant à une note de musique.

2. Classe les verbes suivants selon qu'ils évoquent pour toi un son fort ou un son faible et utilise-les dans une phrase. *(Tu peux t'aider du dictionnaire.)*

soupirer – retentir – bercer – sonner – charmer – ronfler – vibrer – exploser – éclater – tinter – résonner – rugir – vrombir – siffler – détoner – murmurer.

Lecture - compréhension

Prendre des indices

1. À quoi les sons du piano sont-ils comparés dans ce texte ?

des cloches - des esprits - des coups de canon - des vols d'insectes.

2. Parmi les groupes nominaux suivants, recopie ceux qui désignent le piano dans le texte :

le nouveau venu - ce volume - une boîte magique - le cadeau - cette vieille caisse - la grosse voix - du bois à brûler – cet instrument magique – cette merveille.

3. Repère les différents personnages et explique leurs liens (père, mère...).

Saisir l'essentiel

4. Raconte cette histoire en trois ou quatre phrases.

De qui parle-t-elle ? Que fait-il ?

5. Recopie les phrases qui te paraissent correctes et justifie tes choix à l'aide de passages du texte.

a. La mère de Christophe travaille / ne travaille pas.
b. Les parents de Christophe sont / ne sont pas très sévères.
c. Le père de Christophe sait / ne sait pas jouer du piano.

6. Pourquoi Christophe est-il content quand sa mère s'absente ?

Découvrons avis et opinions

1. **a.** *Le piano arrive chez Melchior, Louise et Christophe…* Relis le texte, page 114, et recopie les noms des personnages en commençant par celui qui est le plus content du cadeau et en finissant par celui qui en est le moins content.

b. Pour chaque personnage, recopie le passage du texte qui indique les raisons de sa réaction.

2. Voici les commentaires de plusieurs personnes auxquelles on a offert un piano. Classe-les en deux groupes selon qu'ils montrent que le cadeau est bien ou mal accueilli.

A Ah ! Encore un truc qui va attirer la poussière !

B Au moins, avec ça, on passera moins de temps devant la télévision !

C J'ai toujours rêvé d'en avoir un !

D On se cogne déjà dans les meubles ; on ne va pas en plus s'encombrer avec ça !

E Finies, les soirées tranquilles !

F Rien de plus beau qu'un peu de musique dans la vie !

3. Relis chaque commentaire de l'activité 2 et mets-toi à la place de son auteur. Écris une ou deux phrases pour expliquer ta réaction.

Utilise des mots ou expressions comme : *parce que, car, mais, alors, donc…*

À toi d'écrire

p. 172 p. 174 p. 210

4. Ton voisin veut se débarrasser de son piano. Il propose de te le donner. Tes parents ne sont pas d'accord.

Écris quelques lignes pour les convaincre d'accepter le cadeau.

Tu peux choisir d'écrire :
– un dialogue dans lequel tu présentes tes arguments et les objections de tes parents,
– un texte dans lequel tu présentes et tu organises tes arguments.
Tu peux t'aider des idées que tu as développées dans l'activité 3 du *Découvrons*.

◆ 2. Utiliser des connecteurs

Une vraie note de musique

Cette photo, j'étais sûr de la connaître par cœur, mais je la découvre tout à coup comme si je ne l'avais jamais vue de ma vie. C'est que cette fois, moi aussi, j'ai un cornet[1] à la main ! Je disposerais d'une loupe que je n'observerais pas avec plus d'attention comment Buddy Joe pince les lèvres, comment il gonfle les joues, comment il place ses mains autour de l'instrument (les doigts de la main droite, surtout) et de quelle façon il pose le haut de l'embouchure[2] dans le petit creux, à l'endroit où la lèvre supérieure se divise en deux moitiés. Si j'arrive à faire tout pareil, peut-être que le cornet reconnaîtra en moi un ami et qu'il acceptera de chanter un tout petit peu... Ça n'en finit pas, tellement je m'efforce de faire les choses comme il faut. Mais allez donc prendre la pose, avec les yeux au ciel, tout en continuant de lorgner[3] le modèle !

Noel Beider vient à mon secours.

Il recule d'un pas, ferme un œil pour mieux juger de l'effet et me donne les directives[4] : « Plus bas ! Non, plus haut ! Lève la tête ! Baisse la tête ! À gauche le menton ! À droite ! Comme ci ! comme ça ! »

Il n'y a pas de raison d'en voir le bout. Alors, sans crier gare[5], en me prenant moi-même par surprise, j'abaisse le piston du milieu et je vide dans l'embouchure, en une seule fois, tout l'air que j'ai dans le corps, au point de m'en faire éclater les tempes.

Et savez-vous ce qui sort à l'autre bout ? Une note ! Une vraie note! Une vraie de vraie de sacrée vraie note de musique ! Toute ronde, étincelante comme une grosse perle en or, mais plus légère qu'une bulle de savon...

Elle a flotté un instant devant mes yeux, au-dessus de nos têtes. Je la voyais. Je jure que je pouvais la voir ! Puis elle s'est élevée, elle s'est envolée, majestueusement, et elle est allée mourir au milieu des fils électriques, mais d'une mort paisible, belle et heureuse, qui ressemblait à une apothéose[6].

Ensuite, j'ai eu la sensation que c'était mes semelles qui se détachaient du sol et que je voguais sur une espèce de brouillard. Mon copain me dévorait des yeux, bouche bée, comme s'il voyait le Messie[7].

Je lui ai rendu le cornet.

– À ton tour, ai-je dit d'une voix si bizarre que je l'ai à peine reconnue moi-même.

Il hésitait.

– Tu crois ?

– Et alors ! Qu'est-ce que cela veut dire ? Il ne va pas te mordre, non ?

Dizzie Gillepsie

1. **cornet :** trompette de jazz
2. **embouchure :** partie dans laquelle on souffle
3. **lorgner :** regarder du coin de l'œil
4. **directive :** instruction
5. **sans crier gare :** sans prévenir
6. **apothéose :** triomphe
7. **Messie :** Envoyé de Dieu

Il n'avait pas l'air d'en être si sûr que ça.

J'ai dû insister, comme si le cornet avait été mon cadeau et non pas le sien. [...] Ah ! ça n'a pas été une petite affaire. Cent fois pire qu'avec moi ! Il s'y est repris je ne sais combien de fois. Je lui ai donné plus de conseils que si j'étais King Buddy Joe en personne. Et finalement, il a soufflé aussi fort qu'il a pu, mais tout ce qu'on a entendu, c'était le pfuuuui ! d'un pneu qui se dégonfle ; et encore, ça n'a pas duré très longtemps.

Le roi du jazz de Alain Gerber, coll. *Je bouquine*, © Éd. Bayard.

à l'oral

As-tu déjà essayé de produire des sons avec un instrument de musique ? Raconte.

Lecture - compréhension

Prendre des indices

1. Parmi les parties du corps suivantes, une seule n'est pas citée dans le texte. Laquelle ?
   les yeux – la bouche – les lèvres – les doigts – les mains – les oreilles – les tempes – les joues – la tête – le menton.

2. Cherche dans le texte *une phrase* qui désigne le cornet comme une personne et *un verbe* qui décrit la note de musique comme une chose vivante.

Saisir l'essentiel

3. Complète les phrases suivantes à l'aide des propositions entre parenthèses.
   L'auteur de ce texte ... *(s'appelle / donne des conseils à / imite)* Buddy Joe. Il joue du cornet ... *(pour la première fois / depuis longtemps / comme le Messie)*. En soufflant dans l'instrument, il produit ... *(une espèce de brouillard / le bruit d'un pneu qui se dégonfle / une note de musique)*. Il est tellement étonné qu'il a l'impression *(d'entendre / de voir / de sentir)* la note. Quand son ami a soufflé à son tour dans le cornet, il a fait ... *(moins bien / aussi bien / mieux)* que lui.

Vocabulaire

► *Utiliser les comparatifs et les superlatifs* ◄

1. a. Lis cet article :

Concours de violon

La finale du concours du Conservatoire de Sibémol en Ré a réuni hier soir six des plus fameux violonistes de l'Île de Ré.

Pierre Legros a fourni une excellente performance mais Gisèle Labrune a, selon les membres du jury, joué encore mieux que lui. Elle a pourtant été jugée moins bonne que Marc Leroux qui s'est montré de loin le meilleur de tous. Si le jeu de Gilles Legrand n'a pas été tout à fait aussi bon que celui de Pierre Legros, il a été plus apprécié que Karl Lebrun, lequel s'est, malgré quelques faiblesses, révélé supérieur à Luc Leblond. Interviewé peu après l'épreuve, Luc Leblond a reconnu avoir donné hier soir la pire de ses performances.

b. Établis le classement du concours de violon en commençant par le vainqueur et en finissant par le dernier.

c. Recopie tous les mots qui t'ont aidé.

d. Transforme l'article en inversant l'ordre de classement des violonistes.

2. **Rédige quelques phrases dans lesquelles tu compareras trois artistes de ton choix.** Demande à ton voisin de les lire. Il devra pouvoir classer les artistes selon ton ordre de préférence.

Découvrons comment utiliser des connecteurs

1. a. **En modifiant légèrement le texte, page 117, on a obtenu la phrase suivante. Lis-la.**

La note a flotté un instant devant mes yeux, au-dessus de nos têtes, puis elle s'est envolée majestueusement et elle est allée mourir au milieu des fils électriques, mais c'était une mort paisible, belle et heureuse.

b. **Réécris ce passage en faisant quatre phrases plus courtes pour décrire ce qu'a fait la note et la mort qu'elle a eue. Quels mots en couleur t'ont aidé ?**

c. **À quoi servent les mots en rose ? Et les mots en bleu ?**

2. a. **Complète les phrases suivantes avec des connecteurs comme :**
pour, parce que, car, donc, alors, si, pourtant...

- Je ne trouve plus ma trousse … je suis sûr de l'avoir rangée ici.
- Mélanie a vu que le musée était fermé … elle est rentrée chez elle.
- Le chien s'est sauvé … la porte du jardin était restée ouverte.
- … tu ne mets pas ton manteau, tu vas prendre froid.
- Hervé construit son bateau … faire le tour du monde.

b. **Numérote les deux actions de chaque phrase et dispose-les sur un axe chronologique pour faire apparaître celle qui précède et celle qui suit.**

Ex : Jacques a été puni car il est arrivé en retard.
Action 2 *Action 1*

Action 1	*Action 2*
Il est arrivé en retard →	*Jacques a été puni*

3. a. **Associe chacun des mots suivants à sa définition :**

la cause •	• l'intention que l'on poursuit en faisant quelque chose
le but •	• le résultat de l'action
la conséquence •	• la raison pour laquelle une action a (ou n'a pas) lieu.

b. **Écris trois phrases avec des connecteurs pour exprimer tour à tour la cause, le but et la conséquence.**

4. a. **Relis le texte, pages 117 et 118, et établis la liste des connecteurs logiques qu'il contient.**

b. **Précise, pour chacun des connecteurs que tu as relevés, l'indication qu'il donne dans la phrase :** cause, but, conséquence, condition, contradiction...

En avant la musique !

« Si je peux réussir à partager avec les jeunes tout ce que je sais sur la musique et aussi sur l'art, je serai un homme heureux », disait Leonard Bernstein, célèbre chef d'orchestre américain, compositeur entre autres de la musique de West Side Story que vous avez peut-être vu en film. Pour lui, la musique est une chose trop belle pour être réservée à un petit nombre d'amateurs. Alors à la fin des années 50 et jusqu'en 1972, il enregistre plus d'une vingtaine d'émissions pour faire partager sa passion.

Pour s'adresser aux plus jeunes, Leonard Bernstein emploie les grands moyens, il réunit autour de lui tous les musiciens de l'orchestre philharmonique[1] de New York.

Ne vous laissez pas décourager par l'image en noir et blanc ou par les sous-titres, ces leçons de musique sont passionnantes. Pour expliquer ce qu'est la mélodie, Bernstein emploie des mots simples : « La mélodie, c'est le côté chantant de la musique. » Et lorsqu'il nous fait écouter la musique de Mozart, Wagner ou Bach, nous sommes surpris de si bien entendre ce qu'il vient de nous décrire. Brusquement nos oreilles perçoivent ces deux petites notes jouées à la clarinette dans la symphonie n° 40 de Mozart. Et l'on est heureux de se dire qu'on n'écoutera plus jamais de la même façon la musique !

1. **philharmonique :** de musique classique

Les petits Mozart

Hélène a 10 ans et habite Strasbourg. Elle joue du violon plus de deux heures par jour et répète durement pour devenir un jour une excellente musicienne. Elle est un de ces petits Mozart, ces enfants prodiges[2] qui ont commencé la musique dès l'âge de 3 ou 4 ans. Le jeune Japonais Naoto joue lui aussi du violon. Il travaille sous le regard autoritaire de son père qui ne supporte aucune défaillance[3]. Car si ces enfants jouent de la musique, c'est d'abord parce que leurs parents le veulent et bien souvent les y obligent. Il faut voir la petite Sacha devant son piano, elle rêve de jouer de la flûte mais sa mère pianiste préfère qu'elle suive sa trace.

Le reporter Gilles de Maistre, qui a filmé ces jeunes musiciens,

2. **prodige :** très doué
3. **défaillance :** faiblesse

s'intéresse tout particulièrement aux enfants. [...] Aujourd'hui, à travers les témoignages de ces petits Mozart et de leurs parents, il nous montre que ces musiciens en herbe[4] sont un peu privés d'enfance puisqu'ils doivent consacrer presque tous leurs loisirs à un instrument qu'ils n'ont pas choisi. C'est passionnant de comparer ce reportage (à réserver aux plus grands d'entre vous) au concert pour les jeunes de Bernstein. Dans le premier cas on ne parle que de souffrance et de discipline, alors que Bernstein, lui, ne parle que de plaisir et d'amour de la musique.

Articles de Valérie Hurler, *Télérama Junior*, n° 156.

4. **en herbe :** débutant

à l'oral

Quelles émissions musicales aimes-tu regarder à la télévision ?

Lecture guidée

1. **Parmi les adjectifs suivants, relève ceux qui sont utilisés** (ou qui sont de la même famille qu'un mot utilisé) **dans les articles de Valérie Hurler.**

pénible – facile – difficile – agréable – passionnant – merveilleux – obligatoire – attirant – long – ennuyeux – nouveau – fastidieux – enrichissant – beau – plaisant – simple – partagé – décourageant – surprenant – intéressant – dur – imposé – autoritaire – choisi.

Dis pour chacun s'il exprime une idée *positive* **ou** *négative* **de la musique.**

2. **Sur une copie du premier article, colorie :**

– en bleu, ce que pense Leonard Bernstein ;
– en rouge, ce qu'il a fait ;
– en vert, ce qui s'adresse au lecteur.

3. a. **Retrouve ces mots ou expressions dans le second article :**

pour – car si – d'abord – mais – puisqu' – alors que.

b. **Reformule chaque phrase sans utiliser ces mots. Quelles indications apportent-ils ?**

4. a. **Utilise les indices contenus dans les deux articles pour relier chaque prénom à la nationalité qui lui correspond :**

- Leonard – Naoto – Hélène
- française – américaine – japonaise

b. **De la même façon, relie chaque instrument avec l'enfant qui en joue :**

- piano – violon – flûte
- Sacha – Naoto – Hélène

Lire à haute voix

◆ **Relis l'article** *En avant la musique* **à partir de la ligne 21 en utilisant le ton de ta voix pour exprimer** *le bonheur* **et** *la passion*.

◆ **Exprime maintenant** *douleur* **et** *tristesse* **en relisant l'article** *Les petits Mozart* **jusqu'à la ligne 18.** Tes camarades ont-ils perçu la tristesse ?

À toi de justifier ton avis

p. 210
p. 220

1. À toi de rédiger un texte court dans lequel tu présenteras ton instrument préféré et ton point de vue. Puis fais de même avec l'instrument que tu aimes le moins.

Pour t'aider

- Cherche le nom de chacun des instruments ci-contre et choisis celui que tu préfères.
  Tu peux utiliser le dictionnaire.
- Fais la liste des arguments qui te permettent d'expliquer pourquoi tu l'aimes (sa forme, sa sonorité, les sentiments que tu éprouves en l'entendant, etc.).
- Tu peux aussi comparer cet instrument aux autres et dire pourquoi tu aimes moins les autres.

À toi de réécrire

2. Relis ton texte et réponds aux questions de cette grille :

Dans le texte:	Oui	Non
a. Tu as indiqué le nom de ton instrument préféré.		
b. Tu l'as désigné au moins une fois par un groupe nominal qui ne contenait pas son nom.		
c. Tu as donné au moins trois arguments pour justifier ton avis.		
d. Tu as utilisé des connecteurs comme : *car, parce que, donc, alors...*		

3. Si tu as répondu *non* dans certaines cases, corrige ton texte. Utilise les conseils ci-dessous pour l'améliorer.

a. Tu as dû chercher le nom de ton instrument dans la rubrique *Pour t'aider*. Utilise-le dans ton texte.

b. Tu peux te reporter à la question 2 de la rubrique *Lecture - compréhension* de la page 115. Le piano y est désigné par plusieurs groupes nominaux. À toi d'en trouver pour éviter de toujours répéter le nom de ton instrument.

c. Tu peux justifier ton avis en indiquant pourquoi tu aimes ton instrument (sa forme, sa sonorité), ou en expliquant ce que tu ressens quand tu l'entends.

d. Si tu aimes cet instrument, exprime tes raisons.
(donc... alors... parce que... car...)

Lire une partition musicale

L'essentiel

1. Comment appelle-t-on un document comme celui-ci ?
2. À quoi sert ce document ?
3. Que faut-il connaître pour pouvoir le lire et le comprendre en entier ?
4. En quoi ce système d'écriture est-il différent de celui d'un texte ordinaire ? Quelles différentes informations nous donne-t-il ?

En détail

5. Qui est l'auteur de ce document ?
6. Pour quel instrument a-t-il été écrit ?
7. Parmi les signes qui figurent dessus, fais la liste de ceux dont tu connais le nom ou le sens.

À ton tour

- Cherche dans une encyclopédie ou un dictionnaire le nom des sept notes de musique et comment on les transcrit. Trace les lignes d'une portée. Dessine les notes et écris leur nom dessous.

Un confident sans pareil

Luther Sparren, un jeune garçon d'origine paysanne, vient d'être admis dans une école de musique réputée. Il fait bientôt la connaissance de Perry... et des autres.

– Est-ce que tu veux voir mon violon ?

J'acquiesçai. Perry avait raison d'être fier de son instrument. Il brillait de tous ses feux dans son écrin de velours rouge.

– Le mien n'est pas si beau, dis-je.

– Ça ne fait rien. C'est la façon d'en jouer qui compte. Et je suis sûr que tu es doué.

J'appréciai sa gentillesse.

– Pour entrer ici, ajouta-t-il, il n'y a que deux façons, venir d'une famille riche, ou être un prodige. Apparemment, tu n'appartiens pas à la première catégorie.

– Ça se voit tant que ça ?

– Ben... Ne le prends pas mal...

– Et toi, comment as-tu été admis ?

– Je suis d'une famille riche, répliqua-t-il avec malice.

Perry ne se faisait guère d'illusions sur sa carrière de violoniste. [...] La musique n'était pour lui qu'un agréable moyen de tuer le temps jusqu'à sa majorité. Ensuite, sa voie était toute tracée : fils unique d'un gentilhomme campagnard, il était destiné à gérer la propriété familiale, tout en jouissant[1] d'une rente[2] plus que confortable.

– Et encore j'ai eu de la chance, mon père aurait pu souhaiter me voir suivre des études d'ingénieur. Heureusement, il est convaincu qu'il n'existe pas meilleure discipline que l'apprentissage du violon.

Nous en rîmes de bon cœur. Réconforté, mon premier soin fut d'ouvrir mon étui pour vérifier que mon violon n'avait subi aucun dommage pendant le voyage. Ce n'était qu'un violon de villageois, l'un de ceux dont on se sert pour faire danser les filles pendant les foires aux bestiaux. Il portait de nombreuses éraflures, et par endroits le vernis s'était écaillé. Mais c'était là tout mon honneur, toute ma vie, résumés en ces quelques pièces de bois ajustées avec art et ces quatre cordes sonores.

Mon père l'avait rapporté un soir, alors que je n'avais que cinq ou six ans. Il l'avait échangé contre un mouton à un brocanteur de passage. Je me souviens encore de son expression de tendresse et d'encouragement quand il me le tendit. L'instrument était presque plus grand que moi, si bien qu'au début, j'avais dû le poser à terre pour en jouer.

Puis, l'âge venant, il était devenu mon compagnon le plus intime[3], et davantage encore lorsque la maladie me frappa [...]. Tant de fois dans la souffrance et le chagrin, je m'étais raccroché à lui comme à une planche de salut... Il détenait en lui toutes mes confidences, tous mes secrets.

1. **jouir :** profiter
2. **rente :** argent que l'on gagne sans travailler
3. **intime :** proche

4. **compassé :** peu naturel

J'en tirai quelques notes graves, puis aiguës. À peine si le voyage l'avait désaccordé. Il en avait vu bien d'autres. Cet exercice attira l'attention générale, ce dont je me serais bien passé. Un grand jeune homme blond, large d'épaules, aux manières compassées[4], vêtu d'une élégante redingote grise à boutons de nacre, s'approcha de moi, aussitôt imité par un petit groupe qui lui semblait tout dévoué : « Le roi et sa cour... », pensais-je. Il considéra mon instrument avec une grimace :

– Quel affreux crincrin ! Où donc as-tu déniché pareille horreur ?

Je rangeai mon violon, craignant un geste déloyal. Je préférais prendre des coups plutôt qu'il lui advînt quelque chose de fâcheux.

– Un cadeau de mon père, répondis-je. [...]

À l'avenir j'étais décidé à éviter ce sinistre personnage. [...]

– On va dîner ? proposa Perry.

Je n'avais pas faim. J'avais seulement envie d'être seul. Il n'insista pas et rejoignit les autres. Assis en tailleur, j'épaulai mon instrument et en tirai une de ces valses mélancoliques de Palkushi, qui reflétait si bien mon état d'esprit actuel. Quand j'eus terminé, je m'accoudai à la fenêtre, cherchant à distinguer les lumières de la ville à travers le brouillard. Mais peine perdue celui-ci était trop dense.

Tard dans la nuit, tandis que tout le monde dormait, je me pris à rêver, les yeux grands ouverts, de scènes illuminées, de public invisible m'acclamant dans le noir, de fleurs jetées à mes pieds. Je rêvais. Je rêvais que le son d'un violon emplissait le silence du manoir, un son d'une beauté inouïe, céleste, insurpassable. Je reconnus la mélodie : c'était celle-là même que j'avais jouée tout à l'heure, la Valse de Palkushi. Mon émotion fut si forte que je m'éveillai. Curieusement, j'eus l'impression que l'écho du merveilleux instrument achevait de se dissiper dans le silence...

Le prince d'Ébène de Michel Honaker, coll *Cascade*, © Éd. Rageot.

L'atelier de lecture

1. Maîtriser la lecture et traiter les informations

a. Tu approches d'une planète inconnue. Ton ordinateur t'indique la configuration du sol. Reproduis ce schéma en respectant ses dimensions *(utilise les carreaux de ton cahier)*.

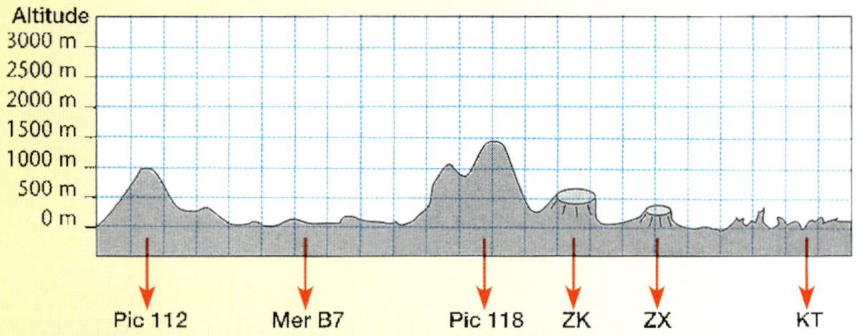

b. Un vaisseau spatial vient d'apparaître au-dessus du pic 112.
Son pilote te communique sa trajectoire. Reproduis-la sur ton dessin.

Je suis au-dessus du pic 112, altitude 1500. Je descends vers la mer B7 que je surbole, alpipude 1000. Le pic 118 m'oblige à recrendre l'albude 2500. Je fais remibour au-dessus du dédésert KT à l'altude 1000 après être desgendu à l'altiprude 500 pour popographier le volcan ZX. Je repa*§e à 2000 au-dessus des bolcans, puis je gonte à 3000 pour pa*§er le 118. Me voili à 3000a u-de*§us de lamer. Je des cendsàl avertical eetje m epose.

c. Compare la trajectoire que tu as tracée avec celles de tes camarades.
Sont-elles identiques ?

2. Résoudre un problème logique

Cinq enfants préparent un spectacle...

- Nadia et le sorcier peignent le masque du monstre. Pendant ce temps, le monstre s'amuse à effrayer Clémentine.
- Olivier et le prisonnier aident le soldat à apprendre son texte.
- Fabien cache la coiffe du sorcier. Olivier, Clémentine et le sorcier la cherchent partout !
- Clémentine boude parce qu'elle aurait aimé tenir le rôle de l'explorateur. Fabien, lui, aurait préféré jouer le monstre.
- L'explorateur cherche partout sa boussole. Elle est dans la poche de Fabien !
- Fabien se moque du soldat parce qu'on voit deux nattes blondes sortir de son casque en carton.

Pour trouver le rôle joué par chaque enfant, recopie puis complète ce tableau en indiquant *Oui* ou *Non* dans chacune des cases. Cherche les informations dans le texte.

	explorateur	sorcier	prisonnier	soldat	monstre
Nadia					
Olivier					
Fabien					
Clémentine					
Natacha					

L'atelier de lecture

3. Comprendre un texte

a. Camille a écrit cette lettre à ses parents :

> le lundi 7 juillet
>
> Papa et maman chéris
>
> Mes vacances en colonie se passent bien. Hier, comme il pleuvait, nous sommes allés au cinéma. J'espère qu'il fera beau demain car nous devons faire de la voile sur le lac. Ce matin, Nat est tombée de vélo. Résultat, une grosse bosse sur la tête ! Avec Dominique (qui a glissé en prenant sa douche avant-hier) ça fait déjà deux blessés ! Ne vous faites pas de souci pour moi, je suis très prudente, d'autant plus qu'après-demain, nous ferons une promenade en vélo.
>
> Avez-vous des nouvelles de Steph ? J'espère que lui aussi passe de bonnes vacances.
>
> Mille bisous   Camille

Sur ton cahier, trace un axe chronologique et indique ce qui s'est passé chaque jour.

b. Recopie les quatre prénoms indiqués dans cette lettre. Souligne ceux des filles et entoure ceux des garçons.
Quels sont les mots qui permettent de répondre à cette consigne ?

4. Trier des textes

Un extrait de roman et un article d'encyclopédie ont été mélangés.
Ces deux textes ont le même nombre de phrases.
À toi de les séparer et de remettre les phrases dans le bon ordre.

En tombant, Sultan a écrasé le braconnier. C'est un herbivore. Ses incisives supérieures s'allongent pour former des défenses. Le poids atteint 5 à 6 tonnes. Il y a parfois une justice au pays des éléphants ! C'est le plus gros animal terrestre actuel. Sultan vivait en Afrique. L'éléphant est un mammifère ongulé vivant selon l'espèce, en Asie ou en Afrique. Un braconnier l'a tué l'année dernière. Il peut mesurer jusqu'à 3,70 mètres. Simplement pour voler ses défenses. Celles-ci peuvent peser cent kilos. Deux belles défenses de cent kilos chacune. Ce mâle solitaire mesurait bien 3 mètres de haut et pesait plus de 3 tonnes.

9

Dans cette unité tu vas apprendre à :

- *1. Repérer la fonction de différents passages.*
- *2. Résumer un texte.*
- *3. Écrire un récit à partir d'un résumé.*

à l'oral

- *Raconter une aventure vécue.*

Quelle photo aurais-tu aimé prendre ? Pourquoi ?

à l'oral

Observer et déduire

1. Pourquoi a-t-on choisi ces photos pour illustrer le thème des vacances ?

2. Dans quels types de paysage ont-elles été prises ?
Quels indices permettent de répondre ?

3. Deux des photos ont été prises dans un pays étranger. Lesquelles ?
Comment les as-tu identifiées ?

4. Observe les enfants photographiés. Que remarques-tu ? Que peux-tu en déduire quant à l'origine de ces photos ?

Raconter une aventure vécue

◆ Certains souvenirs de vacances sont plus forts que d'autres. Ils peuvent être bons ou mauvais, mais on ne les oubliera jamais.
Parmi tes souvenirs de vacances, quel est celui qui te semble le plus fort ? Pourquoi ?

Tu vas raconter ce souvenir à tes camarades.

Pour cela :

- Note les informations suivantes au brouillon :
  À quel endroit te trouvais-tu ? (situation géographique, description du lieu…)
  Quel âge avais-tu ? Qui était avec toi ?
  Pourquoi ce souvenir est-il important pour toi ?
- Si ton souvenir se rapporte à un événement précis, n'oublie pas de le raconter en signalant :
  – la situation de départ (ce que tu faisais juste avant l'événement),
  – les événements (attention à l'ordre des actions !),
  – la situation finale (ce qui s'est passé juste après l'événement, ce qu'il a changé dans ton comportement…).

Entraîne-toi à raconter ce souvenir en t'aidant des notes prises sur ton cahier.
Elles pourront également te guider lorsque tu présenteras ton récit à la classe.

◆ 1. Repérer la fonction de différents passages

Changement de programme

p. 176

Will est un jeune garçon qui vit en Angleterre, loin de son père adoptif. On le retrouve alors qu'il s'entraîne à la course autour d'un lac...

Les vacances de Pâques venaient de commencer. Dans cinq heures, il allait s'envoler de l'aéroport d'Heathrow[1] pour rejoindre son père à Hong-Kong, de l'autre côté du globe. Depuis des jours il rêvait de temples remplis d'odeurs d'encens et de bimbeloterie[2] exotique, de fumeries d'opium et de dragons. Il retournait vers l'Orient, là où il était né. Alors pourquoi ce manque d'enthousiasme, à présent ?

Will dépassa en courant le hangar à bateaux et franchit le pont qui enjambait le lac. Il était à mi-parcours et lancé, à pleine vitesse.

En vérité, depuis quelques années, Will voyait de moins en moins Edward Tyler. Ils s'écrivaient, se téléphonaient, se rencontraient à Noël et lors de rares week-ends entre des rendez-vous d'affaires. Will disposait de tout ce dont il avait besoin, et même plus. Mais cela ne masquait pas le fait qu'il ne connaissait presque plus l'homme qui l'avait adopté. La banque de Hong-Kong semblait l'avoir englouti corps et âme, et Will s'apercevait qu'il redoutait presque de le revoir. Il allait quitter ses amis de Londres pour aller vers quoi ? Un endroit inconnu et un homme qui lui était devenu étranger.

Will parcourut son trajet en moins de temps que d'habitude. Jamais il n'avait couru si vite. Il s'arrêta, haletant, les mains sur les genoux, le visage ruisselant de sueur. Après être resté ainsi pendant quelques minutes, laissant le vent lui rafraîchir le front, il tourna le dos au lac et reprit le chemin par lequel il était arrivé. Couic, couic, couic... Will ne se retourna pas, mais il prit soudain conscience qu'il avait déjà entendu ce couinement. Tous les jours de la semaine. Sur le chemin du parc, dans la rue, en rentrant chez lui. Pourtant il venait seulement de l'identifier : c'était un bruit de chaussures neuves. Quelqu'un le suivait. Son allure resta égale, mais son esprit s'emballa. Était-ce quelqu'un de l'école qui lui jouait un tour ? Non, impossible. Il s'arrêta pour se retourner, d'un geste délibéré[3]. Un homme marchait à une dizaine de mètres derrière lui, un Chinois en costume blanc. Mais l'homme ne semblait

Hong-Kong – qui signifie « Port parfumé » en cantonais – était un territoire anglais depuis 1842. Il a été rendu à la Chine en 1997. C'est un des plus importants ports de commerce de la zone asiatique. Les plus grandes banques s'y sont installées et quelques-unes des plus grosses fortunes mondiales se trouvent parmi les 7 millions d'habitants qui peuplent ce petit territoire d'à peine mille kilomètres carrés.

***Edward Tyler** était grand et mince. Il souriait rarement mais ses grands yeux bleus exprimaient une bonté qui masquait la sévérité de son visage. Il était toujours habillé d'un costume trois pièces, d'une chemise blanche et d'une cravate dont la couleur indiquait l'humeur de son propriétaire.*

1. **Heathrow :** banlieue de Londres
2. **bimbeloterie :** ensemble de petits objets
3. **délibéré :** voulu

pas du tout s'intéresser à lui. Une coïncidence, rien de plus. Will reprit sa route en bifurquant à gauche à un croisement. Couic, couic, couic... Les chaussures empruntèrent le même chemin. L'immense monument funéraire de l'Albel Memorial, avec ses arches et ses tourelles pointues, se dressa devant lui. Will avait presque atteint la grille de Queen-Gate et la sortie du parc. Devant il aperçut une camionnette bleue garée le long de la pelouse. Sur le côté on pouvait lire une publicité en lettres rouges, en anglais et en chinois LOTUS BLANC - TRAITEUR. À son approche, les portières s'ouvrirent. Deux Chinois descendirent et allèrent ouvrir la porte arrière.

Deux hommes devant. Un derrière. Will vit le piège au moment où il se refermait sur lui.

Le jour du dragon de Anthony Horowitz, coll. *Vertige* © Hachette Livre.

Vocabulaire

1. En t'aidant du texte et des encadrés, précise le sens de chacun de ces mots. Vérifie dans le dictionnaire.

globe – encens – exotique – masquer – cantonais – austère – englouti – funéraire.

2. Sur une copie du texte, entoure tous les *autres* mots dont tu ignores le sens. Aide-toi du texte pour deviner ce qu'ils signifient. Vérifie dans le dictionnaire.

3. Remplace les mots en rose par des mots français quand cela est possible :

Dès le début du week-end, Félix enfila un jogging, un sweat-shirt et des baskets neuves. Il avait ainsi le look du parfait jogger. Ainsi vêtu, il se planta devant sa webcam, bien décidé à envoyer un mail à Julie, sa girl-friend préférée. C'était cool.

Lecture - compréhension

Prendre des indices

1. Où se trouve Will au début de l'extrait ? Que fait-il là et à quoi pense-t-il ?

2. De quel couinement parle-t-on, ligne 30 ? Qui est Edward Tyler ?

3. Pourquoi y a-t-il un texte sur le territoire de Hong-Kong ?

4. Le fait que Will soit suivi par un Chinois est-il important ? Pourquoi ?

Saisir l'essentiel

5. Quel rapport y a-t-il entre ces trois textes ?

6. Présente Will en quelques mots (son nom, sa situation de famille, ses projets...).

7. Que va-t-il se passer à la fin du récit ? Cela a-t-il un rapport avec le titre de l'extrait ?

8. Connait-on les raisons de cet enlèvement ? Peut-on les deviner ?

Découvrons la fonction de différents passages

1. a. Relis le texte placé sous la photo de Hong-Kong.
De quoi parle-t-il ? Pourquoi a-t-on ajouté une photo ?

b. Pourquoi certains verbes sont-ils au passé et d'autres au présent ?

c. À quoi sert ce texte ?

2. a. Relis le texte accompagné du portrait d'Edward Tyler.
De quoi parle-t-il ? Pourquoi a-t-on ajouté un dessin ?

b. À quel temps les verbes sont-ils conjugués ?
Quelle différence cela ferait-il si tous les verbes étaient au présent de l'indicatif ?

c. À quoi sert ce texte ?

3. a. Relis le texte intitulé *Changement de programme*.
Que raconte-t-il ? Quel dessin pourrait-on ajouter ? Pour quoi faire ?

b. Sur une copie du texte, colorie en vert les verbes qui sont conjugués à l'imparfait, en rouge ceux qui sont conjugués au passé simple. Que remarques-tu ?

c. À quoi sert ce texte ?

4. Quelle étiquette donnerais-tu à chacun de ces trois textes ?

- texte qui raconte une histoire
- texte qui donne un point de vue
- texte poétique
- texte qui explique quelque chose
- texte qui donne des informations
- texte qui décrit

À toi d'écrire

p. 174
p. 198
p. 252

5. a. Le texte suivant est-il parfaitement compréhensible ? Justifie ta réponse.

Juliette monta à bord du Koala.
– Je t'avais dit de monter sur un autre bateau ! s'écria Juliette.
– C'est pas toi qui commandes, répondit le garçon sur un ton méprisant.
Juliette s'installa à la barre tandis que les garçons faisaient monter la voile. Le voilier s'éloignait à peine de la jetée qu'un yacht s'approcha de lui à vive allure.
Engoncés dans leur gilet de sauvetage, Juliette et ses compagnons assistèrent impuissants à l'agonie du petit voilier qui sombra presque aussitôt.

b. À quel endroit est-il nécessaire d'ajouter un passage narratif ?
Quels événements vont s'y dérouler ?

c. Comment pourrait-on donner des informations sur le voilier et sur le yacht ?

d. On peut également envisager l'ajout d'un passage descriptif.
Quel peut être le sujet de cette description ?

6. Réécris ce texte en ajoutant les éléments qui te semblent essentiels. Prends ensuite connaissance de ceux écrits par tes camarades. Ont-ils eu des idées auxquelles tu n'avais pas pensé ?

Escapade

Lullaby marcha vers la pointe du cap. Elle courait presque, sautant d'un rocher à l'autre. Il n'y avait plus de chemin, par ici. Il fallait escalader les rochers en s'agrippant aux racines de bruyère et aux herbes.

On était loin, perdu au milieu des pierres blanches, suspendu entre le ciel et la mer. Malgré le froid du vent, Lullaby sentait la brûlure du soleil. Elle transpirait sous ses habits. Son sac la gênait, et elle décida de le cacher quelque part, pour le prendre plus tard. Elle l'enfouit dans un creux de terre, au pied d'un gros aloès[1]. Elle ferma la cachette en poussant deux ou trois cailloux.

Au-dessus d'elle, maintenant, il y avait l'étrange maison en ciment dont avait parlé le petit garçon. Pour y arriver, il fallait monter le long d'un éboulis[2]. La ruine blanche brillait dans la lumière du soleil. Lullaby hésita un instant, parce que tout était tellement étrange et silencieux dans cet endroit. Au-dessus de la mer, accrochés à la paroi rocheuse, les longs murs de ciment n'avaient pas de fenêtres.

Un oiseau de mer fit des cercles au-dessus de la ruine, et Lullaby eut soudain très envie d'être là-haut. Elle commença à grimper le long de l'éboulis. Les arêtes des cailloux écorchaient ses mains et ses genoux, et de petites avalanches glissaient derrière elle. Quand elle arriva tout en haut, elle se retourna pour regarder la mer, et elle dut fermer les yeux pour ne pas sentir le vertige. Au-dessous d'elle, si loin qu'on regardât, il n'y avait que cela : la mer. Immense, bleue, la mer emplissait l'espace jusqu'à l'horizon agrandi, et c'était comme un toit sans fin, un dôme géant fait de métal sombre, où bougeaient toutes les rides des vagues. Par endroits, le soleil s'allumait sur elle, et Lullaby voyait les taches et les chemins obscurs des courants, les forêts d'algues, les traces de l'écume. Le vent balayait sans arrêt la mer, lissait sa surface.

Lullaby ouvrit les yeux et regarda tout, en s'accrochant aux rochers avec ses ongles. La mer était si belle qu'il lui semblait qu'elle traversait sa tête et son corps à toute vitesse, qu'elle bousculait des milliers de pensées à la fois.

Lentement, avec précaution, Lullaby s'approcha de la ruine. C'était bien ce qu'avait dit le petit garçon à lunettes, une sorte de théâtre, fait de grands murs de ciment armé. Entre les hauts murs, la végétation poussait, des ronces et des lianes qui recouvraient complètement le sol. Sur les murs, il y avait un toit de dalles de béton, effondré par endroits. Le vent de la mer s'engouffrait par les ouvertures, de chaque côté de l'édifice, avec des rafales brutales qui mettaient en mouvement les morceaux de fer de l'armature[3] du toit. Les lames s'entrechoquaient en faisant une musique étrange, et Lullaby resta immobile pour l'écouter.

1. **aloès :** plante grasse des régions chaudes et désertiques
2. **éboulis :** amas de pierres et de matériaux effrités
3. **armature :** charpente

4. **sternes :** hirondelles des mers

C'était comme les cris des sternes[4] et comme le murmure des vagues, une drôle de musique irréelle et sans rythme qui vous faisait frissonner. Lullaby se remit en marche. Le long du mur extérieur, il y avait un chemin étroit qui franchissait la broussaille, et qui conduisait jusqu'à un escalier à moitié démoli. Lullaby monta les marches de l'escalier, et elle arriva jusqu'à une plate-forme, sous le toit, d'où on voyait la mer par une brèche. C'est là que Lullaby s'assit, tout à fait en face de l'horizon, au soleil, et elle regarda encore la mer. Puis elle ferma les yeux.

Lullaby de Jean-Marie Le Clézio, coll. *Folio Junior* © Gallimard.

à l'oral

As-tu déjà visité un endroit mystérieux ? Raconte !

Lecture - compréhension

Prendre des indices

1. Où se déroule cette histoire et quel en est le personnage principal ?
2. Que signifie le mot *escapade* ? En quoi ce titre est-il adapté au texte ?
3. En changeant une lettre au titre de l'extrait, on obtient un autre mot qui, lui aussi, ferait un bon titre. Quel est ce mot ?

Saisir l'essentiel

4. Remets ces phrases dans l'ordre du récit :
   - **a.** Elle cache son sac.
   - **b.** Elle découvre un escalier.
   - **c.** Elle s'approche de la ruine.
   - **d.** Elle hésite à monter le long de l'éboulis.
   - **e.** Cela lui fait un drôle d'effet.
   - **f.** Lullaby se dirige vers le cap.
   - **g.** Lullaby écoute la musique produite par les lames de métal.
   - **h.** Lullaby s'y assied pour observer une nouvelle fois la mer.
   - **i.** Arrivée en haut, elle s'arrête pour regarder la mer.
   - **j.** La construction est en partie effondrée et recouverte de végétation.

Vocabulaire

► Élargir le sens des mots ◄

1. Retrouve ces mots roses dans le texte *L'escapade*.
   Ont-ils le même sens que dans les phrases ci-dessous ?
   - Jean s'est *suspendu* à une branche d'un arbre.
   - L'homme *bousculait* tous les voyageurs.
   - Ma tante a beaucoup de *rides*.
   - L'ampoule *s'allumait* toute seule.
2. Relève dans le texte, page 133, d'autres mots employés dans un sens inhabituel. Recherche des images que l'auteur utilise pour faire comprendre ce que ressent son héroïne.
   Compare ta collecte à celles de tes camarades. Comprenez-vous les intentions de l'auteur ?

3. a. Relis la phrase commençant par «*La mer était si belle...*» (lignes 28 à 30).

Quel verbe l'auteur utilise-t-il pour annoncer l'image évoquant l'émotion de Lullaby ? Quels autres verbes ou expressions aurait-il pu utiliser ?

b. De la même façon, écris une phrase pour évoquer, à l'aide d'une image, une émotion forte que tu as déjà ressentie.

Découvrons comment résumer un texte

1. a. Sur une copie du texte, page 133, colorie en bleu, les événements essentiels du récit, et en rouge, les informations que tu juges indispensables.

b. Compare ton travail avec celui de tes camarades.

Au tableau, dressez ensemble les listes des événements et des informations indispensables. Puis construisez le résumé à l'aide de ces listes.

2. Parmi ces trois textes, lequel résume le mieux *L'escapade* ? Explique ton choix.

(A) Lullaby se dirige vers le cap puis elle monte jusqu'à la ruine. La construction abandonnée resssemble à un théâtre. Arrivée en haut, elle s'arrête pour regarder la mer. Ensuite, elle s'approche de l'escalier. En soufflant sur les morceaux de mur, le vent produit une musique étrange. Lullaby découvre un escalier. Elle s'y assied pour observer une nouvelle fois la mer. Elle entend les cris des oiseaux et le murmure des vagues.

(B) Lullaby se dirige vers le cap. Elle cache son sac puis elle escalade l'éboulis. Arrivée en haut, elle s'arrête pour regarder la mer. Cela lui fait un drôle d'effet. Ensuite, elle s'approche de la ruine. La construction est en partie effondrée et recouverte de végétation. En soufflant sur des lames de métal, le vent produit une musique étrange. Lullaby découvre un escalier qui débouche sur une plate-forme. Elle s'y assied pour observer une nouvelle fois la mer.

(C) Tout en marchant vers le cap, Lullaby observe le paysage et elle le trouve très beau. Arrivée en haut de l'éboulis, elle regarde la mer. Immense, bleue, elle remplit l'espace jusqu'à l'horizon. Ensuite, Lullaby s'approche de la ruine. Le petit garçon à lunettes avait raison car la construction ressemble bien à un théâtre avec des grands murs de ciment armé. Le vent produit une musique étrange qui ressemble aux cris des sternes et au murmure des vagues. Lullaby s'assied sur une plate-forme pour observer une nouvelle fois la mer.

3. a. Relis le texte, page 54. Relève les événements et les informations que tu pourrais garder dans un résumé. Puis, aide-toi de ce travail pour résumer ce texte sur une feuille.

b. Avec tous tes camarades, mélangez vos feuilles et redistribuez-les au hasard.

Lis attentivement le résumé que tu vas recevoir. Correspond-il à ce que tu as fait ? Penses-tu pouvoir l'améliorer ? Note tes remarques sur la feuille de ton camarade.

c. Tiens compte des remarques de ton camarade pour améliorer ton propre résumé.

◆ 3. Écrire un récit à partir d'un résumé

La cabane

Sous la direction de Lebrac, leur chef incontesté, les écoliers du village construisent une cabane qui sera leur maison commune.

Les instincts bâtisseurs de Lebrac se révélèrent dans toute leur plénitude[1]. Son cerveau concevait, ordonnait, distribuait la besogne avec une admirable sûreté et une irréfutable[2] logique.

« Il faudra, dit-il, ramasser dès ce soir tous les morceaux de planches que l'on trouvera, les lattes, les vieux clous, les bouts de fer. »

Il chargea l'un des guerriers de trouver un marteau, un autre des tenailles, un troisième un marteau de maçon ; lui, apporterait une hachette, Camus une serpe, Tintin un mètre, et tous, ceci était obligatoire, tous devaient chiper dans la boîte à ferraille de la famille au moins cinq clous chacun, de préférence de forte taille, pour parer[3] immédiatement aux plus pressantes nécessités de construction.

C'était à peu près tout ce qu'on pouvait faire ce soir-là. En fait de matériaux, il fallait surtout de grosses perches et des planches. Or le bois offrait suffisamment de fortes coudres[4] droites et solides, qui feraient joliment l'affaire. Pour le reste, Lebrac avait appris à dresser des palissades pour barrer les pâtures, tous savaient tresser des claies[5] et, quant aux pierres, il y en avait, dit-il, en veux-tu, en voilà !

« N'oubliez pas les clous surtout ! » recommanda-t-il.

Là-dessus, joyeuse, la bande s'en retourna lentement au village, faisant mille projets, prête à tous les vols domestiques, aux travaux les plus rudes, aux sacrifices les plus complets.

« On fera une cheminée », disait Tintin.

– Des lits de mousse et de feuilles, ajoutait Camus.

– Et des bancs, et des fauteuils, renchérissait Grangibus.

Ils s'endormirent fort tard, ce soir-là.

p. 214
p. 252

Photo extraite du film de Yves Robert, *La guerre des boutons*, 1961.

1. plénitude : grandeur
2. irréfutable : qu'on ne peut pas contester
3. parer : faire face
4. coudre : branche de noisetier
5. claie : treillage

6. **hétéroclite :** bizarre et varié

Le palais, la forteresse, le temple, la cabane **hantaient** leur cerveau en ébullition. On n'eut pas besoin de les appeler pour **les** faire lever et, bien avant l'heure de la soupe, ils rôdaient par l'écurie, la grange, la cuisine, le hangar afin de mettre de côté les bouts de planches et de ferrailles qui devaient grossir le trésor commun.

Les boîtes à clous paternelles subirent un terrible assaut. Chacun voulant se distinguer et montrer ce qu'il pouvait faire, ce ne fut pas seulement deux cents clous que Lebrac eut le soir à sa disposition, mais cinq cent vingt-trois bien comptés. Toute la journée, il y eut, du village au gros tilleul et aux murs de la Saute, des allées et venues mystérieuses de gaillards aux blouses gonflées, à la démarche pénible, aux pantalons raides, dissimulant entre toile et cuir des objets hétéroclites[6] qu'il eût été fort ennuyeux de laisser voir aux passants.

La guerre des boutons de Louis Pergaud, © Mercure de France, 1912.

à l'oral

Y a-t-il un projet que tu aimerais réaliser ? De quoi s'agit-il ?

Lecture guidée

1. Relis le texte, des lignes 33 à 44, puis réponds aux questions.

a. Qui le pronom en rose désigne-t-il ? De quel *soir* s'agit-il ?

b. Pourquoi l'auteur a-t-il utilisé ces différents termes :
le palais, la forteresse,
le temple, la cabane…

c. Explique le choix du verbe en bleu.

d. Repère le pronom en vert. De qui s'agit-il ?

e. Précise le sens du verbe *rôder*.

2. Comment un cerveau pourrait-il bouillir ?

3. Indique ce qui a guidé l'auteur dans le choix de ces lieux :
l'écurie, la grange, la cuisine, le hangar…

4. a. Le *trésor* est-il un véritable trésor ? Pourquoi ?

b. Dans quel sens le mot *commun* est-il utilisé ?

Lire à haute voix

- **Relis le texte du début jusqu'à la ligne 13. Essaie de bien ressentir le ton autoritaire de Lebrac ainsi que la précision de ses instructions.**

Sur une copie du texte, colorie d'une couleur les signes de ponctuation et d'une autre les segments de phrase à lire d'une traite, sans hésiter.
Entraîne-toi et, si possible, enregistre-toi afin de pouvoir mieux te corriger.

À toi d'écrire un récit à partir d'un résumé

1. Voici deux articles qui résument deux faits divers arrivés en l'an 2000

> **Sauvé par un dauphin**
> *(12 juillet 2000 – Tampico (Mexique)*
> Jeudi matin, une vague a retourné le bateau dans lequel se trouvaient un pêcheur et son fils âgé de sept ans. L'homme a réussi à s'agripper au bateau mais son fils a été emporté par la vague. Il allait se noyer lorsqu'un dauphin est venu à son secours. L'animal a repoussé l'enfant vers le bateau, lui sauvant ainsi la vie. L'homme et l'enfant sont revenus indemnes au port. Le dauphin, lui, est parti sans laisser d'adresse !

> **Un trésor pour bébé** *Gaeta (Italie)*
> Luciana se promenait dans la campagne avec son mari et sa petite fille âgée de trois ans. La famille venait de traverser une rivière asséchée par l'été lorsque la gamine a ramassé quelque chose de rond et de brillant. Pensant que l'enfant risquait de se couper avec ce qu'elle croyait être une vulgaire capsule, Luciana a aussitôt saisi l'objet. Stupeur ! Ce n'était pas une capsule mais une pièce en or ! Après quelques recherches, les parents aidés de leur petite fille ont découvert... 138 pièces d'or datant du premier siècle avant Jésus-Christ !

Choisis un article et développe-le pour en faire une véritable histoire.
Tu as le droit d'ajouter des informations ou des événements mais tu ne dois rien contredire...

Pour t'aider

- Recopie l'article que tu as choisi au brouillon en sautant des lignes, souligne en bleu les événements essentiels du récit, et en rouge, les informations apportées.
  Pour chacune des informations que tu as repérées, imagine des renseignements supplémentaires ; note-les dessous.
- Utilise des connecteurs et des marqueurs de temps pour dérouler ton récit *(ensuite, alors, quelques instants plus tard...)*. Ajoute une suite à l'événement essentiel.
- Tu peux aussi rajouter des descriptions *(reporte-toi à la page 132)*.

p. 178
p. 190
p. 192

À toi de réécrire

2. a. Maya a choisi de développer l'article sur le trésor. Voici un extrait de son texte :

> Bien sûr, Luciana prend le rond que sa fille elle a dans la main. Elle veut pas qu'elle se coupe avec. La petite pleure parce qu'elle veut garder sa trouvaille, mais la mère veut pas rendre. Elle regarde l'objet et tout de suite elle voit qu'on voit sur la pièce une tête. Elle pense c'est sûrement une vieille pièce de l'époque des Romains.

b. Ce texte te paraît-il bien écrit ? Pourquoi ?
Sur une copie de l'extrait, mets en couleur tout ce qui ne va pas.

p. 176
p. 178

c. Compare ton travail avec celui de tes camarades.
Ont-ils relevé les mêmes erreurs que toi ? Que proposes-tu pour améliorer ce texte ?
Comparez vos propositions et choisissez celle qui vous paraît la meilleure.

Lire une affiche

L'essentiel

1. Quelle région de France fait l'objet de cette affiche ? Repère-la sur une carte.
2. Qui est à l'origine de ce document ?
3. À qui est-il destiné ? À quoi sert-il ?
4. Décris cette photographie. Qu'évoque-t-elle pour toi ?

En détail

5. Quel sport pratiquent les personnages représentés ? Où le pratiquent-ils ?
6. «*le plein d'idées*». À quoi cette formule te fait-elle penser ?
7. Quelle est la couleur dominante de l'affiche ? Qu'exprime-t-elle ?

À ton tour

◆ Choisis une région de France que tu connais bien et imagine une affiche qui en vanterait les mérites. Quels éléments représenteras-tu, sous quelle forme, avec quelles couleurs ? Utiliseras-tu une photocopie ou feras-tu un dessin ? À partir de quel paysage ? Quelle formule inscriras-tu ?

Le soleil aujourd'hui

Le soleil aujourd'hui,
Je me le suis donné.

J'en ai mis plein mes poches
Et dans d'autres endroits
Où mes mains ne vont pas.

Je peux escalader
Ce qui me séparait.

Je peux montrer aux gens
Comment c'est, la lumière.

Eugène Guillevic,
Les chansons d'Antonin Blond,
© Éd. Seghers.

L'avion

Un avion a atterri
cet après-midi
sur une page blanche
de mon livre ouvert.

Il a dessiné de ses huit roues
comme une mèche de cheveux
au beau milieu de la feuille ;
puis lentement s'est rangé,
en bas,
à gauche,
près du numéro 36.

36 passagers sont descendus.
Ils m'ont parlé en 36 langues,
de 36 millions d'enfants
que je ne connaissais pas.

Et mon livre traduisait,
et mon livre jubilait.

Alain Serres, *N'écoute pas celui qui répète* © Cheyne Éditeur.

- *Cherche le cheval blanc dans le tableau. Que penses-tu de la technique utilisée par le peintre ? Pourquoi parle-t-on d'impressionisme ?*

Paysage à Collioure, le cheval blanc de André Derain, Huile sur toile, 1905, Musée d'Art moderne, Troyes.

Je chante pour passer le temps

Je chante pour passer le temps
Petit qu'il me reste à vivre
Comme on dessine sur le givre
Comme on se fait le cœur content
À lancer cailloux sur l'étang
Je chante pour passer le temps
[…]
Oui pour passer le temps je chante
Au violon s'use l'archet
La pierre au jeu des ricochets
Et que mon amour est touchante
Près de moi dans l'ombre penchante
Oui pour passer le temps je chante

Je chante le temps en chantant
Je chante pour passer le temps

Louis Aragon, *Le roman inachevé*,

L'avenir

Soulevons la paille
Regardons la neige
Écrivons des lettres
Attendons des ordres

Fumons la pipe
En songeant à l'amour
Les gabions sont là
Regardons la rose
[…]

Regardons nos mains
qui sont la neige
La rose et l'abeille
Ainsi que l'avenir

Guillaume Apollinaire, *Calligrammes*,

Atelier de poésie

1. Lis, à haute voix, le poème d'Aragon. Qu'entends-tu à la fin de chaque vers ?

2. Recopie ce poème et colorie de la même couleur les vers qui se terminent par le même son (les rimes).
Compare la 1re et la 2e strophe. Que remarques-tu ?

3. Écris une troisième strophe, sur le modèle du poème d'Aragon,
en commençant par :
Oui pour m'amuser je chante.
Attention aux rimes !
Pour t'aider, voici quelques mots finissant par *chante* :
alléchante, approchante, attachante, couchante, méchante…
Cherches-en d'autres avant d'écrire.

À toi d'écrire

4. Trouve d'autres raisons pour lesquelles on peut chanter.

Compose ensuite une poésie, comme celle de Louis Aragon, avec deux strophes, des rimes particulières et des vers qui se répètent.

Grammaire

pages 143 à 180

Conjugaison

pages 181 à 218

Orthographe

pages 219 à 255

Neuf unités de grammaire et de conjugaison

Chaque unité est construite sur la même structure :

Découvrons et construisons : des activités d'apprentissage, pour construire la compétence visée.

À savoir : un mémo pour structurer les notions à acquérir.

Je m'entraîne : des exercices variés pour acquérir les compétences travaillées. Des passerelles permettent d'exploiter les textes de la première partie.

Je sais déjà : des activités pour mobiliser les compétences déjà construites.

Approfondissons : des activités pour poursuivre l'apprentissage.

Je dois savoir : des exercices pour évaluer les compétences de base travaillées dans l'unité.

Neuf unités d'orthographe

Chacune propose deux axes de travail :
- l'orthographe des mots dans la phrase (accords, ...) ;
- l'orthographe des mots (sons, usage…).

Découvrons et construisons : des activités d'apprentissage pour construire la compétence visée.

À savoir : un mémo pour structurer les savoirs à acquérir.

Je m'entraîne : des exercices variés pour acquérir les compétences travaillées. Des passerelles permettent d'exploiter les textes de la première partie.

J'utilise mes connaissances : des activités de synthèse mobilisant l'ensemble des compétences travaillées.

Grammaire

Ensemble des règles qui déterminent le fonctionnement de notre langue. La grammaire permet de repérer les relations entre les mots et de comprendre le fonctionnement des textes et des phrases.
La grammaire permet aussi de classer les mots selon leur nature (noms, verbes, adjectifs…) ou selon leur rôle dans la phrase (sujets, verbes, compléments…).

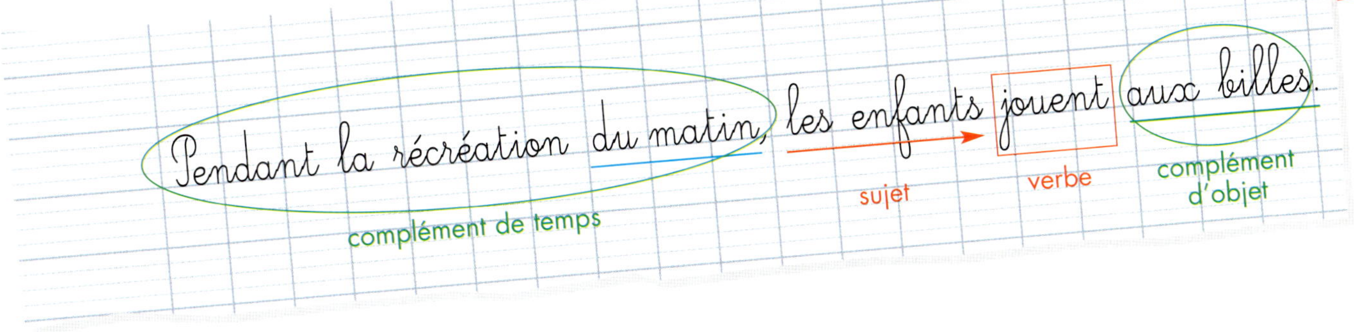

Unité 1

Analyser une phrase (1)

p. 10

Un moment d'inattention

Silence total dans la classe. Toutes les têtes se tournent vers le fond de la salle. Dissimulé derrière la couverture d'un grand livre de calcul, q'il a posé sur la tranche, La Puce réfléchit. Il raisonne, griffonne, gribouille, trace des schémas savants sur son cahier de brouillon.

Découvrons et construisons

1. Recopie l'extrait encadré et souligne les mots qui expriment une action présente ou passée. Que remarques-tu ?

2. a. Relis le paragraphe des lignes 20 à 23, p.10. Combien contient-il de lignes ? de phrases ? Comment expliques-tu cette différence ?

p. 10

b. Fais la liste des éléments qui te permettent de différencier une phrase et une ligne.

3. Relis et recopie les quatre dernières lignes du texte de la page 10. Encadre les phrases qui ne contiennent pas de verbe.

4. Ces suites de mots correspondent à des phrases du texte, p. 10. Remets-les en ordre pour en faire des phrases sans t'aider du texte. Ajoute les points et les majuscules. Souligne les verbes conjugués.

p. 10

– augmente la dans salle la tension
– est silence le absolu
– les on mouches vraiment voler entend

Compare tes phrases avec celles du texte, p. 10. Comment as-tu fait ?

5. Recopie ce texte en ajoutant les majuscules et les points pour retrouver les phrases :
Aujourd'hui le maître est en retard les élèves l'attendent dans le couloir en bavardant au bout de quelques minutes le bruit devient insupportable la maîtresse de la classe voisine sort pour réclamer le silence le calme revient et le rang de reforme

À savoir

- Une phrase est un groupe de mots qui a un sens.
  Elle commence toujours par une majuscule et se termine par un point.
  Le plus souvent, une phrase contient un verbe. C'est une phrase verbale.
  Ex : Il pleut. – Les élèves travaillent. – Que faites-vous ? – Entrez immédiatement !
- Une phrase qui ne contient pas de verbe est une phrase nominale.
  Ex : Appareil en panne. – Quel beau livre ! – Pas de réponse.

Grammaire

Je m'entraîne

1. a. Recopie les phrases suivantes :
– Entrée interdite.
– Les jouets ne sont pas autorisés à l'école.
– Apprendre la leçon d'histoire pour lundi.
– Apportez-moi votre cahier.
– Quand vous serez prêts, vous nous préviendrez.
– Départ à 8 heures.
– Signature des parents obligatoire.

b. Souligne en rouge les phrases verbales et en bleu les phrases nominales.

c. Transforme les phrases nominales en phrases verbales.

2. Transforme ces phrases verbales en phrases nominales :
– Le départ va avoir lieu prochainement.
– Le lundi le magasin est fermé.
– Le train arrive à midi.
– Cette photocopieuse ne marche pas.
– Il est interdit de fumer ici.

Compare tes réponses avec celles de tes camarades.

3. Écris le plus de phrases possibles avec les éléments suivants.
N'oublie pas les majuscules et les points.
élève – maître – écoute – donne – fait – devoirs – leçons – rit – et – ensemble – s'amusent – travaillent – ses – les – l' – le – des – à – a

p. 10

4. Retrouve les majuscules et la ponctuation des lignes suivantes :
mais là il ne s'agit pas de n'importe quel cancre c'est la puce et on sait ce qu'il est en train de faire on a promis de le couvrir la situation est plutôt délicate on échange des regards inquiets des coups de coude assis devant La Puce Yann tente vainement de reculer sa chaise afin de pouvoir lui envoyer un coup de pied rien à faire la Puce ne réagit pas

Tu peux vérifier tes réponses en relisant le texte, p.10.

5. a. Lis ce texte, puis recopie-le en plaçant chaque phrase entre crochets.
J'arrive au carrefour. À droite: sens interdit. Tout droit: voie sans issue. À gauche : rue barrée; travaux en cours. Que faire ? J'enclenche la marche arrière et j'essaie de reculer. Impossible! Quel concert de klaxons, derrière moi ! Comment sortir d'ici ? Aller tout droit et faire demi-tour ? La rue est trop étroite. Avant tout : rester calme. Ne pas s'énerver.

b. Souligne en bleu les phrases qui contiennent au moins un verbe et en rouge celles qui n'en contiennent aucun.

6. a. Invente et écris trois phrases verbales et trois phrases nominales.

b. Compare tes phrases avec celles de tes camarades.

7. a. Parmi ces suites de mots, ne recopie que les phrases :
– Il y a un nouvel élève
– La porte de la classe est fermée.
– Rangez vous !
– tu es en retard.
– J'ai oublié mon à la maison.
– Problème ce difficile est.
– Peux-tu me prêter ta gomme?

b. Transforme les suites de mots restantes pour en faire des phrases.

8. a. Réécris ces phrases en les modifiant pour leur donner un sens :
– Les enfants chantent une jolie maison.
– La trousse de Marc est sortie en claquant la porte.
– Le direvteur a puni la corbeille à papiers.
– Le concierge a été arraché par le vent.

b. Compare tes phrases avec celles de tes camarades.

9. Dans le texte, page 10, de la ligne 25 à la fin, cherche deux phrases nominales et une phrase verbale.

p. 10

Analyser une phrase (2)

Je sais déjà

1. **Utilise les groupes de mots suivants pour écrire cinq phrases :**
Le professeur – secoua la classe. – tomba par terre. – La porte du bureau – Chacun des anciens élèves – La casquette du nouveau – ricanait dans son coin. – a puni toute la classe. – Un immense éclat de rire - claqua violemment.

Compare tes phrases avec celles de tes camarades.

Approfondissons

2. a. **Encadre les verbes de ces phrases :**
Les élèves entrent bruyammant dans la classe.
– Allez-vous cesser ce vacarme ? s'exclame le maître. Vous ne savez pas que de l'autre côté du mur se trouvent des élèves quelques ricanements.
Les élèves du premier rang, intimidés par le regard sévère du maître, ne disent mot.

b. **À l'aide des questions :**
« *Qui est-ce qui… ?* » **ou**
« *Qu'est-ce qui… ?* »,
repère chaque sujet et relie-le au verbe.

p. 13

3. a. **Recopie les lignes 25 à 28 du texte, page 13.**
Encadre chaque verbe.

b. **Trouve le sujet de chaque verbe. Relie-le au verbe par une flèche.**
Que remarques-tu ?

4. a. **Dans ces phrases souligne les sujets en bleu et les verbes en rouge.**
Léa recopie sa leçon avec soin. – Ton classeur est sur la table. – Du sac éventré s'échappent des livres écornés et des cahiers tachés. – La récréation débute à 10 h. – Sortez vos cahiers. – Le chauffeur démarre. Les élèves et leurs professeurs montent dans le car.

b. **À quoi servent les mots non soulignés ?**

5. a. **Complète avec le sujet de ton choix (groupe nominal ou pronom) :**
... m'intéresse beaucoup. – ... sont parties sans nous dire au revoir. ... et ... avons attendu pendant trois heures. – ... se sont endormis devant la télévision. – ... paraissent fatigués. ... et ... n'avez pas recopié votre résumé.

b. **Colorie les indices qui t'ont aidé.**

6. **Complète avec un ou plusieurs verbes de ton choix :** Ce stylo ... – Le maître ... et ...

À savoir

- **Dans une phrase verbale, le verbe indique ce que fait ou subit le sujet.**
- **Le sujet (un mot ou groupe de mots) désigne une personne, un animal, une chose ou une idée.**
- **Lorsque le sujet figure dans la phrase, celle-ci se compose d'un groupe sujet (G.S.) et d'un groupe verbal (G.V.).**
  Ex : Les élèves (G.S.) / attendent (G.V.) dans le couloir. – Le maître (G.S.) / arrive (G.V.). – Il (G.S.) / ouvre (G.V.) la porte.
- **Dans le groupe verbal, le verbe est souvent accompagné par un complément.**
  Ex : Les élèves attendent dans la classe.

Grammaire

Je m'entraîne

1. a. Recopie les phrases suivantes :

– La tension augmente dans la salle.
– On entend vraiment les mouches voler.
– On sait ce que la Puce est en train de faire.
– Yann tente vainement de reculer sa chaise afin de pouvoir lui envoyer un coup de pied.
– Il trouve enfin le moyen de venir au secours de son camarade.

b. Souligne en rouge les verbes conjugués et en bleu ceux à l'infinitif.

2. a. Encadre les verbes de ces phrases :

Le maître ouvre le tiroir et en sort la feuille d'appel. – Valérie récite une fable. – Yann et ses camarades échangent des regards inquiets. – Derrière un grand livre de calcul se cache La Puce. – Le maître, nouveau dans l'établissement, ne connaît pas encore tous les élèves. – C'est dans cette armoire que se rangent les crayons et les stylos.

b. Utilise la formule « *C'est… qui…* » pour repérer le sujet, puis relie-le à son (ses) verbe(s).

3. Recopie l'extrait suivant en remplaçant *La Puce* par *La Puce et Yann*. Attention aux transformations nécessaires !

La Puce réfléchit. Il raisonne, griffonne, gribouille, trace des schémas savants dans son cahier de brouillon. La Puce lève le nez, regarde par la fenêtre, sans pour autant prendre conscience de ce qui se passe autour de lui. Il lâche son crayon, mais rêvasse de plus belle.
Ses camarades sont de plus en plus gênés...

p. 10

4. a. Sépare d'un trait le groupe sujet (G.S) du groupe verbal (G.V.)

– Ma mère me déposa à ma place.
– Mon père se retourna soudain.
– La concierge était allée chercher ma mère.
– Ces messieurs allaient me faire éclater le cerveau.
– Mon frère et moi avons appris à lire très tôt.

b. Recopie ces phrases en remplaçant le sujet par un pronom personnel

Je dois savoir (p. 144 - p. 145 - p. 146 - p. 147)

◆ Identifier une phrase

Parmi ces suites de mots, repère les phrases et recopie-les :

Un cahier de brouillon. – L'exercice est difficile. – Est-ce ta gomme ? – Des très livres intéressants. – Nous écrivons la date. – Les élèves seront. – la cour de récréation est bitumée – Ca sonne ; sortez vite! – Voici votre nouveau camarade.

Souligne les phrases nominales en vert et les phrases verbales en rouge.

◆ Construire une phrase

Utilise les suites de mots que tu n'as pas recopiées à l'activité précédente et complète-les pour écrire des phrases.

◆ Identifier le verbe et le sujet

Recopie les phrases suivantes en encadrant en vert les verbes à l'infinitif et en rouge les verbes conjugués.

Le nouveau se leva. Sa casquette tomba. Toute la classe se mit à rire. Il se baissa pour la reprendre. Un voisin la fit tomber d'un coup de coude. Pouvez-vous arrêter ce manège ? s'écria le professeur.

Relie chaque sujet à son verbe.

Unité 2

Analyser les compléments du verbe (1)

p. 24

L'apparition (1)

L'homme de fer arriva en haut de la falaise.

Combien de temps avait-il marché ? Nul ne le savait. D'où venait-il ? Nul ne le savait. Comment avait-il été fait ? Nul ne le savait.

Découvrons et construisons

1. Forme un couple *question/réponse* avec ces phrases et celles de l'encadré :
- L'homme de fer venait de très loin.
- Où l'homme de fer arriva-t-il ?
- Il avait été fait très soigneusement.
- Il avait marché pendant des jours et des nuits.

2. a. Encadre les verbes dans ces phrases :
Les mouettes cherchent à manger. – L'homme de fer arriva au bord de la falaise. – Il tourna la tête. – Il tomba lourdement dans le vide. – Derrière lui, des pierres dévalèrent la falaise. – L'accident s'est produit durant la nuit.

b. Souligne le sujet en rouge et relie-le au verbe par une flèche.
Souligne les autres mots en vert.

c. À quoi servent les mots ou groupes de mots soulignés en vert ?

d. Écris les questions auxquelles ils permettent de répondre.
Ex : Que cherchent les mouettes ?

3. Complète en répondant aux questions :
- Le vent arrache *(quoi ? / quand ?)*.
- Mon frère écrit *(quoi ? / à qui ?)*.
- L'avion est arrivé *(où ? / quand ?)*.
- Rémi joue *(à quoi ? / où ? / quand ?)*.

4. a. Souligne les éléments (mots ou groupes de mots) qui précisent le verbe :
Mange ta soupe ! – Mange-la ! – Manges-en ! – Mange vite ! – Mange du pain ! – Mange proprement ! – Mange ce qui est dans ton assiette ! – Mange ces petits pois !

b. Classe ces éléments en plusieurs groupes. Comparez vos classements.

5. Remplace les groupes de mots en vert par un de ceux-ci : *le, la, y, en, les, nous, l', lui.*
Je pars avec mon frère. – J'accompagne mon frère à la gare. – Nous allons à la gare. – Pose ta valise ici. – On a apporté vos bagages. – Vous avez de l'argent ? – Je vois le train arriver. – Vous emmenez mon frère et moi ?

À savoir

◆ Le complément du verbe apporte des précisions sur le verbe ;
il répond à des questions qui peuvent être posées sur l'action exprimée par le verbe.

Ex : Au milieu de la nuit, l'homme de fer arrive en haut de la falaise. Il regarde la mer.
À quel moment et où l'homme de fer arrive-t-il ? Que regarde-t-il ?

◆ Le complément du verbe peut être :
un groupe nominal, un pronom, un adverbe, une proposition ou un verbe.

Ex : L'homme de fer soulève son pied. Il l'avance doucement. On voit qu'il perd l'équilibre.
Il commence à tomber.

Je m'entraîne

1. a. Encadre le verbe en rouge et souligne ses compléments en vert :

Nos amis sont arrivés à la tombée de la nuit. – Nous les avons accueillis avec chaleur. – Ils ont posé leurs bagages dans la chambre d'amis. – Nous avons tout de suite commencé à manger. – À minuit, nous nous sommes embrassés et nous avons mangé des chocolats.

b. Indique à quelles questions répondent les compléments du verbe *(quoi ? qui ? où ? quand ? comment ?)*.

2. Complète ces phrases en répondant à la question posée :

Le robot tueur souleva … *(quoi ?)*. – … il surveillait *(depuis combien de temps ? qui ?)*. – Il réussit enfin à … dans … *(à quoi faire ? où ?)*. – Cette scène horrible s'est déroulée … *(quand ?)*. – Le robot est reparti … *(comment ?)*.

3. a. Complète la phrase suivante avec des compléments qui répondent aux questions : *quoi ? où ? quand ? à qui ? pour quoi faire ?*

Coralie écrit …

b. Cherche toutes les façons possibles d'ordonner ces groupes de mots et recopie seulement les phrases correctes.

4. Dans le texte de la page 24, relève une phrase avec :

– un complément qui répond à la question : *quand ?*
– un complément qui répond à la question : *où ?*
– un complément qui répond à la question : *Comment ?*

p. 24

5. a. Dans le texte, page 24, relève une phrase qui a un complément constitué :

p. 24

– d'un groupe nominal
– d'un adverbe
– d'une proposition
– d'un pronom

b. Souligne en vert chaque complément trouvé.

6. a. Dans les phrases suivantes, souligne tous les pronoms :

Je peux venir avec vous ? – Attendez-moi ici. – Je vous prête ce livre. Vous me le rendrez demain. – J'ai vu le directeur mais je n'ai pas pu lui parler. – Cette chanson me plaît beaucoup. Je la trouve très jolie. Qu'en pensez-vous ?

b. Indique si ces pronoms sont sujets ou compléments.

7. Réécris chaque phrase en remplaçant le complément en vert par un pronom :

J'aime beaucoup ce film. – Les mouettes ramassent les morceaux de l'homme de fer. – Une mouette prend la main dans son bec. – L'autre dépose l'œil sur le sable. Elle a trouvé l'œil entre deux rochers.

8. Remplace les compléments en vert par un adverbe :

Fatia range ses affaires avec beaucoup de soin. – Pour faire ce travail, il faut procéder avec méthode. – Quel joueur extraordinaire ! Il est dans tous les endroits à la fois. – Les élèves s'asseyent en silence. – Ils sont venus chez nous de très nombreuses fois. – L'homme de fer est tombé avec lourdeur.

9. Enrichis les phrases en ajoutant à ces verbes au moins deux compléments :

Les avions passent. – Mon frère est parti. – Karim dessine. – Nous jouons. – Le chat s'approche. – La souris se cache. – Mélanie a envoyé une carte.

Grammaire

Unité 2

Analyser les compléments du verbe (2)

Je sais déjà

1. Complète pour donner un sens :
– Pour répondre, il faut lever… .
– Les élèves ramassent … .
– Le maître distribue … .
– Les spectateurs attendent … .
– Prenez … avant de sortir.
– Écoutez … , j'ai quelque chose à … dire.

2. Réduis ces phrases le plus possible sans qu'elles perdent leur sens :
Posez votre sac sur la table. – Il s'est cassé le poignet en faisant du roller. – À la fenêtre du train, des passagers agitent joyeusement la main en signe de salut.
Que reste-t-il ?

Approfondissons

3. a. Cherche le (ou les) complément(s) du verbe indiqué en rose :
L'œil regarde la main. – La main saisit l'œil. – La main droite donne l'œil à la main gauche. La main aperçoit un bras. Elle s'attache au poignet. Les deux mains accrochent les jambes et les bras au torse.

b. À quelle question répond chaque complément ? Que remarques-tu ?

4. Réécris ces phrases en ne conservant que le complément le plus important :
Il a lancé des pierres sur le toit. – Il mange une glace en sortant du cinéma. – Il emprunte un stylo à son voisin. – Hier, il a manqué la classe. – Il écrit une lettre à ses parents. – Il pense sans arrêt aux vacances.

5. a. Complète ces phrases avec le complément de ton choix :
J'écris … . – Je parle … . – J'appelle … . – J'écoute … . – Je me souviens … . – J'ai vu … . – Je pense … .

b. Compare tes phrases avec celles de tes camarades. Que remarques-tu ?

6. a. Souligne les compléments du verbe :
Tous les matins, Michel conduit sa fille à l'école en moto. – Siley écrit à ses grands-parents toutes les semaines. – Les pompiers ont sorti le blessé de la voiture avec d'infinies précautions après avoir découpé le toit. – À chaque fois que je passe devant ton école, je pense à toi. – À Pâques, Claire cache des œufs dans le jardin pour ses enfants.

b. Barre les compléments qui ne sont pas nécessaires pour comprendre les phrases.

c. À quelles questions répondent les compléments que tu as dû garder ? Et les autres?

7. Réécris les phrases précédentes en essayant de déplacer les compléments.
Ex : Michel conduit sa fille à l'école, en moto, tous les matins.
Que remarques-tu ?

À savoir

◆ Certains compléments ne peuvent être ni déplacés ni supprimés. Ce sont des compléments essentiels à la compréhension de la phrase.

Ex : La fusée a quitté la Terre, à huit heures. – À huit heures, la fusée a quitté la Terre.
→ La fusée a quitté la Terre.

La Terre est un complément essentiel du verbe *quitter*.

Grammaire

Je m'entraîne

1. Souligne les compléments du verbe dans ces phrases et indique pour chacun s'il est essentiel (E) ou non (N.E.) :
– J'ai reçu une lettre ce matin.
– Gilles fait du théâtre toutes les semaines.
– Il a tout de suite compris la leçon.
– Achetez vos billets sans tarder.
– Depuis six mois, nous habitons tout près de l'école.
– Prête-moi ton taille-crayon immédiatement !

2. Complète ces phrases avec un complément essentiel :
L'homme de fer cherche … . – Faites attention … . – Michel a invité … . – Avez-vous téléphoné … ? – Pierre a amené … .

3. Déplace les compléments non essentiels, puis supprime-les :
– J'ai rencontré hier soir la personne dont tu m'as parlé.
– Frédéric a quitté la salle sans dire un mot.
– Dès huit heures vingt, les enfants arrivent dans la cour.
– Dès le lever du soleil, le coq chante.

4. a. Regroupe toutes ces phrases en une seule et donne aux compléments la place qui leur convient le mieux :
– Annie lit une histoire.
– Annie lit tous les soirs.
– Annie lit dans sa chambre.
– Annie lit à son fils.
– Annie lit d'une voix douce.

b. Souligne les compléments essentiels.

5. a. Recopie les cinq premières lignes du texte, page 27 et souligne tous les compléments.

p. 27

b. Indique pour chacun si c'est un complément essentiel (E) ou non (N.E.).

6. Écris trois phrases contenant chacune un complément essentiel et un complément qui peut être déplacé.

Je dois savoir (p. 148 - p. 149 - p. 150 - p. 151)

◆ **Repérer les compléments du verbe**

Repère et souligne les compléments du verbe dans chacune de ces phrases.
Je bus un demi-verre d'eau. – J'avais posé ma carafe sur la commode, en face de mon lit. – Dans ma chambre, on avait accroché un joli tableau. – J'avais vu l'eau dans la carafe deux heures plus tôt. – Je ne comprenais pas ce qui s'était passé.

◆ **Repérer les compléments essentiels**

Recopie les lignes 9 à 12 de la page 30 en éliminant tous les compléments non essentiels.

◆ **Compléter le verbe**

Complète ces phrases avec des compléments qui répondent aux questions posées. Choisis bien leur place !
– J'ai acheté (quoi ? où ? quand ?).
– Les jardiniers ont planté (quoi ? où ? comment ?).
– Il parle (à qui ? de quoi ? quand ?).

Distinguer les compléments du verbe (1)

p. 40

Pauvre Emmi !

Il **en** avait peur. Il s'en allait dès le matin, **les** conduisant à la glandée, dans la forêt. Le soir, il **les** ramenait à la ferme et c'était pitié de **le** voir.

Découvrons et construisons

1. a. Dans l'extrait ci-dessus, remplace les pronoms en rouge par le nom ou le groupe nominal qui convient. Aide-toi du texte, page 40.

b. Supprime les compléments non essentiels. Quels mots reste-t-il ?

2. a. Relie chaque verbe au complément qui lui correspond :

manger •	• un jus d'orange
effacer •	• un camarade
boire •	• la voiture
inviter •	• le tableau
laver •	• un sandwich

b. Fais la même activité avec :

manger •	• tous les jours
effacer •	• dans le jardin
boire •	• à dix heures
inviter •	• lentement
laver •	• à la maison

Compare ton travail avec celui de ton voisin. Que remarques-tu ?

3. Invente des phrases avec :
résister – penser – se souvenir – parler – s'emparer – téléphoner.
Que remarques-tu ?

4. a. Encadre les verbes en rouge et souligne les compléments en vert :
Marco recopie une phrase sur son cahier. – Mardi nous ferons du ski. – J'ai acheté mon pull au marché hier. – Le menuisier range ses outils avec soin avant de partir.

b. Réduis ces phrases le plus possible. Attention à leur sens !

5. a. Encadre les verbes en rouge. À quelle question répond chaque complément ?
J'ai un chat. – Lucas a invité Marion. – Nicolas donne un os à son chien. – Lisa téléphone à son amie. – Range tes affaires. – Il parle de sa famille. – Il écrit une lettre à Julie.

b. Remplace les compléments en vert par un pronom.

À savoir

- Les compléments d'objet sont essentiels à la compréhension de la phrase. Ils disent sur qui (ou sur quoi) porte l'action du verbe.
- Certains sont directement voisins du verbe dans la phrase. Ils répondent aux questions : *qui ? quoi ?*. Ce sont des compléments d'objet directs (C.O.D.).
  Ex : Pauline a (quoi ?) un visage fin. Mario aime (qui ?) Pauline.
- D'autres compléments d'objet sont séparés du verbe par une préposition (*à, de...*). Ils répondent aux questions : *à qui ? à quoi ? de qui ? de quoi ? ...*
  Ce sont des compléments d'objet indirects (C.O.I.).
  Ex : Lucas a menti à ses parents. Il parle de son chien. Julie pense aux vacances.

Je m'entraîne

1. Dans ces phrases, encadre les verbes et souligne les compléments d'objet :
– La semaine dernière, nous avons visité un musée.
– La vieille dame a cassé sa canne sur le dos de son agresseur.
– J'ai rangé mon livre dans mon sac.
– La maîtresse écrit la date au tableau avec soin.
– Toutes les semaines, Véronique donne un peu d'argent de poche à son fils.
– Il a oublié son cahier.

2. a. Complète ces phrases en y ajoutant un ou plusieurs compléments d'objet :
– Nous avons acheté …
– Les invités ont apporté …
– Julien a offert ...
– Vous écrivez …
– Farid donne ...

b. Réécris les phrases que tu as obtenues en remplaçant le C.O.D. par un pronom.

3. Dans les phrases suivantes, souligne le C.O.D. en bleu et le C.O.I. en vert :
Pascal a eu un accident. – J'ai écrit à ma tante. – Ne pensez plus à cette histoire. – On m'a offert une cravate. – Je joue aux billes et aux cartes. – Lucie envoie une carte de vœux à sa grand-mère. – La directrice présente le nouveau maître à ses élèves.

4. a. Complète ces phrases avec un C.O.D. :
– J'ai emprunté …
– Vous écrivez …
– Pierre présente …
– Johanna lance …
– Tu prêtes …

b. Enrichis les phrases que tu as obtenues en leur ajoutant un C.O.I. .

c. Recopie ces phrases en remplaçant le C.O.I. par un pronom.

5. a. Recopie le premier paragraphe du texte, page 27, et encadre les verbes en rouge.

p. 27

b. Souligne tous les compléments d'objet.

c. Entoure les C.O.D. en bleu.

6. a Entoure les pronoms :
– Le facteur lui a remis une lettre.
– Elle l'a rangée dans son sac.
– Elle leur a lu.
– Ils l'ont écoutée avec attention.
– Elle lui a répondu.
– Elle l'a postée.

b. Indique les pronoms qui sont C.O.D. et ceux qui sont C.O.I. .

7. Dans le texte suivant, entoure les C.O.D. en bleu et les C.O.I. en vert :
Tu vois ce disque ? Je l'ai acheté hier. Je vais l'offrir à ma sœur. Il devrait lui plaire. Elle adore ce chanteur. Elle lui a même écrit pour lui demander une photo dédicacée. Il lui a répondu très vite en envoyant une photo. Ma sœur l'a accrochée dans sa chambre. Elle y tient beaucoup.

8. a. Remplace les compléments soulignés par un pronom :
Ludovic ne retrouve plus son vélo. Il parle de ce problème à sa femme. Elle répond à son mari qu'il avait laissé le vélo devant l'entrée du jardin. Elle a déplacé le vélo pour ranger le vélo dans le garage. Elle ajoute : « Tu aurais pu penser à le faire toi-même ! ».

b. Entoure les pronoms en bleu s'ils sont C.O.D., en vert s'ils sont C.O.I. .

9. a. Recopie les phrases du texte, page 40 depuis *« On s'enquit de lui »* **jusqu'à** *« l'avaient mangé. ».*

p. 40

b. Souligne tous les compléments et indique à quelles questions ils répondent.

Unité 3

Distinguer les compléments du verbe (2)

Je sais déjà

1. a. Dans la phrase suivante, repère les compléments qui répondent aux questions :
quoi ? où ? quand ? comment ?
Dès que sa fille fut endormie, Marie déposa une pièce de deux euros sous son oreiller en prenant soin de ne pas la réveiller.

b. Fais de même pour ces phrases :
– Quand la sonnerie retentit, les élèves rangent leurs affaires dans leur sac sans perdre une minute.
– On a installé une table supplémentaire dans le salon en toute hâte lorsque les invités sont arrivés.

Approfondissons

2. a. Indique à quel verbe se rapporte chaque complément en vert :

p. 46

Parfois / les palefreniers l'envoyaient puiser / à la pompe / un seau d'eau qu'il rapportait / fièrement / avec une face cramoisie et la langue hors de la bouche.

b. À quelles questions (*où ? quand ? comment ?*) répondent ces compléments ? La phrase garde-t-elle un sens si tu les supprimes ?

3. a. Souligne les groupes de mots qui changent d'une phrase à l'autre :
Jérémie se promène dans les bois. – Jérémie se promène tous les dimanches. – Jérémie se promène tranquillement.

b. Quels renseignements apportent ces mots ? Peux-tu les enlever sans perdre le sens de la phrase ?

c. Fais une seule phrase à partir de ces trois-là *(1 sujet / 1 verbe / des compléments)*.

4. Complète de cinq façons différentes :
Le chat guette. *(où ? quand ? comment ?)*

5. Classe ces groupes de mots selon qu'ils indiquent un lieu, un moment ou une manière de faire quelque chose :
le lundi – dans le tiroir – tous les jours – bien – sur le toit – pendant les vacances – prudemment – à toute vitesse – chez nous – dans la salle à manger – tout à l'heure – soigneusement – avec précaution – en haut.

6. Dans ces phrases, déplace le complément souligné. Cherche le maximum de possibilités.
Je joue au football le samedi après-midi. – À six heures je dois aller accompagner mon frère chez le dentiste. – Silencieusement, le chat se rapproche de la souris. – Comme tous les ans, nous irons au Portugal cet été.
Compare tes phrases avec celles de tes camarades.

À savoir

- Les compléments circonstanciels (C.C.) précisent les circonstances de l'action. Ils complètent le verbe en indiquant quand (C.C. de temps), où (C.C. de lieu), comment (C.C. de manière) a lieu l'action.
  Ex : Après la dispute, Julie est partie dans sa chambre en pleurant.
  (Après la dispute : C.C. de temps ; dans sa chambre : C.C. de lieu ; en pleurant : C.C. de manière)
- Ils peuvent en général être supprimés ou déplacés sans que la phrase perde son sens.

Je m'entraîne

1. **Souligne les compléments, indique s'ils sont essentiels (E) ou circonstanciels (C) :**
Ex : Il est arrivé <u>*hier*</u> (C).
– Laura achète son pain à la boulangerie tous les matins.
– Le 18 janvier, nous partirons en classe de neige dans les Alpes.
– Les sauveteurs sont arrivés très vite sur les lieux de l'accident.
– J'ai reçu une boule de neige en pleine figure.
– J'en prépare une autre tout de suite.

2. **Déplace les compléments circonstanciels dans ces phrases :**
Dès le lever du soleil, le coq chante. – J'ai rencontré hier soir la personne dont tu m'as parlé. – En creusant un trou pour planter un arbre, j'ai trouvé un trésor. – Dans la rue, les décorations de Noël apparaissent dès le début novembre. – À la fin du concert, les spectateurs, le plus souvent, applaudissent.

3. **À partir de la phrase suivante :** « *Le chien dort.* », **invente cinq phrases différentes en faisant varier les compléments circonstanciels.**

4. **Écris deux phrases contenant chacune : un C.C. de temps, un C.C. de lieu et un C.C. de manière.**

5. **Repère les compléments puis indique s'ils précisent le temps (T), le lieu (L) ou la manière (M).**
Il conduit comme un fou. – Les clés sont sur la table du salon. – Le 14 juillet, les soldats défilent sur les Champs-Élysées. – Nous allons à la piscine tous les mardis. – Dans cinq minutes, le réveil va sonner. – Il est sorti de l'eau en grelottant. – Il s'essuie rapidement et rentre chez lui.

6. **Dans le texte, page 46, repère et recopie :**
– deux C.C. de lieu,
– deux C.C. de temps,
– deux C.C. de manière.

p. 46

7. **Rédige quatre phrases avec des groupes de mots qui correspondent aux constructions suivantes :**
- C.C. de lieu / S / V / C.O.D.,
- C.C. de temps / S / V / C.O.D. / C.C. de lieu,
- C.C. de lieu / S / V / C.C. de manière,
- C.C. de lieu / S / V / C.C. de temps.

Je dois savoir (p. 152 - p. 153 - p. 154 - p. 155)

◆ Repérer les compléments d'objet

Repère et souligne les compléments d'objet :
J'ai posé mon cahier sur la table. – La secrétaire parle au directeur depuis une heure. – Je t'ai donné ce livre il y a trois jours.
Indique si le complément d'objet est direct (D) ou indirect (I).

Complète avec un C.O.D. (en bleu) ou un C.O.I. (en vert).
Caroline range ... – Cédric a trouvé ... – Mario écrit ... – Nous demandons ... – Matthieu envoie ...

◆ Ajouter des compléments circonstanciels

Complète chaque phrase avec un complément circonstanciel qui répond à la question posée :
Marianne joue aux billes. (*Où ?*) – Les invités applaudissent la mariée. (*Quand ?*) – Yohann traverse la rue. (*Comment ?*)

Analyser les compléments de nom (1)

p. 54 **Les fantômes des bois**

De temps en temps, elle voyait le … d'une … à travers la … d'un …, c'était de la … et de la … , il y avait là des … , cela la rassurait.

Découvrons et construisons

1. Complète le texte ci-dessus avec les noms qui conviennent *(aide-toi du texte, page 54)*.

2. a. Les mots en rose sont-ils des verbes ou des noms ? Justifie ta réponse.
Cosette va chercher de l'eau à la source. Elle a peur du noir. Elle agite l'anse de son seau pour faire du bruit. La pauvre enfant croit voir des revenants qui remuent dans les arbres.

b. Réécris ces phrases en mettant les verbes en rouge et les noms en bleu.

3. a. Souligne le mot principal dans ces groupes nominaux (GN). Quelle est sa nature ?

• un petit chien	• un chien de garde
• une jolie robe	• une robe d'été
• la belle table cirée	• une table à repasser
• un couteau pointu	• un couteau à pain
• le gros livre bleu	• un livre de lecture

b. À quoi servent les autres mots du groupe nominal ?

c. Observe les compléments du nom. Quelle différence vois-tu entre les deux colonnes ?

4. Encadre le mot principal de chaque GN, puis souligne en bleu les mots qui le précisent :
Mon grand frère a perdu son sac de sport. – Le chien de mon voisin a déchiré les coussins des fauteuils. – Le parc du château est fermé par une grille en fer.

5. Classe en trois groupes les mots qui complètent les noms en rose :
Apportez-moi le cahier bleu. – Pouvez-vous me donner le cahier qui se trouve sur la table ? – Prenez votre cahier du jour. – Voilà le crayon que je cherchais. – J'ai acheté un crayon neuf. – Rends-moi mon crayon à papier !

6. a. Compare ces deux phrases :
• Le chien garde le troupeau dans la montagne.
• Le vieux chien de berger garde le troupeau de moutons dans la montagne où vit le loup.

b. Supprime les compléments du nom :
– Une voiture bleue est garée dans la cour de l'école.
– Le nouvel élève pose son sac de classe sur la table qui est restée libre.

À savoir

◆ Un nom désigne une personne, un animal, un objet, une idée, un endroit, etc.

◆ Dans un groupe nominal (GN), le nom est le mot principal. Il peut être précisé par un complément du nom. Le complément du nom est, le plus souvent, un adjectif qualificatif, une proposition, un nom ou un verbe à l'infinitif.
Ex : Un film effrayant – un film qui m'a fait peur – un film d'épouvante – un film à voir.

Je m'entraîne

1. Recopie ces phrases en écrivant les verbes en rouge et les noms en bleu :
Le réveil sonne à huit heures. – Les volets claquent au vent. – Paul a reçu une paire de claques. – Mon père travaille très loin. – Il se réveille très tôt pour aller au travail. – Tu rêves en classe. – Classer ces nombres. – Fais de beaux rêves.

2. a. Enrichis les GN suivants avec un adjectif qualificatif de ton choix :
Ex : un train ➜ un train rapide
une chanson – un crayon – des feuilles – un jardin – un élève – des amis – une fleur – un chien – un fantôme – une maison.

b. Complète les GN avec un nom ou un verbe précédé d'une préposition :
Ex : une machine ➜ une machine à écrire
un billet – une robe – un couteau – la salle – les livres – une balle – un fer – des chaussures – une lampe – le directeur.

3. Ajoute une proposition qui complète le nom souligné :
En me promenant, j'ai trouvé un oiseau qui ... – Voilà l'homme dont ... – Jason m'a prêté un disque que ... – C'est le village dans lequel ... – J'ai horreur des histoires qui ... – Voici l'endroit où ...

4. a. Encadre le mot principal de chaque G.N. :
– Le vieux jardinier plante des graines de tomates.
– Après le violent orage de midi, les rues de la ville ont retrouvé leur fraîcheur habituelle.
– Les personnes qui seront en retard ne pourront pas suivre la visite du château.

b. Souligne les compléments du nom et indique leur nature :
adjectif (A), proposition (P), ...

5. Enrichis les phrases suivantes à l'aide de compléments du nom :
– Le chien garde la maison.
– L'enfant construit un château sur la plage.

6. Indique la fonction des mots soulignés (complément du verbe ou complément du nom) :
Il a ouvert la porte du garage. – Il a rangé la voiture dans le garage. – À Paris, la mairie s'appelle aussi l'Hôtel de Ville. – J'adore me promener en ville. – Nous nous reverrons à Noël. – Où passerez-vous vos vacances de Noël ?

7. Dans ces phrases, encadre en vert les compléments du verbe et souligne en bleu les compléments du nom :
– À la fin de la course, le vainqueur de l'épreuve recevra une coupe en argent et un bouquet de fleurs.
– Jean peint la porte du jardin.
– Lucas peint la porte dans le jardin.
– Mon frère adore construire des châteaux de sable sur la plage.

8. a. Réécris les lignes 4 à 10, page 57, en supprimant tous les compléments des noms.

p. 57

b. Classe ces mots supprimés selon leur nature :
adjectif (A), proposition (P), nom (N).

9. a. Complète les noms en rose :
– Quand elle eut passé l'angle, Cosette s'arrêta.
– L'espace était devant elle.
– Elle regarda bien, et elle entendit les bêtes, et elle vit distinctement les revenants.
– Elle reprit le chemin et se mit à courir.

b. Compare tes compléments avec ceux du texte, page 54.

p. 54

Unité 4

Analyser les compléments de nom (2)

Je sais déjà

1. Repère le nom dans ces groupes nominaux :
un chapeau vert – une petite souris blanche – un visage souriant – le premier jour – la semaine dernière – une superbe poupée – un vieux vélo cassé – un nouveau voisin jeune et sympathique.

2. Ajoute un adjectif à chaque nom souligné pour le décrire plus précisément :
Le chien joue avec une balle. – Marion a un blouson. – On m'a offert un livre. – Ce restaurant a un menu. – Je n'aime pas les villes, je préfère les villages.

Approfondissons

3. Quels mots complètent les noms soulignés ? Relie-les par une flèche.
C'est une photo superbe. – C'est une question intéressante. – Cette maison semble abandonnée. – Il y a une voiture abandonnée dans la rue. – La ville paraît endormie. – C'est une ville surpeuplée, polluée et bruyante. – Le magasin restera ouvert. – Je déteste les grands magasins.

Que remarques-tu?

4. Classe ces mots en trois groupes : verbes à l'infinitif, noms et adjectifs qualificatifs.
château – fantôme – terrible – frayeur – gémir – épouvantable – froid – fuir – trembler – couloir – humide – araignée – rouillé – grincer – cri – cauchemar – glacé – sombre.

5. a. Parmi ces verbes quels sont ceux que tu peux associer à un adjectif ?
manger – être – sembler – voyager – devenir – travailler – rester – paraître – avoir l'air.

b. Associe-les à un adjectif :
bleu – calme – gentil – vieux – pauvre – possible – difficile – poli – facile – aimable.

Ton voisin a-t-il fait le même choix ?

6. a. Souligne les groupes nominaux (GN). Entoure les adjectifs qualificatifs.
Cette grande maison est hantée. – Cette maison hantée me fait peur. – Ils entrent dans un salon vaste et confortable. – Ce salon paraît vaste et confortable.

b. Compare les phrases.
Que remarques-tu ?

À savoir

- **Un adjectif qualificatif est un complément du nom ; il précise son sens.**
- **S'il appartient à un groupe nominal (GN), l'adjectif qualificatif est épithète.**
  Ex : J'ai entendu / un bruit terrifiant.
  GN
- **S'il est relié à un nom par un verbe, il est attribut de ce nom.**
  Ex : Cette histoire / est effrayante. Les enfants / semblent terrorisés.
- **L'attribut du nom suit un verbe d'état comme :**
  être, sembler, devenir, rester, paraître, demeurer ...,
  ou un verbe utilisé comme verbe d'état : *avoir l'air, passer pour, être traité de ...*

Je m'entraîne

1. a. Entoure les adjectifs qualificatifs :
La vie est belle. – Mon père a acheté une voiture verte. – L'eau de ce petit étang semble verte. – Voilà de belles tomates pour préparer une salade niçoise. – En découvrant une grosse araignée sur le mur, je suis resté paralysé. – Marie a poussé un grand cri, elle est devenue blanche et elle s'est évanouie.

b. Relie par une flèche chaque attribut au sujet qu'il précise.

2. a. Complète ces groupes nominaux avec les adjectifs qualificatifs de ton choix puis invente des phrases :
une maison – une sorcière – une nuit – une chambre – un cri – une surprise – un accident.

b. Utilise ces adjectifs comme épithètes, puis comme attributs.

3. Invente des phrases en ajoutant à ces groupes sujets un verbe d'état à chaque fois différent et un attribut :
La boutique ... – Mon frère ... – Les journées ... – Le prix ... – Le ciel ...

4. Dans le texte, page 60, recopie deux phrases contenant un attribut du sujet. Souligne ces attributs.

p. 60

5. Relève tous les adjectifs qualificatifs que tu peux trouver dans le texte, page 46. S'agit-il d'épithètes ou d'attributs ?

6. a. Ajoute l'adjectif qualificatif de ton choix à chaque nom en rose :
Une araignée s'étalait comme une tache d'encre. – Les poils de ses pattes se détachaient sur le fond. – Julie sentit sur sa peau la galopade du monstre. – Elle poussa une clameur. – Des figures l'entourèrent.

b. Compare ton travail avec le texte, page 57.

p. 57

Je dois savoir (p. 156 - p. 157 - p. 158 - p. 159)

◆ **Repérer un nom**

Repère et souligne les noms dans ces phrases :
Ils ont de grosses difficultés. – C'est un jeune garçon courageux. – Il s'appelle Pierre. – Il lance une pierre.– De jolies fleurs parfumées composent ce superbe bouquet. – Les objets précieux sont conservés dans un coffre. – Pour tout bagage, il avait une vieille valise. – Le lancement d'une fusée est une opération délicate. – Mathieu joue avec Camille.

◆ **Enrichir un groupe nominal avec un complément du nom**

Ajoute le complément de ton choix à chacun de ces noms en précisant ce que tu ajoutes (adjectif qualificatif, proposition, nom...) et utilise-les dans une phrase :
une soirée – des souvenirs – un endroit – un ami – des chaussures – un hurlement.

◆ **Repérer les adjectifs qualificatifs, différencier épithètes et attributs**

Relie chaque adjectif au nom qu'il qualifie.
Souligne les adjectifs épithètes en vert et les adjectifs attributs en rouge :
Nous avons fait une longue promenade. Nous sommes épuisés. Cette descente raide semble dangereuse. Si nous restons groupés, le retour paraîtra facile. Voilà ce que j'appelle une journée longue et fatigante. Mon frère avait l'air courageux et déterminé.

Unité 5

Connaître la voix active et la voix passive (1)

p. 70

À la poursuite du lapin blanc

Le lapin est poursuivi par ●. Alice se trouvait dans une longue salle basse qui était éclairée par ●. Une petite porte haute de quarante centimètres environ était cachée par ●. Alice est émerveillée par ● qu'elle a découvert au bout du couloir.

Découvrons et construisons

1. a. Complète les phrases ci-dessus en t'aidant du texte, page 70.

b. Quels renseignements apportent les mots que tu viens d'ajouter ?

2. Associe chaque phrase à une phrase de l'encadré. Que remarques-tu ?
Un rideau cache la porte. – Alice poursuit le lapin. – Des lampes éclairent la salle. – Le jardin émerveille Alice.

3. a. Souligne le sujet :
Le chat pousse la balle. – Le vent a déraciné cet arbre. – Paul occupe la place de devant. – Les singes amusent les visiteurs.

b. Le sujet a-t-il le même rôle dans les phrases ci-dessous ? Pourquoi ?
La balle est poussée par le chat. – Cet arbre a été déraciné par le vent. – La place de devant est occupée par Paul. – Les visiteurs sont amusés par les singes.

4. Mets à la voix passive :
Le vent disperse les feuilles. – Le maître corrige les cahiers. – Des paquets encombrent la table.

5. a. Classe ces phrases en deux groupes. Explique ton choix.
Une pierre a cassé la vitre. – Les élèves seront félicités par le maître. – Un élève a battu le record. – La vitre a été cassée par une pierre. – Le maître félicitera les élèves. – Le record a été battu par un élève.

b. Observe la construction des phrases de chaque groupe. Que remarques-tu ?

c. Que peux-tu dire de ces phrases ?
La clé a été volée. – On a volé la clé.

6. Complète ces phrases à la voix passive, puis mets-les à la voix active :
Le toit a été arraché par ... – La rue est bloquée par ... – Ce poisson a été attrapé par ... – Le sapin sera décoré par ... – J'ai été surpris par ...

À savoir

◆ Lorsque le sujet est l'auteur de l'action exprimée par le verbe, la phrase est à la *voix active*.

Ex : Les vagues secouent le bateau.

◆ Lorsque le sujet subit l'action, on dit que la phrase est à la *voix passive*.

Le bateau est secoué par les vagues.

◆ Certaines phrases à la voix active peuvent être transformées à la voix passive. Attention aux accords !

Ex : Voix active : Christophe Colomb a découvert les Amériques.
Voix passive : Les Amériques ont été découvertes par Christophe Colomb.

Grammaire

Je m'entraîne

1. **Classe ces phrases en deux groupes (*voix active* et *voix passive*). Justifie tes choix.**

a. Paul est parti hier soir. – Vous êtes montés sur le toit. – Les prisonniers ont été libérés par le gardien. – La poubelle est vidée tous les jours par le concierge. – Nous sommes tombés dans un piège. – Ils ont appris la nouvelle par les journaux.

b. Alice est arrivée par le train. – L'attention du conducteur a été attirée par un panneau sur le bord de la route. – Les spectateurs sont assis par terre. – Les musiciens sont applaudis par le public. – L'enfant est passé par la fenêtre. – Nous avons trouvé cet endroit par hasard.

2. **Relève les phrases qui ne peuvent pas être transformées à la voix passive :**
Didier a emprunté mon vélo. – Jean parle à sa sœur. – L'avion décolle dans dix minutes. – Nous voyageons beaucoup. – Le boucher découpe la viande. – On a apporté vos bagages.

3. **Indique pour chacune de ces phrases si le verbe est à la voix active *(V.A.)* ou passive *(V.P.)*. Justifie ton choix.**

a. Nous avons été très touchés par votre gentille carte. – Mon sac a été volé par un inconnu. – Les mécaniciens réparent la voiture.

b. Il faut être prudent. – Nous sommes gênés par le soleil. – Les coupables seront punis.

4. **Mets à la voix passive ou active en respectant le temps des verbes :**
Le bûcheron abat l'arbre. – Le vainqueur est acclamé par la foule. – Le chat a griffé Marine. – La maison est entourée par l'eau.

5. **Complète ce tableau en respectant le temps des verbes :**

Voix active	Voix passive
J'appelle	Je suis appelé.
Ils ont mangé	…
Nous remercierons	…
…	Il fut emporté.

6. **a.** **Dans le texte de la page 73, relève deux phrases à la voix passive.**

p. 73

b. **Réécris-les en soulignant l'auteur de l'action. Mets-les ensuite à la voix active.**

7. **a.** **Invente et écris trois phrases à la voix passive.**

b. **Transforme-les en utilisant la voix active.**

8. **a.** **Dans ce texte, repère chaque verbe conjugué et trouve son sujet :**
Le surveillant du musée venait de commencer sa ronde de nuit. Dans la salle des momies, son attention fut attirée par un détail insolite : une vitrine avait été fracturée. La momie n'avait pas été endommagée mais ses bijoux avaient disparu. Un message mystérieux avait été tracé à la craie sur le mur. Le gardien réagit très vite. Deux minutes plus tard, la police était alertée.

b. **Réécris ce texte en mettant toutes les phrases à la voix active.**
Quand l'auteur de l'action n'apparaît pas, invente-le en ajoutant : *quelqu'un, des voleurs, on, un inconnu...*
Compare les deux textes.

9. **Réécris ce passage à la voix passive :**
Une chute de pierres a coupé la route. Immédiatement, les gendarmes arrêtent les automobilistes. On utilise un chemin forestier pour dévier la circulation. De gros engins dégagent rapidement la route. On libérera bientôt le passage.

Connaître la voix active et la voix passive (2)

Je sais déjà

1. a. Classe ces phrases en deux groupes *(voix active ou passive)* :
Le jars est attiré par les oies sauvages. – Il veut les rejoindre. – Il essaie de s'envoler. – Il est retenu. – Nils est emporté par le jars. – Il s'accroche aux plumes du jars. – Il est entraîné très haut.

b. Dans les phrases à la voix passive, souligne l'auteur de l'action. Si celui-ci n'apparaît pas, invente-le.

2. Réécris ces phrases en utilisant la voix active. Attention aux changements de construction et aux accords !
Un piéton a été renversé par une voiture. – Les pompiers ont été alertés par un témoin. – Le blessé a été conduit à l'hôpital par une ambulance. – Il a été accueilli par le médecin de garde. – Il a été ramené chez lui par son voisin.

Approfondissons

3. Souligne le sujet du verbe de ces phrases à la voix passive en rouge puis encadre l'auteur de l'action :
Les blés sont couchés par le vent. – La rivière est polluée par des produits chimiques. – Nous avons été invités par nos voisins. – Les clients de ce restaurant sont servis par la femme et les filles du patron. – Nous avons été réveillés par un coup de téléphone en pleine nuit.

4. Peux-tu faire la même activité avec les phrases suivantes ? Pourquoi ?
Les dessins exposés ont été arrachés. – Le petit déjeuner est servi dans la grande salle. – Avez-vous été prévenus ? – Les arbres de la cour ont été coupés. – Le match a été annulé. – Nous sommes constamment dérangés.

5. a. Reprends les phrases de l'activité précédente en imaginant pour chacune l'auteur de l'action.

b. Transforme ces phrases en utilisant la voix active. Que remarques-tu ?

6. a. Construis cinq phrases à la voix passive en choisissant un sujet, un verbe et un complément dans les listes suivantes :

- **Sujet** : une antilope – la pelouse – le nageur – le papier peint – le courrier.
- **Action** : emporter – décoller – dévorer – distribuer – tondre.
- **Auteur** : mon père – un lion – l'humidité – le courant – le facteur.

b. Construis cinq phrases à la voix active.

À savoir

- Dans une phrase à la voix passive, le complément du verbe s'appelle le *complément d'agent*. Il est généralement introduit par la préposition *par*.
  Ex : Le bateau est secoué par les énormes vagues.
  Sujet — Complément d'agent
  Les énormes vagues secouent *le bateau*.
  Sujet — C.O.D.
- Le complément d'agent est le sujet de la phrase active correspondante.
- Dans certaines phrases à la voix passive, le complément d'agent n'apparaît pas.
  Ex : La statuette a été volée. Les enfants ont été filmés.
  Sujet — Sujet

Je m'entraîne

1. Complète ces phrases passives en ajoutant un complément d'agent :
La vaisselle a été cassée … – Vous serez prévenus … – Les repas sont préparés … – L'antenne de télévision a été arrachée … – Cette émission vous est proposée…

2. Imagine des phrases à la voix passive qui se terminent par les compléments d'agent suivants :
… par un camion. – … par les supporters furieux. – … par une nappe de pétrole. – … par un coup de téléphone inattendu. – … d'une crise de fou rire.

3. Classe ces phrases passives selon que le complément d'agent apparaît ou non :
Les fleurs ont été coupées. – Je suis attristé par cette nouvelle. – Les manteaux ont été accrochés dans l'entrée. – Vous serez surpris. – Il a été pris d'une terrible quinte de toux.

4. Fais la même activité avec ces phrases :
Cette ascension peut être faite par beau temps. – Ce château a été acheté par un milliardaire. – Les pommes de terre sont vendues par sac de 5 kilos. – Il a été appelé par erreur. – Le chien a été blessé par un chasseur. – Ils sont passés par la porte de derrière.

5. a. Utilise les éléments de ce tableau pour construire des phrases à la voix passive.
- Sujet : la fumée – Michel – les voisins – le passage – le but.
- Action : bloquer – marquer – écraser – disperser – déranger.
- Complément d'agent : le bruit – un camion – le vent – la fatigue – Karim.

b. Écris ces phrases à la voix active.

6. Relève deux compléments d'agent dans le texte, page 76. p. 76

Je dois savoir (p. 160 - p. 161 - p. 162 - p. 163)

◆ Différencier voix active et voix passive

Classe ces phrases selon qu'elles sont à la voix active *(V.A.)* ou à la voix passive *(V.P.)* et justifie ton classement : p. 76

Les marins montent dans la baleinière. – Ils cherchent Moby Dick. – Le cachalot est repéré. – Achab saisit son harpon. – La barque est coupée en deux par les énormes mâchoires de la bête.

◆ Passer de la voix active à la voix passive et inversement

Transforme ces phrases en utilisant la voix passive :
Hachab poursuit Moby Dick. – Le cachalot secoue l'embarcation. – L'énorme bête a blessé le capitaine.

Transforme ces phrases en utilisant la voix active :
La princesse sera sauvée par le dragon. – Le château a été brûlé par les barbares. – L'histoire est racontée par un vieux chevalier.

◆ Repérer / ajouter le complément d'agent

Recopie ces phrases en soulignant le complément d'agent ou en l'ajoutant s'il n'apparaît pas :
– Nous avons été accueillis par des gens charmants.
– La statue de la Liberté a été offerte aux Américains par les Français.
– Les feuilles mortes ont été balayées. – Ils sont paralysés par la peur.

Unité 6

Reconnaître les déterminants (1)

p. 84 **… autre façon de gonfler … ballon**

Tu as besoin d' … petite bouteille en verre et d'… ballon en caoutchouc mince. Il te faut aussi … bâtons de craie.
Verse … vinaigre jusqu' … tiers de … bouteille. Ajoute de … eau.

Découvrons et construisons

1. a. Complète le texte encadré avec les mots suivants : *le, la, l', un, une, des, au.*

b. Quels indices t'ont aidé ?

c. À quoi servent les mots que tu as ajoutés ?

2. a. Donne ta définition de ce que sont *un nom* et *un adjectif* en grammaire.

b. Compare tes définitions avec celles du dictionnaire.

3. a. Classe les mots suivants en deux groupes : *les noms* et *les adjectifs*. Justifie ton choix et utilise-les dans une phrase.
montagne – léger – beau – bateau – assiette – large – terrain – accident – grave – merveilleux – clou – bras – important – superbe – facile.

b. Peux-tu faire la même chose avec les mots suivants ? Pourquoi ?
malade – orange – bête.

4. Dans l'extrait encadré, relève tous les noms et indique s'ils sont au *masculin* ou au *féminin*, au *singulier* ou au *pluriel*. Quels mots t'ont aidé ?

5. Remplace le mot en rose par le terme proposé :
Je mange de la confiture *(chocolat)*. – Nous sommes arrivés à la cafétéria *(cinéma)* vers vingt heures. – Il a prêté sa tondeuse à la voisine *(voisins)*. – Il revient de l'école *(club de sport)* et il se fait chauffer de la tisane *(thé)*.
Que remarques-tu ?

6. Entoure les groupes nominaux qui désignent un objet précis et souligne leur déterminant :
le livre de Julien – la voiture de mon père – un livre – une voiture – la voiture – l'étagère du bas – une étagère – des crayons – les crayons que je t'ai prêtés – du café – le café que j'aime.
Comparez votre travail.

À savoir

- Les noms communs sont généralement précédés d'un petit mot qui précise leur sens. C'est un *déterminant*.
- Les plus fréquents sont les *articles* :
  – articles définis (le, la, l', les) : *Ex : le chien, la vache, l'oie, les poules*
  – articles indéfinis (un, une, des) : *Ex : un chien, une vache, des poules*
  – articles contractés (au, aux, du) : *Ex : au cinéma, aux vacances, du café*
- Le déterminant indique *le genre* (masculin/féminin) et *le nombre* (singulier/pluriel) du nom qu'il accompagne.
Ex : le loup / les loups – un ami / une amie – la louve / les louves – des amis / des amies.

Je m'entraîne

1. Recopie uniquement les articles parmi les petits mots suivants :
ici – le – et – mi – une – dé – uni – là – çà – la – des – do – du – an – un – bas – au – l' – n' – les – s'

Justifie ton choix à l'aide d'exemples.

2. a. Relie chaque article à un nom et justifie ton choix :

un •	• tempête
la •	• vagues
l' •	• bateau
des •	• orage

b. Fais la même activité :

le •	• élèves de l'école
la •	• café
l' •	• bonbons
les •	• sac de Marc
un •	• montre de Julie
une •	• ami de mon frère
des •	• balle de tennis
du •	• sac en plastique

3. Complète les groupes nominaux suivants avec l'article qui convient le mieux.
... beau métier – ... métal le plus lourd – ... expérience intéressante – ... porte de ... classe – ... ennuis sérieux – ... bons amis - ... plus beaux fruits – ... moins chère ... voitures.

4. Remplace les constructions incorrectes entre parenthèses par un article contracté :
Avec de la craie et *(de le)* vinaigre, on obtient *(de le)* gaz. – Vous n'avez plus *(de l')* argent ? – Il est parti *(à le)* collège. – Les poissons n'ont pas *(des)* pattes. – Le maître a distribué une feuille *(des)* élèves. – Nous sommes rentrés *(de le)* cinéma très tard. – Ils n'ont plus *(des)* livres neufs.

5. Complète ces phrases avec des noms communs. *(Attention au genre et au nombre !)*
Les ... sont dans l' ... . – J'ai trouvé un ... pour faire de la ... . – Prenez du ... et des ... . – Voulez-vous donner les ... au ... , s'il vous plaît ? – J'ai acheté une ... pour le ... .

6. Complète ce texte avec les articles qui conviennent :
Toutes .... planches de ... embarcation tremblèrent tandis que ... cachalot, couché sur ... dos un peu en ligne oblique, à ... manière ... requins qui vont mordre, prenait lentement et sciemment ... étrave dans sa bouche. ... intérieur de ... mâchoire d'... blanc de perle, fut à six pouces de ... tête d'Achab et monta même plus haut.

Compare ton travail avec le texte, page 76.

p. 76

7. Ajoute un article à chacun de ces groupes nominaux *(aide-toi des indices fournis par le nom ou l'adjectif en rose)* :
... bonne amie – ... bon élève
... amis fidèles – ... bonne élève
... meilleur ami – ... élèves attentifs
... amies de Julie – ... élèves attentives

8. Ajoute un article devant chaque nom de pays. Que remarques-tu ?
... Portugal – ... Suisse – ... France – ... Japon – ... Danemark – ... Belgique – ... Maroc – ... Tunisie – ... Turquie – ... Brésil

9. Retrouve les déterminants :

p. 87

... long ... hangar s'étendait ... vaste champ éclairé par ... lune. Et là, quelque chose bougeait : ... ombre gigantesque. Imaginez ... sorte d'animal immense, battant pesamment ... ailes et agitant ... bec énorme ! Incapables de bouger, nous vîmes ... horrible créature s'élever ... sol, ... ailes battant l'air dans ... flap-flap terrifiant.

Unité 6

Reconnaître les déterminants (2)

Je sais déjà

1. Parmi les mots suivants, ne recopie que les déterminants :
– un – grand – poire – la – les – livre – petit – une – sur – cri – dos – mes – dans – nez – ou – le – par – bien – merci – prix – leur – des – l' – sac – au – de – dé – du – vers – aux.

2. a. Recopie les groupes nominaux suivants :
une salade – quelques minutes – des haricots – cinq cartes – la lune – vos amis – cette photo – mon pull-over – plusieurs solutions – ta trousse – le tableau – ces maisons – deux livres – notre classe.

b. Souligne les déterminants.

Approfondissons

3. a. Classe les déterminants soulignés dans l'activité précédente. Comment as-tu procédé ?

b. Comparez vos classements.

4. a. Ajoute ces déterminants au classement réalisé dans l'activité précédente :
certains – douze – mes – un – chaque – leur – son – deux mille – ce – l' – nos – vingt – les – sa.

b. Parmi les déterminants classés, quels sont les articles ? Entoure-les.

c. Range les autres déterminants dans un tableau comme celui-ci :

	singulier	pluriel
masculin	*mon*	*certains*
féminin	*ma*	*certaines*
masc. ou fém.	*votre*	*dix*

5. a. Note dans le tableau suivant toutes les indications fournies par chacun des déterminants :
mon – huit – cette – vos – cent – plusieurs – ta – ces – chaque – trois – ce – certaines.

Déterminant	*mon*	*huit*
masc. ou fém.	masc.	…
Sing. ou plur.	sing.	…
Nombre précis	…	8
Appartenance	à moi	…
Sert à montrer	…	…
Indéfini	…	…

b. Utilise chaque déterminant de la liste dans une phrase.

À savoir

- Les déterminants peuvent aussi être des adjectifs.
  – *adjectifs possessifs (mon, ma, mes...)* montrant l'appartenance.
  Ex : mon stylo → à moi *ta gomme → à toi*
  – *adjectifs démonstratifs (ce, cet, cette, ces)* servant à montrer.
  Ex : ce stylo, cet arbre
  – *adjectifs numéraux (deux, trois, quatre...)* servant à indiquer le nombre ou le rang.
  Ex : deux stylos, trois trousses
- Comme les articles, ils indiquent souvent le genre et / ou le nombre des noms qu'ils précèdent.

Je m'entraîne

1. Relie chaque déterminant à un nom :

Cette •	• euros
Son •	• affaires
Cet •	• expérience
Vos •	• cartable
Cent •	• animal

2. a. Lis le texte, page 87, jusqu'à la ligne 25.

p. 87

b. Fais la liste de tous les déterminants que tu y trouves.

c. Compare ta liste avec celle de ton voisin et complète-la si nécessaire.

3. Classe dans ces tableaux tous les déterminants de la liste obtenue dans l'activité 2 :

Ⓐ

	articles
définis	...
indéfinis	...
contractés	...

Ⓑ

	adjectifs
possessifs	...
démonstratifs	...
numéraux	...
autres (indéfinis)	...

4. a. Complète ce texte en ajoutant les déterminants qui conviennent :

... vacances de Pâques venaient de commencer. Dans ... heures, il allait s'envoler de ... aéroport d'Heathrow pour rejoindre ... père à Hong-Kong, de ... autre côté ... globe. Depuis ... jours, il rêvait ... temples remplis ... odeurs d'encens.

b. Compare ton travail avec le texte, page 130.

p. 130

5. Écris ces groupes nominaux au pluriel. Attention aux accords !

le garçon – mon livre – votre voisine – ta chaussure – ce chemin – cette voiture – un feu rouge – la fenêtre – leur chien – le premier jour – mon grand frère – notre nouveau camarade.

Je dois savoir (p. 164 - p. 165 - p. 166 - p. 167)

◆ Repérer les déterminants

Recopie l'extrait suivant et entoure tous les déterminants :

À son approche, les portières s'ouvrirent. Deux Chinois descendirent et allèrent ouvrir la porte arrière. Deux hommes devant. Un homme derrière. Will vit le piège au moment où il se refermait sur lui.

◆ Différencier articles et adjectifs

Classe les déterminants suivants en deux groupes : *articles* et *adjectifs.*

votre – la – six – ces – mon – une – les – au – cette – leurs – un – des.

◆ Classer les adjectifs

Classe les adjectifs de l'activité ci-dessus en trois groupes :

adjectifs possessifs, démonstratifs et numéraux.

Unité 7 Identifier la nature des mots (1)

p. 100 **La Côte d'Ivoire et le Mali veulent protéger les enfants**

Une situation scandaleuse qui ne peut être tolérée !

De nombreux enfants maliens sont employés comme esclaves en Côte d'Ivoire. ... viennent de villages très pauvres. Des trafiquants ... proposent un travail bien payé. Mais, en réalité, les jeunes ne sont jamais payés. ... travaillent dur dans les champs. Peu d'entre ... osent s'enfuir car ... qui sont retrouvés sont torturés.

Découvrons et construisons

1. Complète l'extrait encadré sans utiliser les mots *enfants* ou *jeunes*, puis compare ton travail avec le texte de la page 100. Quels mots as-tu employés ?

2. a. Recopie ce texte en utilisant une seule fois le mot *journaliste* :
Le journaliste descend de l'avion. Le journaliste récupère ses bagages et le journaliste se présente au contrôle de l'immigration. L'officier malien salue le journaliste et demande au journaliste son passeport. Le passeport du journaliste a été volé.
b. Comparez vos textes. Quels mots avez-vous utilisés ? Que remarquez-vous ?

3. a. Colorie tous les mots qui correspondent aux noms indiqués en rose :
• La voiture de Julien est neuve. Celle-ci est en panne. Nicolas a revendu la sienne.
• Ce tee-shirt est joli. Celui-ci me plaît aussi mais je préfère le mien.
b. Quel rôle jouent les mots que tu as coloriés ? Quel renseignement donnent-ils sur le nom qu'ils remplacent ?

4. Repère les mots qui remplacent les noms en rose et explique leur rôle :
Je connais bien le Mali, j'y suis allé trois fois.
– Mario prend sa sacoche. Il en sort un gros appareil photo.

À savoir

- On peut remplacer un nom par un pronom personnel. Ce dernier peut donc être :
  – sujet du verbe ;
  Ex : Il (Mario) prend les photos et elle (Jessica) écrit les articles.
  Ils (Mario et Jessica) aiment travailler ensemble.
  – complément du verbe.
  Ex : L'artiste est interviewé. Jessica lui pose des questions pendant que Mario le photographie.
  lui : C.O.I. ; le : C.O.D.
  Vous allez à la poste? J'y suis déjà allé. J'en viens.
  y, en : C.C. de lieu
- Certains pronoms remplacent le nom tout en le précisant :
  – les pronoms possessifs *(le mien, la vôtre...)* ;
  Ex : Mon chien aboie, le vôtre est calme.
  – les pronoms démonstratifs *(celui-là, ceux-ci...)*.
  Ex : Ces enfants jouent ; ceux-là sont fatigués.

Je m'entraîne

1. Remplace les groupes de mots en rose par un pronom personnel :

a. Mathilde écrit des articles. – Cette jeune journaliste a beaucoup de talent. – Mon frère et moi lisons rarement le journal. – Le journal est déchiré. – Les parents de Steve sont partis en voyage. – Marc et toi passez beaucoup trop de temps devant la télé. – Les nouvelles ne sont pas bonnes.

b. Hugo a cassé une vitre avec un ballon. – La directrice fait venir Hugo dans son bureau. – La directrice donne un mot à Hugo pour ses parents. – Hugo explique qu'il n'habite pas chez ses parents. – La directrice expédie Hugo dans la cour en promettant une punition à Hugo.

2. Dans les phrases que tu as obtenues dans l'activité *1. b*, colorie :
– en bleu les pronoms personnels sujets,
– en vert les pronoms personnels compléments du verbe.

3. Cherche et relève dans le texte, page 103 :
– trois phrases avec un pronom personnel sujet,
– trois phrases avec un pronom personnel complément d'objet,
– une phrase avec un pronom, complément circonstanciel de lieu.

p. 103

4. a. Invente et écris trois phrases verbales avec un sujet. Réécris-les en remplaçant le sujet par un pronom personnel.

b. Invente et écris trois phrases avec un complément d'objet. Réécris-les en remplaçant le complément par un pronom personnel.

5. a. Dans chaque phrase colorie le pronom qui correspond au nom en rose :
Votre manteau est bleu, le mien est gris. – Ces produits sont frais, ceux-là, beaucoup moins. – Pouvez-vous prêter des gants à Yohann car il a oublié les siens ? – Choisissez une carte et posez celles qui restent sur la table. – Ton article est plus intéressant que celui-là.

b. Indique pour chaque pronom s'il est possessif (P) ou démonstratif (D).

6. Remplace le groupe de mots en rose par un pronom possessif :
Mon sac est plus lourd que ton sac. – La vie des enfants maliens n'est pas aussi facile que notre vie. – Je m'occupe de mes affaires ; occupez-vous de vos affaires ! – Tu es parti avec tes parents, José et Nora sont partis avec leurs parents.

7. Remplace le groupe de mots en rose par un pronom démonstratif :
Vous qui aimez les fleurs, que pensez-vous de ces fleurs-là ? – Le journaliste qui a écrit cet article est un champion ! – Que les personnes qui ne sont pas contentes s'en aillent ! – Les cahiers de Lisa sont bien tenus. On ne peut pas en dire autant des cahiers de Sarah. – La photo que vous avez choisie n'est pas la photo que je préfère.

8. Invente et écris :
– deux phrases avec un pronom possessif,
– deux phrases avec un pronom démonstratif.

9. a. Relis le texte, page 100, jusqu'à la ligne 13.

p. 100

b. Sur une copie du texte, entoure tous les mots qui remplacent Abou.

c. Encadre les verbes conjugués en rouge. Souligne chaque sujet et relie-le au verbe par une flèche.

Unité 7

Identifier la nature des mots (2)

Je sais déjà

1. Classe les mots suivants selon qu'ils sont des noms, des verbes, des adjectifs, des déterminants, ou d'autres mots :
voiture – il – reportage – beau – les – ici – maintenant – une – photo – aller – ma – et – lentement – la – elles – excellent – rare – six – écrire – article – voyagez – vous – partons – mais – maisons – je – cette.

2. a. Repère tous les noms :
Cette photo est superbe. – Les enfants travaillent. – Ma mère lit le journal. – Julie écoute la radio dans sa chambre. – Le soir, toute la famille suit les informations à la télévision. – Mon père passe l'aspirateur.

b. Souligne chaque nom en bleu s'il est sujet du verbe, en vert s'il le complète.

Approfondissons

3. a. Repère les mots qui précisent les mots en italiques.
C'est une *route* dangereuse. – Les voitures *roulent* vite. – Vous faites un *métier* passionnant. – Cette *envoyée* spéciale *voyage* beaucoup. – Madame Viktoria est une *femme* charmante aux *cheveux* noirs et au regard profond. – Elle *parle* doucement et gentiment.

b. Colorie-les en vert s'ils précisent un verbe, en rouge s'ils précisent un nom.

c. Remplace chaque mot que tu as colorié par un autre de ton choix.

4. a. Entoure le mot qui introduit ceux en rose :
Julie est dans sa chambre. – Elle s'est couchée car elle était fatiguée. – J'ai posé votre sac sur la table. – Les Martin habitent à Paris. – J'aime marcher quand il fait beau. – Victor a pris son manteau et il est sorti mais il est revenu aussitôt.

b. Classe les mots que tu as entourés en deux groupes, puis compare ton classement avec celui de ton voisin. Comment avez-vous fait ?

À savoir

- On peut classer les mots en différentes catégories. On appelle cela la nature des mots.
  Les principales catégories sont :
  – les verbes qui désignent l'action ou l'état *(bouger, devenir)*,
  – les adverbes qui précisent un verbe *(beaucoup, rapidement)*,
  – les noms (propres ou communs) qui désignent des personnes, des animaux, des objets... *(chien, bonheur)*,
  – les déterminants qui précisent un nom *(le, ces, son, les, trois)*,
  – les adjectifs qui précisent un nom *(petit, aimable)*,
  – les pronoms qui remplacent un nom *(il, lui, eux)*,
  – les conjonctions *(mais, ou, et, donc, or, ni, car...)* et les prépositions *(à, de, en, par, pour...)* qui servent à relier des mots ou à introduire un complément.
- La nature d'un mot ne dépend pas de son rôle dans la phrase.

Grammaire

Je m'entraîne

1. **Dans les phrases suivantes, souligne les adverbes en rouge et les adjectifs qualificatifs en bleu.**

Lucas travaille beaucoup. – Dernièrement, il a acheté un nouvel ordinateur portable. – Il le range toujours soigneusement dans une petite sacoche verte. – Son prochain article sortira bientôt dans un grand magazine américain.

2. **Complète avec un adverbe :**

Il fait beau. – Nous travaillons. – La voiture roule. – Cet acteur joue. – Je traverse la route. – Il faut parler.

3. **Indique la nature des mots en rose. Si tu hésites, cherche dans ton dictionnaire.** p. 106

Le cyanure déversé dans l'un des affluents du Danube continue lentement mais sûrement son travail mortel. La pollution atteint la rivière Tisza, en Hongrie. Cette fois, elle est bien visible. Les rivières sont de plus en plus polluées ; il faudra les nettoyer et changer notre façon de vivre.

4. **Ajoute trois mots nouveaux à chacune des listes suivantes.** Tu peux t'aider du dictionnaire.

Déterminants : le, les, mon, cette...
Noms : toit, France, voiture, cartable...
Adjectifs : vieux, gentil, belle, lourd...
Pronoms : le tien, lui, le, je...
Verbes : porter, prendre, être, sortir...
Adverbes : lentement, toujours, bien, très...
Prépositions : à, de, en, par, pour...
Conjonctions : mais, ou, et, donc...

Je dois savoir (p. 168 - p. 169 - p. 170 - p. 171)

◆ **Remplacer un nom ou un groupe nominal par un pronom**

Remplace les noms ou les groupes nominaux en rose par un pronom.

Les journaux sont arrivés. – Je regarde la télévision. – Marie parle à sa sœur. – Mes amis et moi sommes allés au cinéma ensemble. – J'ai emmené ce livre pour rendre ce livre à la bibliothèque.

◆ **Utiliser adverbes et adjectifs**

Précise les verbes avec un adverbe, et les noms avec un adjectif :

- Nicolas *chante*. – La lumière *s'est éteinte*. – Les voyageurs *agitent* les mains. – Luc *secoue* la tête.
- C'est une *ville*. – J'ai trouvé un *chien*. – Tania a un *cousin*. – Ce *reporter* a réalisé une *émission*.

◆ **Identifier la nature d'un mot** p. 106

Indique la nature des mots en rose.

Les Hongrois estiment déjà que la faune et la flore de la rivière Tisza ont été totalement détruites par l'eau polluée. Ils se retournent contre les propriétaires de la mine roumaine qui devront réparer les dégâts.

Unité 8 Analyser la phrase complexe (1)

p. 114

Christophe découvre le piano

Grand-père venait de donner à ses enfants un vieux piano, dont un de ses clients l'avait prié de le débarrasser, et que sa patiente générosité avait remis à peu près en état. Le cadeau n'avait pas été très bien accueilli.

Découvrons et construisons

1. Combien de phrases contient l'extrait encadré ? Combien de verbes conjugués ? Comment expliques-tu cette différence ?

2. a. Réécris la phrase en bleu en faisant trois phrases courtes. *(N'oublie pas d'employer les verbes au même temps et à la même personne.)*

b. Quels mots as-tu supprimés ? Quels mots as-tu eu besoin d'ajouter ? Qu'as-tu changé dans la ponctuation ?

3. Classe ces phrases selon qu'elles contiennent un ou plusieurs verbes :
La pièce débute à huit heures. – Le concert auquel nous avons assisté était splendide. – J'adore la musique classique. – Cet artiste compose la musique des chansons qu'il écrit. – Le chanteur a signé des autographes sur les photos que lui tendaient ses fans.

4. a. Sépare d'un trait les deux parties de chaque phrase :
Ex : J'écouterai de la musique / quand j'aurai fini mon travail.
J'ai enfin trouvé le disque dont vous m'aviez parlé. – Nous avons visité la maison où Mozart est né. – Ils n'ont pas pu assister au concert car il avait été annulé. – Ma sœur a un lecteur de C.D. qui marche avec des piles.

b. Entoure le mot qui relie ces deux parties.

c. Souligne la partie *(la proposition)* principale. Compare avec ton voisin.

5. Enchaîne ces phrases pour n'en faire qu'une seule :
Manon a sorti un disque. Manon venait d'acheter ce disque. Manon a mis le disque dans le lecteur. Manon a commencé à danser.

À savoir

- Une phrase qui ne contient qu'un seul verbe conjugué est une phrase simple.
  Ex : Cette chanteuse donnera bientôt un concert à Paris.
- Une phrase qui contient plusieurs verbes conjugués est une phrase complexe.
  Ex : La chanteuse qui a enregistré ce disque donnera bientôt un concert à Paris.
- Une phrase complexe est formée de plusieurs propositions.
  Chaque proposition contient un verbe conjugué.
  Celle qui pourrait former une phrase simple est appelée proposition principale.
  Ex : La chanteuse qui a enregistré ce disque donnera bientôt un concert à Paris.
  (La chanteuse … donnera bientôt un concert à Paris : proposition principale)

Grammaire

Je m'entraîne

1. Dans ce texte souligne :
– en bleu les phrases simples (un seul verbe conjugué),
– en rouge les phrases complexes (plusieurs verbes conjugués).
(Attention aux temps composés)
Pablo étudie la guitare mais il ne progresse pas très vite. – J'aime écouter de la musique. – Les artistes sont arrivés à leur hôtel. – Certaines personnes avaient acheté leurs billets des semaines à l'avance. – Le chef d'orchestre entre, serre la main du premier violon et salue le public. – Ce concert sera certainement diffusé sur plusieurs stations de radio.

2. Fais la même activité :
C'est un air qui me plaît. – Cette comédie musicale n'a pas été très bien accueillie par le public. – J'ai déjà entendu cette chanson. – Les spectateurs hurlent, sifflent, trépignent et frappent dans leurs mains. – Le spectacle n'avait pas été annoncé à temps. – Malgré une pluie battante, des admirateurs avaient patienté pendant des heures devant les marches du casino pour apercevoir leur vedette préférée.

3. a. Encadre les verbes conjugués :
Nous applaudissons les musiciens qui montent sur scène. – Entrez mais vous ne verrez pas grand chose. – Les organisateurs ont annoncé que le spectacle serait annulé. – Le violon est un instrument qui demande beaucoup de travail. – Le pianiste se lève, s'avance vers le devant de la scène et salue le public qui l'acclame.

b. Sépare d'un trait les différentes propositions et colorie le mot ou le signe de ponctuation qui les relie.

4. Fais la même activité pour ce texte. *(Attention, chaque proposition doit contenir un verbe conjugué.)*

p. 114

Il lui semblait que c'était une boîte magique, pleine d'histoires merveilleuses, comme dans ce volume des Mille et Une Nuits, dont grand-père lui lisait de temps en temps quelques pages, qui les enchantaient tous les deux.

5. Découpe chaque phrase complexe et transforme-la en phrases simples.
Ex : Le lion s'étire, bâille longuement et se rendort. → Le lion s'étire. Le lion bâille longuement. Le lion se rendort.
Les spectateurs se rassemblent devant les portes, s'impatientent et commencent à protester. – Le disque que vous cherchez est épuisé. – Ils sont venus chez vous mais vous n'étiez pas là alors ils sont repartis. – On a fermé la salle parce que le toit avait été abîmé par la tempête et risquait de s'effondrer.

6. Écris une phrase complexe à partir de chaque série de phrases simples :
- Il chante. Il danse. Il joue de la guitare.
- Rends-moi le disque. Je t'ai prêté ce disque hier.
- L'artiste est très belle. Elle chante faux.

7. Sépare d'un trait les propositions de ces phrases complexes, puis souligne en bleu la proposition principale :
Je n'irai pas au concert car les places sont trop chères. – La chanson que je préfère est sur ce disque. – Si vous voulez, je vous donnerai des cours de piano. – Quand j'étais petit, ma mère me chantait une chanson dont je me souviens toujours.

8. a. Cherche trois phrases simples et trois phrases complexes dans le texte, page 117.

p. 117

b. Recopie-les et sépare les propositions des phrases complexes.

Unité 8

Analyser la phrase complexe (2)

Je sais déjà

1. a. Donne ta définition de ce qu'est une phrase.

b. Compare ta définition avec celle de ton voisin, puis du dictionnaire.

2. a. Encadre les verbes conjugués dans ces phrases.

• Les enfants jouent dans la cour. – Le maître surveille les enfants qui jouent dans la cour. – Le chien dort dans sa niche. – Pendant que vous étiez sortis, votre chien s'est sauvé.

• Avez-vous lu le livre que je vous ai prêté ? – Pouvez-vous me le rendre ? – C'est un instrument qui coûte très cher et qui est très fragile. – La musique s'est arrêtée.

b. Souligne les phrases simples en bleu et les phrases complexes en rouge.

c. Colorie la proposition principale des phrases complexes.

3. Invente et écris trois phrases simples et trois phrases complexes.

Approfondissons

4. a. Sépare d'un trait les propositions de chaque phrase :

Quand je suis fatigué, je me repose. – Je voudrais savoir si vous avez reçu ma lettre. – Sur la photo que je vous ai envoyée, on voit très bien notre maison. – Je ne vous entends pas parce que la musique est trop forte. – J'accepte de le revoir à condition qu'il soit à l'heure.

b. Souligne les propositions *principales*.

c. Quels renseignements apportent les autres propositions ? Classe-les selon la question à laquelle elles répondent : *quoi ? quand ? pourquoi ? à quelle condition ? Où ?*

5. a. Souligne la proposition qui accompagne *la principale*.

Vous irez jouer quand vous aurez rangé votre chambre. – Avez-vous retrouvé le disque que je vous avais prêté ? – Tu me montras l'endroit où tu étais assis. – J'ai appris qu'il était malade. – Ce groupe vient de sortir un nouveau disque qui a beaucoup de succès. – Nous déjeunerons dehors si le temps le permet.

b. Encadre le mot de la *principale* qui se trouve complété.

c. Colorie ce mot en rouge si c'est un verbe, en bleu si c'est un nom ou un groupe nominal.

À savoir

◆ Dans une phrase complexe, la proposition principale est complétée par d'autres propositions. Ce sont des propositions subordonnées.

Ex : Quand j'ai de l'argent, / je m'achète un nouveau disque.
prop. subordonnée — prop. principale

J'ai acheté un disque / qui ne se vend plus.
prop. principale — prop. subordonnée

◆ Certaines propositions subordonnées complètent le verbe de la proposition principale. Elles jouent le rôle de complément du verbe.
D'autres complètent le nom. Elles jouent le rôle de complément du nom.

Grammaire

Je m'entraîne

1. a. Souligne chaque proposition subordonnée et entoure le verbe qu'elle complète dans *la principale* :

– Les lumières se sont éteintes dès que le film a commencé.
– Martine ne savait pas qu'elle était invitée.
– Nous ne sortirons pas parce que nous sommes enrhumés.

b. À quelle question répond chaque subordonnée (*quoi ? quand ? pourquoi ?*). Sont-elles complément circonstanciel (C.C.) ou complément d'objet (C.O.) ?

2. Souligne la subordonnée et relie-la par une flèche au nom qu'elle complète dans *la principale* :

Mon oncle m'a offert un bateau qu'il a construit lui-même. – Il a vécu une aventure dont il se souviendra longtemps. – Paul a oublié le jour où il devait venir. – On m'a raconté une histoire qui m'a beaucoup fait rire.

3. a. Souligne en vert les subordonnées qui complètent un verbe, et en bleu celles qui complètent un nom :

– Dès qu'il est arrivé, il a posé une question qui a déclenché une dispute.
– Les livres qui sont ici sont vendus moins cher car ils sont abîmés.
– Je te montrerai les photos que j'ai prises quand elles seront développées.

b. Relie chaque subordonnée au mot (groupe de mots) qu'elle complète.

p. 120

4. De la ligne 21 à la fin du texte, page 120, relève :

– une proposition subordonnée complément circonstanciel de temps ;
– une proposition subordonnée complément d'objet direct.

5. Invente une phrase complexe avec des subordonnées qui répondent aux questions : *quoi ? quand ? pourquoi ?*

Je dois savoir (p. 172 - p. 173 - p. 174 - p. 175)

◆ **Repérer la proposition principale d'une phrase complexe**

Souligne la proposition principale dans chacune de ces phrases :

– Je n'aime pas beaucoup ce que vous jouez.
– Donnez-moi la cassette qui se trouve sur la table.
– Les chansons qui sont en anglais sont difficiles à comprendre.
– Quand le soleil se couche, les cigales arrêtent de chanter.

◆ **Transformer une phrase simple en phrase complexe**

Complète les verbes en rose avec la subordonnée de ton choix :

– … il **a allumé** la lumière.
– En lisant le journal d'hier, j'**ai appris** …
– Le pianiste **s'est mis à jouer** …

Complète les noms en rose avec la subordonnée de ton choix :

– Mario porte **un pull-over** …
– **La visite** … était très intéressante.
– Il faut monter **l'escalier** …
– Jules est arrivé à **l'instant** …

Unité 9

Différencier juxtaposition et coordination (1)

p. 130

Changement de programme

Will ne se retourna pas, mais il prit soudain conscience qu'il avait déjà entendu ce couinement. Tous les jours de la semaine. Sur le chemin du parc, dans la rue, en rentrant chez lui. Pourtant, il venait seulement de l'identifier : c'était un bruit de chaussures neuves. Quelqu'un le suivait. Son allure resta égale, mais son esprit s'emballa.

Découvrons et construisons

1. a. Combien de lignes a l'extrait encadré ? Combien de phrases ? Justifie tes réponses.

b. Quelles sont les phrases qui n'ont pas de verbe conjugué ? Recopie-les.

c. Quels signes de ponctuation trouves-tu dans ces phrases sans verbe ? À quoi servent-ils ?

2. a. Relève les phrases verbales de l'extrait et indique pour chacune si c'est une phrase simple ou complexe.

b. Sépare d'un trait les propositions de chaque phrase complexe.

c. Essaie de transformer les phrases complexes en plusieurs phrases simples. Est-ce toujours possible ? Compare ton travail avec celui de tes camarades.

3. a. Transforme ces phrases complexes en plusieurs phrases simples si c'est possible :

- La cabane que tu as construite est superbe. – Dès qu'il commence à pleuvoir, les enfants se réfugient dans le garage qui se trouve derrière l'école. – Nous avons trouvé des planches qui seront très utiles.
- Pascal est furieux ; il a laissé son manteau sous la pluie. – Les enfants constituent des équipes, ils se mettent en place, le match commence. – Les nuages envahissent le ciel, le vent commence à souffler, les feuilles s'envolent.

b. Colorie les mots ou les signes que tu as dû supprimer, déplacer ou ajouter. Que remarques-tu ?

À savoir

◆ Dans une phrase complexe, certaines propositions peuvent devenir des phrases simples sans être modifiées. Ce sont des propositions indépendantes.

Ex : Le soleil se couche, l'air fraîchit, la plage se vide.
prop. ind. — prop. ind. — prop. ind.

◆ On peut juxtaposer des propositions en les séparant par un point, deux points ou un point virgule.

Ex : Jonathan est écarlate ; il a passé la journée en plein soleil.

◆ On peut également les coordonner en les séparant par une conjonction de coordination comme : *mais, ou, et, donc, car...*

Ex : Nous avons déjà visité le Maroc mais nous y retournerons.

Grammaire

Je m'entraîne

1. Souligne les propositions indépendantes dans ces phrases :
Il n'y a pas eu de courrier ce matin ; les postiers sont en grève. – Dès que nous serons rentrés, nous vous téléphonerons. – Élisa n'a pas regardé le film car elle ne voulait pas se coucher trop tard. – La nuit tombe, les lumières s'allument, les rues se vident. – J'ai fini le gâteau qui était dans le réfrigérateur.

2. a. Colorie toutes les propositions indépendantes du texte, page 130. p. 130

b. Invente trois phrases contenant des propositions indépendantes.

3. Utilise la ponctuation pour transformer ces phrases simples en propositions juxtaposées :
Martine n'est pas là. Elle est sortie pour acheter du pain. – Le vent se lève. Les voiles claquent. Le bateau commence à danser. – Arrivés à la maison, une surprise nous attendait. Nos invités étaient déjà là. – Le jeune garçon se débat. Il mord. Il griffe. Il donne des coups de pieds. Il échappe enfin à ses ravisseurs.

4. a. Colorie toutes les propositions juxtaposées que tu trouves dans le texte, page 114. p. 114

b. Invente trois phrases contenant des propositions juxtaposées.

5. Utilise des mots comme *mais, ou, et...* pour transformer ces phrases simples en propositions coordonnées :
Lucas s'est mis à table. Il n'a rien mangé. – Les enfants ont dessiné un plan de leur cabane. Ils se sont distribué les tâches. – Florian a été puni. Il ne participera pas à la sortie. – Je ne savais pas quoi choisir. J'ai acheté des fleurs et des chocolats.

6. Dans le texte, page 117, cherche trois phrases contenant des propositions coordonnées puis recopie-les. p. 117

7. a. Invente et écris des phrases contenant chacune les conjonctions de coordination suivantes :
mais – ou – et – donc – car.

b. Invente et écris deux phrases avec deux conjonctions différentes.

c. Invente et écris trois phrases avec des propositions juxtaposées et coordonnées.
Ex : Linda est entrée, elle a regardé partout et elle est repartie.

8. a. Recopie ces phrases en séparant les propositions par un trait.
Je n'ai pas pu rapporter de pain ; la boulangerie était fermée. – La cuisine était dans un état épouvantable : la vaisselle sale encombrait l'évier, les sacs poubelles s'entassaient jusqu'au plafond et les rats grouillaient sur le sol. – Olivier arrive sur la plage, il étale soigneusement sa serviette sur le sable et s'allonge dessus. – Vous entrez ou vous sortez ? – Du haut de la falaise, la vue est magnifique mais il y a beaucoup de vent.

b. Indique pour chacune d'elle si elle est juxtaposée (J) ou coordonnée (C).

9. a. Relis les phrases complexes de l'article « *Les petits Mozart* », page 120. p. 120

b. Dis pour chaque proposition si elle est principale, subordonnée ou indépendante.

c. Indique également si elles sont juxtaposées ou coordonnées.

Unité 9

Différencier juxtaposition et coordination (2)

Je sais déjà

1. a. Donne ta définition d'une phrase simple puis d'une phrase complexe.

b. Compare tes définitions avec celles de ton voisin.

2. a. Fais la liste des conjonctions de coordination que tu connais.

b. Compare ta liste avec celle de ton voisin.

3. a. Classe ces phrases en deux groupes (simples ou complexes) :
Les enfants veulent construire une cabane. – Les clous qu'ils ont chipés chez eux seront mis de côté. – Ce projet passionne tout le monde. – Ils s'éloignent par petits groupes car ils ne veulent pas qu'on les remarque.

b. Sépare les propositions des phrases complexes et souligne la principale.

Approfondissons

4. a. Ces phrases sont-elles simples ou complexes ?
Justifie tes réponses.
– Pierre a mangé une salade, un morceau de fromage et une pomme.
– Julien a englouti sa soupe, ensuite il a dévoré un demi poulet puis il a avalé six yaourts !
– Marion, Laura et Élisa jouent dans le jardin.
– Charles fait du sport, Jules joue du piano, Colin dessine mais Hugo ne fait rien.
– Cette maison est belle, elle a de nombreuses pièces et elle est très bien située.
– Le chalet est triste, petit et inaccessible.

b. Que remarques-tu?

5. Indique la nature et le rôle des mots en bleu :
Les zèbres, les lions et les singes fuient devant les flammes. – Les pommes sont petites, dures et acides. – Les enfants courent, sautent et crient dans la cour.

6. Entoure les mots qui relient les propositions, puis classe-les selon leur nature *(pronom, conjonction, adverbe)* :
Nous voulions sortir mais la pluie nous en a empêchés. – Finis ton travail, ensuite tu pourras sortir. – Mon frère a fait un dessin que j'aime bien. – J'ai rentré son vélo dans le garage car il était resté sous la pluie.

À savoir

- On peut juxtaposer ou coordonner différentes propositions dans une phrase.
- Les propositions coordonnées peuvent être reliées par :
  – une conjonction de coordination *(mais, ou, et, donc, ...)*
  – par un adverbe de coordination *(ensuite, puis, pourtant, cependant, ...).*
  Ex : Il est parti mais il reviendra. Je me suis coupé, pourtant je faisais attention.
- De la même façon, on peut juxtaposer ou coordonner plusieurs mots de même nature et jouant le même rôle dans une phrase.
  Ex : Les clowns, les dompteurs et les trapézistes saluent le public.
  noms *(qui forment le sujet)*
  – Cet hôtel est calme et confortable mais cher. – Le chat bâille, s'étire et quitte son panier.
  adjectifs qualificatifs *(qui forment l'attribut du sujet)* — verbes

Grammaire

Je m'entraîne

1. Coordonne ces propositions à l'aide de la conjonction ou de l'adverbe de ton choix :

- Je viendrai / je ne resterai pas longtemps.
- Ils partiront / ils resteront / ils devront choisir.
- Nous sommes restés à la maison / il faisait mauvais / nous avons regardé la télévision.
- Florian a détesté le film / il avait adoré le livre.

2. Juxtapose ou coordonne les adjectifs entre parenthèses avec la ponctuation ou les conjonctions de coordination de ton choix :

Cette route est *(étroite / sinueuse / dangereuse)*. – Nous avons trouvé ce film *(amusant / original / long)*. – Cherchez-vous un appartement *(vide / meublé)*. – Ces fleurs sont *(belles / fragiles / chères)*. – Ce livre n'est *(bon / mauvais)*.

3. a. Encadre les verbes conjugués, puis sépare d'un trait les différentes propositions :

Nous regardons les voitures qui tournent sur le circuit. – Tu pourras regarder mais tu ne toucheras à rien. – Il a annoncé que certains emplois seraient supprimés. – Le plongeur prend son élan, effectue un saut périlleux et disparaît dans l'eau.

b. Indique si chaque proposition est subordonnée (S), juxtaposée (J) ou coordonnée (C). Justifie tes réponses.

4. a. Recopie chaque phrase des lignes 1 à 11 du texte, page 130, en séparant les différentes propositions.

p. 130

b. Que peux-tu dire de chaque proposition ? Donne toutes les informations possibles.

c. Recopie la phrase qui contient des groupes de mots juxtaposés et coordonnés.

Je dois savoir (p. 176 - p. 177 - p. 178 - p. 179)

◆ Juxtaposer des propositions

Transforme chaque série de phrases simples en une seule phrase en juxtaposant les propositions :

- Marc arrive au bord de l'eau. Marc retire ses chaussures. Marc fait tremper ses pieds.
- Marie poussa un hurlement strident. Marie venait de voir une énorme araignée sur son lit.
- La chambre est impeccable. Les lits sont faits. Les jouets sont rangés.

◆ Coordonner des propositions

Transforme chaque série de phrases simples en une seule phrase en coordonnant les propositions :

- Il s'est assis. Il n'a rien mangé.
- Il fait très chaud. Vous semblez avoir froid.
- Sara a terminé ses devoirs. Sara a rangé ses affaires. Sara est allée retrouver son amie.

◆ Utiliser juxtaposition et coordination

Invente et écris :

– deux phrases composées de propositions juxtaposées.
– deux phrases composées de propositions coordonnées.

Compétences de fin de cycle à atteindre

unité 1 et page ▶ 147

- Identifier une phrase
- Construire une phrase
- Identifier le verbe et le sujet

unité 2 et page ▶ 151

- Repérer les compléments du verbe
- Repérer les compléments essentiels
- Compléter le verbe

unité 3 et page ▶ 155

- Repérer les compléments d'objet
- Ajouter des compléments circonstanciels

unité 4 et page ▶ 159

- Repérer un nom
- Enrichir un groupe nominal avec un complément du nom
- Repérer les adjectifs qualificatifs, différencier épithètes et attributs

unité 5 et page ▶ 163

- Différencier voix active et voix passive
- Passer de la voix active à la voix passive et inversement
- Repérer/ajouter le complément d'agent

unité 6 et page ▶ 167

- Repérer les déterminants
- Différencier articles et adjectifs
- Classer les adjectifs

unité 7 et page ▶ 171

- Remplacer un nom ou un groupe nominal par un pronom
- Utiliser adverbes et adjectifs
- Identifier la nature d'un mot

unité 8 et page ▶ 175

- Repérer la proposition principale d'une phrase complexe
- Transformer une phrase simple en phrase complexe

unité 9 et page ▶ 179

- Juxtaposer des propositions
- Coordonner des propositions
- Utiliser juxtaposition et coordination

Conjugaison

Ensemble des différentes formes que peut prendre un verbe en fonction du temps, du mode, de la personne et du genre du verbe. Conjuguer un verbe, c'est savoir l'écrire sans erreur, mais aussi choisir le temps qui convient en fonction du sens de la phrase et de la valeur du temps.

Présent du verbe jouer

je joue	nous jouons	il jouera	il jouait
tu joues	vous jouez	il a joué	il joue
il joue	ils jouent	il avait joué	il joua

Les enfants { ~~jouent~~ / ~~ont joué~~ / jouaient } quand l'orage éclata.

Unité 1

Savoir reconnaître un verbe (1)

p. 10

Un moment d'inattention

Quelques minutes passent, puis un léger remous commence à agiter les rangs. On toussote, on donne un coup de pied dans un cartable, histoire de faire un peu de bruit pour attirer l'attention de La Puce.

En d'autres circonstances, les enfants auraient pouffé de rire. Un camarade qui traficote derrière son livre de calcul, alors qu'on est en train de réciter une fable de La Fontaine, c'est plutôt rigolo.

Découvrons et construisons

1. Comment s'appellent les mots ou groupes de mots en rose ? Relève ceux qui indiquent ce que font les élèves.

2. Réécris la première partie du texte ci-dessus en commençant par : *Dans quelques minutes, un léger remous ...* . Qu'est-ce qui change ? Pourquoi ?

3. a. Complète les phrases suivantes avec les verbes de l'extrait encadré :
Les élèves ... à ... dans les rangs. Ils ..., ils ... des coups de pied dans un cartable. Quelques élèves qui ... derrière leur livre de calcul alors que les autres ... en train de ... une fable, c'... plutôt rigolo.

b. Explique ce que tu as fait. Pourquoi certains verbes n'ont-ils pas changé ?

c. À l'oral, puis par écrit, reprends les phrases en commençant par :
« Demain, les élèves… » puis
« Hier, les élèves… »

d. Explique les raisons de ces changements.

4. Dans les lignes 1 à 6 du texte, page 10, relève les verbes conjugués. Comment les as-tu reconnus ? Donne leur infinitif.

p. 10

5. Donne l'infinitif de ces verbes :
elle déposa – il mit – tu sors – vous faites – nous écrivions – vous crierez – elles ont coupé – tu diriges – j'ai pâli – tu savais – elle a été – vous irez – tu dis – il se range – nous prenons – il pleut – je suis – ils ont – ils vont.

À savoir

- Un verbe indique une action ou un état.
  Ex : Les élèves sont distraits par un élève qui traficote derrière son livre.
  (sont : état ; traficote : action)
- Les terminaisons des verbes conjugués varient selon le mode, le temps, la personne. La partie invariable s'appelle le radical.
  Ex : Qu'il parte ! – Il partira. – Ils partaient.
- L'infinitif est la forme du verbe qui n'a pas de marque de personne, de temps ou de mode.
  Ex : Je prends (verbe prendre). Nous faisions (verbe faire). Il faudra (verbe falloir).

Je m'entraîne

1. Souligne de deux couleurs différentes les verbes selon qu'ils indiquent une action ou un état puis donne leur infinitif :
– En France, les voitures roulent à droite.
– La dernière fois que je l'ai rencontré, il semblait plus en forme.
– Si tu manges trop tu auras une indigestion ; fais attention !
– Lorsqu'ils sont très haut dans le ciel, les oiseaux paraissent minuscules.
– Le chahut qui éclata dans la classe à l'arrivée du nouveau fut arrêté net par une punition du professeur.

2. a. Complète ces phrases avec des verbes d'action :
– Les voitures ... dans un épais brouillard.
– Je ... à l'arrêt de l'autobus.
– Quand ...-nous à la maison ?
– Les élèves ... dans la classe.

b. Remplace ces verbes par des verbes d'état.

3. a. Recopie ce tableau :

Infinitif	Formes conjuguées
Danser	...
Bondir	...
Suivre	...

b. Classe les formes verbales suivantes dans le tableau et souligne le radical de chacune d'elles :
je danserai – il aura suivi - nous bondissions – ils dansèrent – tu suivis – il suivrait – elle a bondi – vous dansez – tu bondis – tu dansas – vous aviez bondi – ils suivront.

4. Fais la même activité avec les formes verbales suivantes en notant les infinitifs dans la première colonne :
je veux – j'aurais dû – vous devriez – tu saurais – nous avions voulu – vous voudriez – tu dois – elle sait.

Que constates-tu?

5. a. Donne l'infinitif des formes verbales en rose :
Faites votre travail en silence. – Il faut que tu ailles chez le coiffeur. – C'est une question intéressant l'ensemble de la classe. – Écoutez bien et soyez attentifs, je veux que vous preniez le temps de réfléchir pour que vous puissiez répondre.

b. Trouve à quel mode et à quel temps elles sont utilisées en t'aidant du tableau de conjugaison.

6. À l'oral, mets ces phrases au pluriel en gardant la même personne, puis écris-les :
Ne pourrais-tu arriver à l'heure ? – Prends tes affaires et sors. – Il faut que je finisse ce travail. – Si elle avait pris son imperméable, elle ne serait pas mouillée. – Le malade a été transporté à l'hôpital.

7. Fais de même en mettant ces phrases au singulier :
Vous participerez à la prochaine course. – N'avons-nous pas le temps de prendre un peu de repos ? – Ils étaient attendus et ont été accueillis chaleureusement. – Venez avec moi et approchez-vous vite.

8. a. Relève tous les verbes du texte, page 13, et mets à l'infinitif ceux qui sont conjugués. p. 13

b. Classe tous les verbes du texte selon leur infinitif. Que constates-tu?

9. Réécris les lignes 18 à 22 du texte, page 10, en commençant par : « Mais là, il ne s'agissait pas ... ». p. 10
À quels temps as-tu conjugué la plupart des verbes ?

Unité 1

Savoir reconnaître un verbe (2)

Je sais déjà

1. a. **Relève tous les verbes et indique l'infinitif des verbes conjugués :**
Lorsque ma mère revint, elle me trouva au milieu des quatre instituteurs qui avaient renvoyé leurs élèves dans la cour de récréation, et qui m'entendaient déchiffrer lentement l'histoire du Petit Poucet...

b. **Quel est le sujet de chaque verbe ?**

2. **Complète avec le pronom qui convient et justifie tes choix :**
Quand ... seras grand ... seras astronaute. – Quand reviendrons-... au bord de la mer ? – Il faut que ..... franchisse ce ruisseau. – ... est allée chez ses grands-parents. – Peux-... m'aider à porter ce sac ? – Pourvu que ... soyez revenus avant la nuit.

Approfondissons

3. a. **Donne l'infinitif des formes verbales suivantes :**
Ils acclameront – tu grandis – elle a envoyé – tu joueras – nous franchîmes – elle avait pâli – elles lançaient – nous aurons applaudi – je mangeais – j'achète – nous appelons – elles jauniront – j'obéis.

b. **Que peux-tu dire des terminaisons de ces infinitifs ?**

4. a. **Conjugue ces verbes selon le modèle :**
Ex : grandir → je grandis, ils grandissent, en grandissant
- aboutir – garnir – réagir – trahir – choisir.
- noircir – bâtir – démolir – saisir.

b. **Conjugue aux mêmes personnes.**
courir – devenir – mentir – offrir.
Que remarques-tu ?

5. **Classe ces verbes en deux groupes : ceux qui se conjuguent comme** *finir* **et ceux qui se conjuguent comme** *mentir*.
raccourcir – amortir – recueillir – réagir – offrir – sentir – affaiblir – rougir – partir – devenir – élargir.

6. **À ton tour trouve trois verbes comme** *finir* **et deux comme** *mentir*.

7. a. **Donne l'infinitif, le temps et le mode de ces formes verbales** *(aide-toi des tableaux de conjugaison !)* **:**
nous avons aperçu – il a été mordu – je perdrai – tu répondras – elle prend – vous battrez – j'aurai cousu – tu peignais – faites – buvant – tu étais – il aura – ils ont.

b. **Que peux-tu dire des infinitifs ?**

À savoir

◆ On désigne et on classe les verbes en trois groupes selon la terminaison de leur infinitif :
- 1er groupe : verbes en *-er* (sauf *aller*).
Ex : jouer – décider – partager – se réveiller.
- 2e groupe : verbes en *-ir* qui se conjuguent au présent de l'indicatif comme *finir*.
Ex : applaudir – grandir – aboutir – gémir.
- 3e groupe : tous les autres verbes.
Ex : ouvrir – courir – partir – faire – prendre – croire – connaître – aller.

Conjugaison

Je m'entraîne

1. Relève les verbes de ces phrases, puis donne leur infinitif et leur groupe :

– Je tiens à ce que tu viennes.
– Le spectacle commencera quand les gens seront assis.
– Ils s'aperçurent qu'ils étaient perdus.
– N'aurais-tu pas oublié quelque chose ?
– Il faisait encore nuit quand nous sommes sortis.
– La partie venait de débuter lorsqu'il se mit à pleuvoir.
– Les élèves apprendront leurs leçons, puis sortiront tous dans la cour.

2. Classe ces verbes selon leur groupe (justifie tes choix) :

saluer – répandre – conclure – gémir – bouillir – essuyer – suffire – cueillir – copier – accroître – contredire – subir – écrire – garnir – déborder – dégourdir – restreindre – tondre.

3. Trouve l'intrus de chaque liste :

• se promener – visiter – contempler – aller – retourner – se rappeler
• établir – venir – définir – rétablir – tiédir – vrombir
• courir – partir – devenir – offrir – découvrir – affaiblir

4. Relève les verbes des cinq premières lignes du texte de la page 16 et complète le tableau suivant.

p. 16

(Utilise les tableaux de conjugaison.)

Ex :

Verbe	*déposa*
Temps	*passé simple*
Mode	*indicatif*
Personne	*3e personne*
Nombre	*singulier*
Infinitif	*déposer*
Groupe	*1er*

Je dois savoir (p. 182 - p. 183 - p. 184 - p. 185)

◆ **Identifier un verbe d'action et un verbe d'état**

Souligne les verbes de deux couleurs différentes selon qu'ils indiquent une action ou un état.

Le coureur semblait épuisé quand il franchit la ligne d'arrivée. – Tu étais déjà malade hier. – Le chat paraît dormir, en réalité il reste attentif. – Alexandre grandit, son pantalon est trop petit. – Quand les oiseaux volent très haut dans le ciel ils paraissent minuscules.

◆ **Reconnaître la personne d'un verbe conjugué**

Retrouve la personne associée au verbe : *Tu – Ils – Elle – Nous – Vous*

… viendras me voir demain. – … avez suivi la bonne route. – … avons trouvé le chemin. – … viendra vers cinq heures. – … viendront tout à l'heure.

◆ **Identifier le groupe d'un verbe**

Indique le groupe de chacun des verbes suivants :

affirmer – apprendre – répéter – lire – écrire – réjouir – déduire – hésiter – aller – secourir – cuire – s'enfuir – rétablir – tenir.

Conjuguer au présent de l'indicatif (1)

p. 30

Une étrange maladie

Le narrateur réfléchit : Qui a bu cette eau ? Moi, sans doute, et pourtant je ne me souviens pas d'avoir fait un mouvement dans mon sommeil. Le vin et les gâteaux demeurent intacts. Le lait et l'eau disparaissent. Alors, chaque jour, je change les boissons et les nourritures. Jamais on ne touche aux choses solides, et on ne boit que du laitage frais et de l'eau surtout.

Découvrons et construisons

1. Relève tous les verbes conjugués de l'encadré et indique le groupe auquel ils appartiennent. Lequel est conjugué à un temps composé ?

2. Relis le passage ci-dessus en commençant par : *Aujourd'hui, hier, maintenant, la semaine prochaine*. Quand dois-tu modifier les verbes ? Pourquoi ?

3. a. Recopie l'extrait en remplaçant *le narrateur* par *les narrateurs*, et *je* par *nous*.

b. Quelles mots sont modifiés à l'oral ? à l'écrit ? Pourquoi ?

c. Recopie les phrases en couleur en conjuguant les verbes à la 2e personne du singulier, puis à la 3e personne du pluriel.

4. a. Conjugue ces verbes au présent de l'indicatif à toutes les personnes :
– Offrir des fleurs – Découvrir la région
– Crier fort – Fermer les volets
– Ouvrir la porte – Nettoyer la saleté
– Recouvrir des livres.

b. Classe ces verbes selon leur groupe. Qu'observes-tu ?

5. Conjugue au présent de l'indicatif :
Pouvoir : je peux – tu ... – nous ... – ils ...
Vendre : je vends ... – il ... – nous ... – ils ...
Coudre : je ... – tu couds – il ... – nous ...
Prendre : je ... – tu ... – elle ... – ils ...
Faire : tu ... – elle ... – vous ... – ils ...
Aller : je ... – on ... – nous ... – elles ...

À savoir

◆ Au présent de l'indicatif :
– tous les verbes du 1er groupe (sauf *aller*) se terminent ainsi : *-e -es -e -ons - ez -ent* ;
– tous les verbes du 2e groupe se terminent ainsi : *-is -is -it -issons -issez –issent* ;
– la plupart des verbes du 3e groupe se terminent ainsi : *-s -s -t -ons -ez -ent*.

◆ Attention : les verbes comme *prendre, attendre, vendre* se terminent au singulier par *-ds -ds -d* ;
les verbes *vouloir, pouvoir, falloir, valoir* se terminent au singulier par *-x -x -t*.
Ex : je prends, tu vends, il attend. – je veux, tu peux, il faut, elle vaut.

◆ De nombreux verbes du 3e groupe sont irréguliers, leur radical se modifie.
Ex : Venir : je viens, nous venons, ils viennent. Boire : je bois, nous buvons, vous buvez.

Je m'entraîne

1. **Conjugue au présent de l'indicatif et à toutes les personnes :**
- Prendre sa valise et monter dans le train.
- Attendre son camarade et partir avec lui.
- Voir le danger et faire attention.

2. **Conjugue les verbes entre parenthèses au présent de l'indicatif :**
Les clients *(consulter)* le menu et *(choisir)* ce qui leur (plaire). – Paul *(cueillir)* des fleurs pour son amie, il les lui *(offrir)* quand il *(revenir)* de sa promenade. – Vous *(dire)* que vous *(faire)* tout votre possible. – Je *(mettre)* mon imperméable quand il *(pleuvoir)*. – Tu nous *(écrire)* car tu *(savoir)* que nous *(attendre)* de tes nouvelles. – Les pilotes *(subir)* un entraînement rigoureux quand ils *(apprendre)* à piloter.

3. **Transforme à la personne correspondante du pluriel :**
Tu dis que tu es malade mais je sais que tu mens. – Il se fâche quand il entend ce que tu racontes. – Elle se tait quand elle pense que tu as raison mais elle intervient quand tu te trompes. – Je m'en vais au moment où tu reviens. – Tu penses que je gagne parce que je suis un tricheur.

4. **Transforme à la personne correspondante du singulier :**
Quand nous faisons un souhait nous attendons sa réalisation. – Vous prenez le premier train ce matin mais si vous n'êtes pas vigilants, vous allez le rater. – Nous croyons qu'ils sont heureux depuis qu'ils vivent à la campagne. – Vous buvez de l'eau quand vous avez soif.

5. **Complète avec la terminaison du présent de l'indicatif** *(Attention aux accords !)* **:**
– Les élèves et leur maîtresse *(se rendre)* au musée et *(admirer)* de nombreux tableaux.
– En automne, Pierre *(ramasser)* des châtaignes puis il les *(cuire)* et les (manger).
– Le pelage de certains animaux *(blanchir)* en hiver.
– Des cheminées du village *(monter)* une fumée blanche.

6. **Conjugue au présent de l'indicatif à la personne demandée :**
pleurer : *3e personne du pluriel*
vendre : *2e personne du singulier*
valoir : *3e personne du pluriel*
nager : *1re personne du pluriel*
lacer : *1re personne du pluriel*
vivre : *1re personne du singulier*
recevoir : *1re personne du singulier*
vouloir : *2e personne du singulier*

7. **Écris ces phrases au pluriel** *(Attention aux accords !)* **:**
Le petit chat noir et blanc joue, ronronne et s'endort. Le corbeau s'envole, tourne au-dessus de la haie puis se pose sur la plus haute branche du peuplier qui orne le jardin.

8. a. **Réécris cet extrait au présent de l'indicatif :** p. 24
Alors l'autre mouette s'envola, plana au-dessus des rochers, puis vint toucher le sable et prit quelque chose dans son bec, quelque chose de bizarre. Elle repartit lentement : l'objet était lourd et encombrant. La mouette le laissa enfin tomber dans le nid, à côté de l'œil. La chose avait cinq jambes et remuait. La mouette crut avoir affaire à une nouvelle espèce de crabe. Un drôle de crabe. Un drôle de mollusque. Les mouettes ne savaient pas qu'elles venaient de trouver une main et un œil de l'homme de fer.

b. **Réécris cet extrait au présent de l'indicatif en remplaçant** *l'autre mouette* **par** *les oiseaux*, **puis par** *je*.

Unité 2

Conjuguer au présent de l'indicatif (2)

Je sais déjà

1. Classe les phrases suivantes selon qu'elles sont passées, présentes ou à venir :
Tu parleras à ton voisin. – Ils grandirent rapidement. – Elle se rendit compte qu'elle s'était égarée. – J'aboutissais au même résultat que toi. – Vous n'arriverez pas à temps. – Les trains pour l'Italie partent toujours à l'heure. – Je chante toute la journée. – Les escargots sortent quand il pleut.

2. Conjugue les verbes entre parenthèses au présent de l'indicatif :
Elle ne *(faire)* rien du tout. – Nous *(finir)* notre travail avant de sortir en récréation. – Tu *(apercevoir)* le soleil qui *(descendre)* vers l'horizon. – Pour mon anniversaire, je *(réunir)* tous mes amis et nous nous *(divertir)*. – Il *(essayer)* de courir plus vite mais son cartable *(peser)* trop lourd.

Approfondissons

3. a. Quel est le temps utilisé dans les phrases suivantes :
L'élève commence son exercice dans quelques instants. – Je suis en train de lire les phrases de cet exercice. – Toutes les semaines nous suivons le même emploi du temps. – Marie Curie naît à Varsovie en Pologne en 1867 ; elle reçoit le prix Nobel de chimie en 1911. – Je débarrasse la table tout de suite.

b. Toutes les actions se déroulent-elles en ce moment-même ?

c. Quelles sont les autres utilisations du présent ?

4. À ton tour, écris une phrase qui indique l'action que tu es en train d'accomplir et relève dans ton livre d'histoire une phrase qui utilise le présent historique.

5. Imagine qu'un nouvel élève entre en classe. Reprends le texte, page 13, et raconte-lui ce qui se passe. À quel temps sont les verbes que tu utilises ? Pourquoi ?

p. 13

6. Relis le texte, page 10. À quel temps sont la plupart des verbes du texte ? Quelle impression cela donne-t-il ?

p. 10

À savoir

◆ Le présent de l'indicatif sert à indiquer :
- qu'une action se passe au moment où l'on parle ; c'est le présent de narration ;
  Ex : Le moteur démarre. Je suis malade. Il pleut.
- que l'action va se produire dans un futur très proche ;
  Ex : Je pars immédiatement.
- qu'il s'agit d'un présent historique.
  Ex : Le 14 juillet 1789, les Parisiens prennent la Bastille.

Je m'entraîne

1. **Indique le groupe des verbes suivants et conjugue les au présent de l'indicatif :**
pouvoir – crier – faire – dire – aller – dégager – croire – écrire – acheter – appeler

2. **Recopie le paragraphe du texte, page 24 (lignes 28 à 36), en conjuguant les verbes au présent de l'indicatif.**

p. 24

3. **Dans ton livre d'histoire, cherche trois phrases dans lesquelles le présent de l'indicatif a valeur de** ***présent historique*****.**

4. **Recopie le premier paragraphe du texte, page 27, en mettant les verbes au présent de l'indicatif.**

p. 27

5. **Conjugue les verbes entre parenthèses au présent de l'indicatif et indique, pour chaque phrase, la valeur du présent :**
Après 1670, la peste *(disparaître)* en France pour ne plus reparaître qu'une fois à Marseille et en Provence. – Pour réaliser cette expérience tu *(devoir)* te procurer un peu de matériel. – À la quinzième minute de jeu, l'équipe de France *(ouvrir)* la marque et *(inscrire)* le premier but. – Tu *(aller)* tout de suite à la boulangerie et tu *(prendre)* du pain pour le dîner. – *(Manger)*-vous tous les jours la même chose? – En 1454, Gutemberg *(mettre)* au point l'imprimerie ; en 1492 Colomb *(découvrir)* l'Amérique et de 1519 à 1522, Magellan et ses compagnons *(accomplir)* le premier tour du monde.

Je dois savoir (p. 186 - p. 187 - p. 188 - p. 189)

◆ Conjuguer les verbes au présent de l'indicatif

Complète le tableau suivant :

pouvoir	…	je …	nous …	vous …	ils …
…	…	tu …	on ira	nous …	ils …
donner	…	je …	tu …	vous …	elles …
…	…	tu envoies	il …	nous …	ils …
découvrir	2ᵉ groupe	je …	tu …	ils …	elles …
…	…	tu …	nous …	vous remplissez	ils …

Repère les verbes et réécris ce passage au présent de l'indicatif.

p. 27

Ayant soif un soir, je bus un demi-verre d'eau et je remarquai que ma carafe, posée sur la commode en face de mon lit, était pleine jusqu'au bouchon de cristal. J'eus, pendant la nuit, un de ces sommeils affreux dont je viens de vous parler. J'allumai ma bougie, en proie à une épouvantable angoisse, et, comme je voulus boire de nouveau, je m'aperçus avec stupeur que ma carafe était vide. Je n'en pouvais croire mes yeux. Ou bien on était entré dans ma chambre, ou bien j'étais somnambule.

◆ Identifier les valeurs du présent de l'indicatif

Indique pour quelles raisons on utilise le présent de l'indicatif dans ces phrases :
Il n'est pas encore trop tard pour renvoyer la réponse. – Le train n'arrive que dans quelques minutes, nous avons le temps de nous dire au revoir. – Les navires baleiniers sont les premiers, au XIXᵉ siècle à aborder les côtes de l'Antarctique. – Je dois terminer cet exercice.

Unité 3

Conjuguer au passé (1)

p. 40

Pauvre Emmi

Emmi était un pauvre petit gardien de cochons, orphelin et très malheureux, non seulement parce qu'il était mal logé, mal nourri et mal vêtu, mais encore parce qu'il détestait les bêtes que la misère le forçait à soigner. Il en avait peur, et ses animaux, qui sont plus fins qu'ils n'en ont l'air, sentaient bien qu'il n'était pas le maître avec eux.

Découvrons et construisons

1. a. Cet extrait est-il au présent, au passé ou au futur ? Quels sont les verbes conjugués au présent ?
À quel temps sont les autres verbes ?
b. Relève les verbes conjugués, puis donne leur infinitif et leur groupe.
c. Réécris ce texte au présent.

2. Conjugue les verbes suivants à la personne indiquée et indique son temps :
– il détestait : *nous* ...
– nous faisons : *vous* ...
– elle forçait : *vous* ...
– ils sont : *nous* ...
– je sentais : *tu* ...
– il sentait : *nous* ...

3. À quel temps sont conjugués la plupart des verbes du texte 3, page 43 ? et les autres ? Quel temps est souvent utilisé pour faire un portrait ? et pour une description ?

p. 43

4. Conjugue les verbes indiqués à l'imparfait de l'indicatif :
Je *(se méfier)* des champignons qu'ils *(ramasser)* dans la forêt. – Lorsque nous *(partir)* il nous *(faire)* des recommandations. – Quand le temps *(être)* à l'orage, tu *(éviter)* d'aller te promener car tu *(craindre)* les éclairs. – Les pluies qui *(s'abattre)* sur la région *(provoquer)* de graves inondations. – Quand nous *(être)* plus jeunes, les histoires de fantômes nous *(terrifier)* et nous *(empêcher)* de dormir.

À savoir

◆ L'imparfait est un des temps simples du passé. On le trouve souvent dans les récits pour décrire ou pour raconter.

◆ À l'imparfait de l'indicatif, tous les verbes ont la même terminaison :
-ais -ais -ait -ions -iez -aient.
Ex : je parlais – tu vendais – il maigrissait – nous partions – vous vouliez – elles couraient.

◆ Attention : *nous criions, vous appuyiez, tu lançais, je mangeais.*

Je m'entraîne

1. Conjugue ces verbes au présent, puis à l'imparfait de l'indicatif :

- lancer – nettoyer – oublier – jeter – manger.
- avoir – être – dormir – courir – mettre.
- devoir – prendre – faire – vivre – dire.

2. Conjugue les verbes indiqués à l'imparfait de l'indicatif :

- Lorsque nous l'*(écouter)* parler, le passé *(revivre)* devant nos yeux et nous *(imaginer)* que nous *(être)* en ce temps-là et que nous *(participer)* à ces aventures.
- Ce château *(appartenir)* à un prince. On *(raconter)* que des fantômes le *(hanter)* et que les visiteurs *(disparaître)* les soirs de pleine lune. Nous ne *(croire)* pas à ces histoires qui nous *(faire)* rire.

3. Conjugue les verbes suivants avec les personnes demandées à l'imparfait de l'indicatif :

– organiser *(1re pers. du pluriel)*
– demander *(1re pers. du singulier)*
– aboyer *(3e pers. du pluriel)*
– épeler *(2e pers. du pluriel)*
– vendre *(2e pers. du singulier)*
– devoir *(2e pers. du singulier)*
– crier *(1re pers. du pluriel)*
– lacer *(1re pers. du singulier)*

4. Repère, puis conjugue les verbes de ce texte à l'imparfait : p. 10

La Puce lève le nez, regarde par la fenêtre, sans pour autant prendre conscience de ce qui se passe autour de lui. Il lâche son crayon, mais rêvasse de plus belle. Ses camarades sont de plus en plus gênés... [...] Un camarade qui traficote derrière son livre de calcul alors qu'on est en train de réciter une fable de La Fontaine, c'est plutôt rigolo. Mais là, il ne s'agit pas de n'importe quel cancre. C'est La Puce. Et on sait ce qu'il est en train de faire.
On a promis de le couvrir… La situation est plutôt délicate. On échange des regards inquiets, des coups de coude. Assis devant La Puce, Yann tente vainement de reculer sa chaise afin de pouvoir lui envoyer un coup de pied.

5. Complète ces phrases avec des verbes de ton choix conjugués à l'imparfait :

Les rayons du soleil ... derrière la montagne. De tous ceux que je ..., il ... le plus gentil. Quand il ..., il ... d'abord sa valise puis il ... depuis sa chambre et ... dans la rue. La première fois que je ..., je ne ... et je ... une grande frayeur. Quand nous ... chez nos amis, nous ... la fête.

6. À l'oral, puis à l'écrit, conjugue les verbes au passé aux temps qui conviennent :

En ce temps-là, les dragons *(vivre)* dans les montagnes. – Le 14 juillet 1789, les parisiens *(prendre)* la Bastille. – Paul *(dormir)* quand le téléphone a sonné. – Depuis cinq minutes la cloche *(sonner)*. – Dès que la cloche sonnait, les élèves *(se ranger)*. – Tu *(être)* sous la douche quand je t'ai appelé.

7. Lis le portrait suivant et relève tous les verbes à l'imparfait en indiquant leur groupe : p. 43

Ma grand-mère, assise près de moi, se coiffait. Plissant le front, elle murmurait je ne sais quoi. Une masse de cheveux épais, noirs avec un reflet bleu, couvrait ses épaules, sa poitrine, ses genoux et traînait jusqu'à terre. Elle les soulevait d'une main, introduisant avec peine dans cette toison épaisse un peigne de bois aux dents cassées.

Enfance de Maxime Gorki.

8. Réécris le portrait 1, page 43, en utilisant l'imparfait. p. 43

9. Conjugue les verbes à l'imparfait de l'indicatif : p. 46

Alphonse *(vaquer)* tout le long de la journée dans la cour ou sur le quai et, j'*(observer)* de ma fenêtre son visage barbouillé, sa tignassse jaune, sa culotte sans fond et ses savates, qu'ils *(traîner)* dans les ruisseaux. [...] Alphonse *(hanter)* les cuisinières et *(gagner)* près d'elles force gifles et quelques vieilles croûtes de pâté. Parfois les palefreniers l'*(envoyer)* puiser à la pompe un seau qu'il *(rapporter)* fièrement avec une face cramoisie et la langue hors de la bouche. Et je l'*(envier)*.

Unité 3

Conjuguer au passé (2)

Je sais déjà

1. **Dans ces phrases, encadre en vert les verbes conjugués au présent et en bleu les verbes qui sont au passé :**

• Je décide de partir. – Ils ont rempli leur panier de mûres. – Vous avez été les derniers à arriver. – Tu te lèves tous les jours à la même heure.

• J'attends la fin de la représentation. – Nous avons marché longtemps. – Ils sont déjà levés. – Il marche très vite. – Ont-ils décidé de ce qu'ils allaient faire ? – Je suis d'accord. – Elle a attendu la fin du film. – Elle a rempli la baignoire.

Approfondissons

2. a. Relie chaque verbe de la liste 1 au verbe de la liste 2 qui lui correspond. Écris ces verbes l'un en face de l'autre.

• *liste 1* : ils tombèrent – vous lisiez – elle sonne – je cours – tu travaillais – je dormais – elle connaît – nous choisissions – Ils applaudirent – je pars.

• *liste 2* : elle a sonné – tu as dormi – nous avons couru – elle est partie – tu as choisi – elles ont applaudi – ils sont tombés – vous avez lu – tu as travaillé – nous avons connu.

b. Dans la liste 2, quel mot te permet de retrouver l'infinitif du verbe ?

c. Quel temps expriment les verbes de la liste 2 : le passé, le présent **ou** le futur **? Quel est le nom de ce temps ? Comment est-il formé ?**

3. Conjugue à l'oral, puis à l'écrit :

• J'ai feuilleté un album, puis j'ai lu le journal.
• J'ai nettoyé ce meuble et je l'ai verni.
• J'ai aperçu mon ami et j'ai couru pour lui parler.

4. a. Classe les formes verbales suivantes selon qu'elles sont conjuguées avec *avoir* ou *être* :

elle est partie – nous avons couru – ils ont découvert – j'ai marché – ils sont arrivés – je suis tombée – tu as chanté – nous nous sommes relevés – vous avez acheté – tu es venu – elle est née.

b. Que remarques-tu pour les formes conjuguées avec l'auxiliaire *être* ?

5. Complète avec le participe passé :

– apprendre : *nous avons...*
– recevoir : *nous avons...*
– s'absenter : *il s'est...*
– devenir : *ils sont...*
– faire : *tu as...*
– battre : *elle a...*
– boire : *ils ont...*
– vouloir : *tu as...*
– suspendre : *il a...*
– conduire : *j'ai...*
– cueillir : *elle a...*
– parvenir : *il est...*
– mordre : *nous avons...*
– peindre : *j'ai...*
– tondre : *vous avez...*
– mettre : *elles ont...*
– venir : *elles sont ...*
– voir : *tu as...*

Conjugaison

À savoir

◆ Le passé composé est un temps du passé. On le trouve le plus souvent dans le discours.

◆ Le passé composé est formé de l'auxiliaire *être* ou *avoir* et du participe passé du verbe conjugué.

Attention aux accords avec l'auxiliaire *être*.

Ex : J'ai terminé – Elle est allée – Tu as couru – Nous sommes tombés – Ils ont gagné.

Je m'entraîne

1. Conjugue au passé composé à l'oral, puis à l'écrit *(Attention aux accords !)* :
- Prendre son billet et monter dans le train.
- Remplir son sac et aller en promenade.
- S'asseoir dans la salle et attendre le début du film.
- Partir vite et revenir le lendemain.

2. Conjugue les verbes au passé composé :
Quand tous les invités *(arriver)* nous *(commencer)* à dîner. – Quand les passagers *(boucler)* leur ceinture, l'avion *(décoller)*. – Dès que le soleil *(se lever)* nous *(partir)* à la pêche. – Elle *(prendre)* le TGV et elle *(aller)* visiter Marseille. – Je *(être)* très étonné quand il *(annoncer)* la nouvelle. – Ils *(ranger)* le matériel puis ils *(planter)* la tente.

3. Donne le participe passé de ces verbes à l'infinitif :
appeler – ouvrir – fuir – croire – rire – naître – créer – valoir – vendre – faire – mettre – vaincre – offrir

4. Donne l'infinitif des participes passés suivants :
couvert – permis – pu – choyé – su – connu – réduit – clos – rompu – nui – valu – craint – peint – moulu

5. Réécris au passé composé :
Nous apercevons nos amis qui se cachent dans la clairière. – Les filles répondent à leur invitation. – Tu sais quelle est la réponse et tu réponds correctement. – Le jour se lève et les oiseaux commencent à chanter. – Son équipe gagne la compétition. – Je mets le couvert, je débarrasse la table puis je fais la vaisselle.

6. a. Relis le début du texte, page 46 et repère tous les verbes conjugués.

p. 46

b. À l'oral, puis à l'écrit, conjugue au passé composé les verbes des lignes 6 à 13.

Je dois savoir (p. 190 - p. 191 - p. 192 - p. 193)

◆ Conjuguer un verbe à l'imparfait de l'indicatif

Dans ce portrait de Ménalque, mets les verbes à l'imparfait de l'indicatif :

p. 43

Ménalque entre dans l'appartement et passe sous un lustre où sa perruque s'accroche et demeure suspendue ; tous les courtisans regardent et rient ; Ménalque regarde aussi et rit plus haut que les autres ; il cherche des yeux, dans toute l'assemblée, où est celui qui montre ses oreilles et à qui il manque une perruque.

◆ Conjuguer un verbe au passé composé de l'indicatif

Conjugue les verbes suivants au présent puis au passé composé :
parvenir – suivre – boire – hésiter – aller.

Conjugue les verbes entre parenthèses au passé composé de l'indicatif :
Elle *(vouloir)* monter sur la chaise et elle *(tomber)*. – Il *(être)* malade, il *(appeler)* sa mère qui lui *(donner)* un médicament. – Les enfants *(apercevoir)* une pie qui *(construire)* son nid en haut de l'arbre.

Unité 4 # Utiliser les autres temps du passé (1)

p. 57

L'épouvantable bête

Elle … le seau à terre, … sa main dans ses cheveux et … à se gratter lentement la tête, geste propre aux enfants terrifiés et indécis. Ce n'était plus Montfermeil, c'étaient les champs. L'espace noir et désert était devant elle. Elle … avec désespoir cette obscurité où il n'y avait plus personne, où il y avait des bêtes, où il y avait peut-être des revenants. Elle … bien, et elle … les bêtes qui marchaient dans l'herbe, et elle vit distinctement les revenants qui remuaient dans les arbres. Alors elle … le seau, la peur lui … de l'audace.

Découvrons et construisons

1. a. Recopie le texte en le complétant à l'aide de cette liste *(se mit – posa – vit – entendit – plongea – ressaisit – regarda – donna).*

b. Souligne les verbes qui indiquent ce que fait la fillette. À quel temps sont-ils conjugués ?

c. Quel est le temps des autres verbes ? À quoi servent-ils ?

2. À l'oral, transforme ce texte en remplaçant *elle* par *tu*, puis par *je*.

3. Conjugue au passé simple :
Elle posa : *Tu …* – Tu plongeas : *Elle …* – Ils se mirent : *Elles se …* – Nous entendîmes : *Elle …*

4. a. Classe ces verbes au passé simple selon leur groupe :
je parlai – nous finîmes – ils vécurent – il applaudit – tu crias – nous bûmes – vous chantâtes – elles mirent – nous appelâmes – vous pâlîtes – ils s'envolèrent.

b. Entoure les terminaisons des verbes du 1er groupe. Que constates-tu ?

c. À quelles personnes le passé simple est-il le plus souvent employé ?

5. Reprends tous les verbes du premier groupe de l'activité précédente et conjugue-les à toutes les personnes du passé simple.

À savoir

◆ Le passé simple est un temps du passé. On le trouve surtout à l'écrit, dans les récits, utilisé avec l'imparfait.
Ex : Le soleil brillait depuis longtemps déjà quand il se réveilla.

◆ Au passé simple de l'indicatif :
– les verbes du 1er groupe se terminent par : *-ai, -a, -a, -âmes, -âtes, -èrent.*
Ex : Je parlai – Tu parlas – Il parla – Nous parlâmes – Vous parlâtes – Ils parlèrent
– les verbes du 2e groupe et certains verbes du 3e groupe se terminent par : *-is, -is, -a, -it, -îmes, îtes, -irent.*
Ex : Je finis – tu finis – Il finit – Nous finîmes – Vous finîtes – Elles finirent
– Les autres verbes du 3e groupe se terminent par : *-us, -us, -ut, -ûmes, -ûtes, -urent.*
Ex : Je vécus – Tu vécus – Elle vécut – Nous vécûmes – Vous vécûtes – Ils vécurent.

Je m'entraîne

1. **Dans ce texte souligne en rouge les verbes conjugués au passé simple et en vert ceux à l'imparfait :** p. 54

Ce fut devant la Thénardier qu'elle recula. Elle reprit le chemin de la source et se mit à courir. Elle sortit du village en courant, elle entra dans le bois en courant, ne regardant plus rien, n'écoutant plus rien. Elle n'arrêta sa course que lorsque la respiration lui manqua, mais elle n'interrompit point sa marche. Elle allait devant elle, éperdue. Tout en courant, elle avait envie de pleurer.

2. **Conjugue ces verbes au passé simple de l'indicatif, à l'oral d'abord puis à l'écrit :**

être malade – avoir peur – faire les courses – partir en courant – voir un spectacle étonnant.

3. **Conjugue ces verbes au passé simple de l'indicatif avec les personnes demandées :**

- avancer *(2ᵉ pers. du sing.)*
  prévenir *(2ᵉ pers. du sing.)*
  jeter *(1ʳᵉ pers. du sing.)*
  peindre *(2ᵉ pers. du plur.)*
- aboutir *(3ᵉ pers. du plur.)*
  dire *(2ᵉ pers. du plur.)*
  siéger *(1ʳᵉ pers. du plur.)*
  vendre *(2ᵉ pers. du sing.)*

4. **Conjugue les verbes indiqués au passé simple de l'indicatif :**

L'histoire *(se terminer)* bien : le prince et la princesse *(se marier)*, *(avoir)* beaucoup d'enfants et *(vivre)* heureux jusqu'à la fin des temps. – Quand l'orage *(éclater)*, il ne pas *(courir)* sous le grand chêne mais il *(se réfugier)* dans la grange où il *(attendre)* la fin de l'averse. – Quand les derniers spectateurs *(quitter)* la salle, les comédiens *(savoir)* qu'ils avaient fait un triomphe.

5. **Conjugue les verbes suivants à la 3ᵉ personne du singulier du passé simple :**

Décacheter une lettre – recevoir un cadeau – réparer son vélo – arbitrer le match – se mettre à l'abri – saisir l'occasion – bâtir un château de sable – faire silence – naître à la campagne – prévenir les autres du danger.

6. a. **Réécris ce passage à la 1ʳᵉ personne du singulier :**

Élizabeth sentit sur sa peau la galopade légère du monstre. Un frisson la chatouilla dans la région des reins. Elle poussa une clameur folle, se rua vers la porte, dévala les marches, et toujours hurlant, tomba dans les bras de tante Thérèse. Des figures inquiètes l'entourèrent. On la pressa de questions. Elle reprit son souffle et hoqueta : « Dans ma chambre, une araignée... une grosse araignée !... ». p. 43

b. **Souligne tous les mots que tu as modifiés.**

7. **Réécris le texte suivant à la 3ᵉ personne du singulier puis à la 3ᵉ du pluriel :** p. 43

Je me meurtris la cuisse contre la table. Je renversai une chaise, je trébuchai et tombai, entraînant avec moi le tapis de la table. Ma bougie alla rouler loin de moi et j'en saisis une autre en me relevant. Tout à coup, celle-ci aussi s'éteignit, comme je la prenais vivement sur la table, à cause sans doute de mon mouvement trop rapide ; et immédiatement les deux bougies qui restaient allumées furent éteintes.

8. **Écris les verbes au passé simple :**

Je *(faire)* deux pas vers la grille et aussitôt les flammes *(diminuer)* et *(s'évanouir)*, les charbons ardents *(noicir)*, les lueurs *(bondir)* et *(disparaître)* et les ténèbres m'*(envelopper)*, comme un œil qui se ferme, m'*(entourer)* d'une étreinte suffocante, m'*(aveugler)* et *(anéantir)* dans mon cerveau les derniers vestiges de raison. La bougie me *(tomber)* des mains.

Unité 4

Utiliser les autres temps du passé (2)

Je sais déjà

1. a. Indique le temps et l'infinitif des verbes de ces phrases :
- Nous avons marché longtemps. – Le soleil apparaissait. – Ils partirent. – J'étais entièrement d'accord. – Ne se sont-ils pas déjà posé la question ? – Elles attendirent l'arrêt complet. – Nous nous sommes vite retrouvés.
- Elles sont tombées au début de la piste. – L'eau remplit le caniveau. – Ils n'avaient plus le temps.

b. À quel temps le verbe est-il composé de deux mots ? Relève les participes passés dans ces phrases.

c. Conjugue au passé composé tous les verbes qui ne le sont pas déjà.

2. Conjugue à toutes les personnes :
- J'ai attendu le train et je suis parti à Rome.
- J'avais attendu le bus et j'étais parti à l'école.

Approfondissons

3. a. Recopie les verbes de la liste 1 sur une colonne. Écris en face de chacun d'eux la forme verbale de la liste 2 qui lui correspond :
- *Liste 1* : ils sont tombés – vous avez lu – elle a sonné – tu as dormi – j'ai su – nous avons choisi – elles ont découvert.
- *Liste 2* : elles avaient sonné – tu avais choisi – elle avait su – nous avions découvert – il était tombé – vous aviez lu – elles avaient dormi.

b. À quel temps sont conjugués les verbes de la liste 2 ? *(Aide-toi des tableaux de conjugaison)*

c. Dans la liste 2, quel mot te permet de retrouver l'infinitif du verbe ?

4. Conjugue au plus-que-parfait :
- avoir – être – chanter – avancer – copier – saluer – essuyer.
- recevoir – grossir – pouvoir – battre – contredire – vaincre.

5. a. Donne le temps des verbes conjugués puis place-les sur un axe du temps :
Dès que le soleil était levé, le coq chantait. – Quand les petits avaient fini leur travail, ils attendaient les grands. – L'avion décollait dès que le dernier passager avait bouclé sa ceinture. – Ils rangeaient leurs outils dès que le chantier était terminé.

b. Quel est le temps utilisé pour l'action qui a lieu en premier ?

À savoir

◆ Le plus-que-parfait de l'indicatif s'utilise pour indiquer une action qui se déroule avant une autre dans le passé.
Ex : Il sortait (2) quand il avait terminé son travail (1). Dès qu'il avait terminé son travail, il sortait.

◆ Le plus-que-parfait est formé de l'auxiliaire *être* ou *avoir* conjugué à l'imparfait et du participe passé du verbe. *(Attention aux accords avec l'auxiliaire* être *!)*
Ex : Il avait mangé – Tu avais lu – Nous étions sortis – Elle était tombée.

Conjugaison

Je m'entraîne

1. Conjugue ces verbes au passé composé, puis au plus-que-parfait :
faire des plantations – offrir des fleurs – avoir peur du noir – être à l'affût

2. a. Complète ces phrases avec les auxiliaires avoir ou être au présent, puis à l'imparfait :

… é puis
… la t'…

… e que
… ou le

… s cet

Plus que parfait

3. Conjugue au plus-que-parfait de l'indicatif :
Ils *(terminer)* la construction de ce bâtiment la semaine dernière. – Les enfants dont on *(fêter)* l'anniversaire, *(souffler)* les bougies et *(recevoir)* de nombreux cadeaux. – Claudine *(asseoir)* sa poupée sur sa chaise et *(rester)* longtemps à la contempler. – Vous *(emporter)* vos affaires mais vous *(oublier)* de prendre vos clés. – Le vent *(emporter)* les feuilles.

4. Conjugue les verbes à l'imparfait ou au plus-que-parfait en justifiant ton choix :
Les pommes que nous *(manger)* et que nous *(trouver)* bonnes, *(venir)* du jardin de mon oncle. – Il *(chevaucher)* toute la journée et il *(se sentir)* très fatigué à la nuit tombée. – Elle *(passer)* toutes ses vacances à la mer mais cette année, elle *(vouloir)* aller à la montagne. – Il *(sortir)* quand il *(terminer)* son travail. – Il appellait quand il *(finir)* son travail.

Je dois savoir (p. 194 - p. 195 - p. 196 - p. 197)

◆ **Conjuguer un verbe au passé simple de l'indicatif**

Conjugue les verbes au passé simple de l'indicatif :
Il *(rédiger)* les invitations, il *(écrire)* les adresses sur les enveloppes et il *(poster)* le tout. – La première fois qu'elle l'*(apercevoir)* elle *(savoir)* qu'elle le connaissait. – Les touristes *(se rendre)* dans la capitale, *(visiter)* les musées, *(faire)* des achats de cadeaux et *(rentrer)* chez eux avec de nombreux souvenirs.

◆ **Conjuguer au plus-que-parfait de l'indicatif**

Conjugue les verbes entre parenthèses au plus que parfait de l'indicatif :
Nicolas *(finir)* ses exercices de mathématiques. – Les enfants *(regarder)* les dessins animés. – David *(choisir)* une tarte. – Les mécaniciens *(réparer)* les voitures. – Victor *(accompagner)* son père. – Pierre *(emprunter)* mon vélo et *(avoir)* un léger accident. – Mathilde *(arriver)* et *(partir)* avant moi.

◆ **Utiliser le plus-que-parfait pour indiquer l'antériorité d'une action**

Utilise le plus-que-parfait et l'imparfait pour ordonner les actions :
La machine ne *(fonctionner)* pas pourtant le réparateur *(trouver)* la panne. – Les renardeaux *(s'endormir)* quand ils *(finir)* de jouer. – Dès que le soleil *(se lever)*, les randonneurs *(s'élancer)*.

Unité 5

Différencier les temps du passé (1)

p. 70

À la poursuite du Lapin Blanc

Brusquement elle se trouve devant une petite table sur laquelle il y a une minuscule clé d'or, et Alice pense aussitôt que cette clé peut fort bien ouvrir une des portes de la salle.

Néanmoins, la deuxième fois qu'Alice fait le tour de la pièce, elle découvre un rideau bas qu'elle n'a pas encore remarqué ; derrière ce rideau se trouve une petite porte haute de quarante centimètres environ : elle essaye d'introduire la petite clé d'or dans la serrure, et elle est ravie de constater qu'elle s'y adapte parfaitement ! Alice ouvre la porte, et voit qu'elle donne sur un petit couloir guère plus grand qu'un trou à rat.

Découvrons et construisons

1. À quels temps sont conjugués les verbes dans l'encadré ?
Donne leur infinitif, puis leur groupe.

2. a. À l'oral, puis à l'écrit, reprends le texte encadré au passé en commençant par : *Brusquement elle se trouva…*

b. Quels temps as-tu utilisés ?

c. Compare tes choix à ceux de l'auteur, page 70.

3. a. Reprends l'extrait original et relève les verbes indiquant une action brève qui se passe à un moment précis.
À quel temps sont-ils conjugués ?

b. À quel temps sont conjugués les verbes qui indiquent une action qui dure ?

4. Conjugue ces verbes aux temps qui conviennent :
Nous *(regarder)* la télévision lorsque brusquement l'écran *(devenir)* noir. – L'avion *(atterrir)* entre deux rangées de lumières qui *(clignoter)*. – En faisant l'appel, le maître *(se rendre compte)* que trois élèves *(manquer)*.

5. a. Conjugue à l'imparfait les verbes de ces phrases : p. 40
Emmi *(être)* un pauvre petit gardien de cochons, orphelin et très malheureux, non seulement parce qu'il *(être)* mal logé, mal nourri et mal vêtu, mais encore parce qu'il *(détester)* les bêtes que la misère le *(forcer)* à soigner.

b. Quel temps est utilisé dans les descriptions ?

À savoir

- L'imparfait est utilisé pour décrire et/ou indiquer une action qui dure.
  Ex : Le soleil brillait, la mer était calme, les pêcheurs surveillaient leurs lignes qui flottaient dans le courant.

- Le passé simple est utilisé pour exprimer une action qui a lieu à un moment précis ou qui se produit pendant qu'une autre se déroule. On le trouve surtout dans les récits.
  Ex : Les élèves chahutaient au moment où le professeur entra.

Je m'entraîne

1. a. Conjugue ces verbes à l'imparfait :
voyager – retentir – se nommer – faire – empêcher – finir.

b. Conjugue au passé simple :
apercevoir – avoir – aller – courir – passer – devoir.
Aide-toi du tableau de conjugaison.

2. Choisis le verbe qui convient :

p. 73

Il n'*(était/fut)* pas facile non plus de se maintenir sur le dos lisse et glissant, entre les deux ailes battantes. Il *(devait/dut)* plonger ses deux mains dans les plumes et le duvet pour ne pas être précipité. Un long moment, le gamin *(avait/eut)* des vertiges qui l'*(empêchaient/empêchèrent)* de se rendre compte de rien. L'air *(sifflait/siffla)* et le *(fouettait/fouetta)*, les ailes *(frappaient/frappèrent)*, les plumes *(vibraient/vibrèrent)* avec un bruit de tempête. Treize oies *(volaient /volèrent)* autour de lui. Toutes *(caquetaient/caquetèrent)* et *(battaient/battirent)* des ailes.

3. Mets les verbes aux temps qui conviennent :
L'orage *(menacer)* depuis le matin mais lorsque la pluie *(tomber)*, sa violence *(surprendre)* tout le monde. – Alors que je ne l'*(attendre)* plus, il *(apparaître)* devant la porte et *(annoncer)* qu'il *(vouloir)* dîner. – Elle *(se promener)* dans la forêt quand elle *(entendre)* un léger bruit ; elle *(tourner)* la tête et *(apercevoir)* un daim qui la *(regarder)* d'un air surpris.

4. a. Conjugue ces verbes à l'imparfait ou au passé simple :
Eucrates *(être)* un jeune homme grec qui *(faire)* ses études en Égypte. Comme il *(voyager)* sur le Nil, il *(remarquer)* parmi les passagers un homme mystérieux. Cet homme *(se nommer)* Pancratès. [...] Il *(profiter)* des escales pour prendre des bains dans le Nil et *(nager)* au milieu des crocodiles. [...] Le jeune Grec *(comprendre)* que cet homme *(être)* un magicien et *(s'efforcer)* de devenir son ami.

d'après *L'apprenti magicien, 1000 ans de contes*, © Milan.

b. Compare ce travail avec ton voisin.

5. Fais de même pour cet extrait :
Wang-cadet *(poser)* la meule par terre et, de dépit, la *(pousser)* du pied. Et voici que la meule *(se mettre)* à tourner et à moudre. Et voilà qu'il en *(sortir)* du sel. [...] Le mari et la femme *(être)* tout contents de cette aubaine. Mais la meule *(tourner)* sans trêve ni repos et le tas de sel *(grandir)* sans cesse. Wang-cadet *(se demander)* comment il pourrait arrêter la meule. [...] Il *(avoir)* enfin l'idée de la retourner, et elle *(s'arrêter)*. Désormais, chaque fois qu'il *(manquer)* quelque chose dans le ménage, Wang-cadet *(pousser)* la meule, *(obtenir)* du sel et l'*(échanger)* avec ses voisins contre ce qui lui *(être)* nécessaire.

d'après *Contes de Chine*, © Éd. La Farandole.

6. a. Lis le texte suivant et réécris-le au passé.
Il n'est pas facile de se maintenir sur le dos lisse et glissant, entre deux ailes battantes. Il doit plonger ses deux mains dans les plumes et le duvet pour ne pas être précipité. Un long moment, le gamin a des vertiges qui l'empêchent de se rendre compte de rien. L'air siffle et le fouette, les ailes frappent, les plumes vibrent avec un bruit de tempête. Treize oies volent autour de lui. Toutes caquettent et battent des ailes. Enfin il se ressaisit et comprend qu'il doit tâcher de savoir où on le conduit.

b. Compare ton texte avec celui de l'auteur.

c. Quel est le verbe que tu n'as pas modifié ? Pourquoi ?

p. 73

Différencier les temps du passé (2)

Je sais déjà

1. a. Classe les verbes selon leur temps : simple ou composé.

Nous avons marché longtemps. – Ils partirent de bon matin. – Le soleil apparaissait. – Ont-ils décidé de ce qu'ils allaient faire ? – Ils ne s'étaient pas posé la question. – Je suis d'accord. – Elle a attendu la fin du film. – Il avait le temps de terminer.

b. À quels temps sont ces verbes ?

2. a. Conjugue chaque verbe au temps composé qui correspond :

Ex : elles attendent → elles ont attendu

elles prennent – je parlais – tu mangeais – nous partions – vous franchissiez – elles boivent – nous voyageons – il fallait – il pleut – nous apercevons.

b. Comment le passé composé et le plus-que-parfait sont-ils construits ?

Approfondissons

3. a. Recopie les verbes de la liste 1 sur une colonne. Place en face de chacun d'eux la forme verbale de la liste 2 qui lui correspond.

- ***Liste 1*** : elles aimèrent – nous franchîmes – vous appelâtes – elle lut – il dormait – tu aperçus – je fis.
- ***Liste 2*** : nous eûmes franchi – il eut dormi – elle eut lu – tu eus aperçu – elles eurent aimé – j'eus fait – vous eûtes appelé.

b. Dans la liste 2, quel mot te permet de trouver l'infinitif du verbe ?

c. Quel est le nom du temps composé de la liste 2 *(aide-toi du tableau de conjugaison)*. Comment est-il formé ?

4. a. Relève les verbes dans ces phrases, puis place-les sur un axe du temps :

– Ils rangèrent le matériel quand ils eurent monté la tente.
– Après que tous les passagers se furent installés dans l'avion, celui-ci décolla.
– Les coureurs s'élancèrent sur la piste après que le coup de feu eut retenti.
– Quand elle eut terminé sa lecture, elle ferma son livre.
– Il s'endormit quand les douze coups de minuit eurent sonné.

b. À quel temps est conjuguée l'action qui se déroule en premier ?

À savoir

◆ Le passé antérieur de l'indicatif est le temps composé du passé simple. Il sert à indiquer une action qui s'est déroulée avant l'action indiquée par le passé simple.

Ex : L'alarme se déclencha (2) dès que le voleur fut parti (1).

Le voleur part (1), puis l'alarme se déclenche (2).

◆ Le passé antérieur (qui se passe avant) est formé de l'auxiliaire *avoir* ou *être* conjugué au passé simple et du participe passé du verbe conjugué.

Ex : Elle eut donné. Nous eûmes aperçu. Vous fûtes reçus.

Son utilisation est de plus en plus rare.

Je m'entraîne

1. **Conjugue ces verbes au passé simple puis au passé antérieur en t'aidant du tableau de conjugaison :**
chanter – grandir – être – avoir – faire – devoir.

2. a. Relève les verbes conjugués et donne leur temps :
– Quand Alice eut marché dans un sens puis dans un autre, elle s'en alla tristement au milieu de la pièce. Elle essaya la clé d'or lorsqu'elle eut découvert la petite porte. Elle découvrit un jardin étonnant quand elle eut ouvert la porte.
– Quand Nils se fut accroché solidement à l'oie, celle-ci vola plus vite. Quand elles eurent volé de longues heures, elles s'arrêtèrent pour se reposer.

b. Dans chaque phrase, numérote les actions dans l'ordre où elles se sont produites.

3. **Complète ces formes verbales en mettant l'auxiliaire au *passé simple* pour former le *passé antérieur* :**
Je … partie. – Elles … oublié. – Tu … couvert. – Nous … franchi. – Ils … tombés. – Il … applaudi. – Elles … arrivées. – Vous … couru.

4. **Complète avec le participe passé qui convient et donne le temps des formes verbales :**
– *construire* : nous avions …
– *apercevoir* : ils eurent …
– *remplir* : tu avais …
– *détruire* : j'ai …
– *envoyer* : vous eûtes …
– *venir* : elle fut …
– *courir* : nous eûmes …

Je dois savoir (p. 198 - p. 199 - p. 200 - p. 201)

◆ Utiliser l'imparfait ou le passé simple

Mets le verbe entre parenthèses au temps qui convient :
Le train *(filer)* dans la campagne quand, pour la première fois, il *(s'apercevoir)* qu'il *(neiger)*. – Devant elle *(s'étendre)* un long couloir où elle *(voir)* le Lapin Blanc qui *(s'enfuir)*. – La deuxième fois qu'Alice *(faire)* le tour de la pièce, elle *(découvrir)* un rideau qu'elle *(ne pas remarquer)* la première fois.

◆ Conjuguer au passé simple

Conjugue les verbes suivants au passé simple :
Nager : *2e pers. du sing.* – **Ouvrir** : *3e pers. du plur.* – **Écrire** : *2e pers. du plur.* – **Faire** : *1re pers. du sing.* – **Croire** : *3e pers. du sing.* – **Plonger** : *2e pers. du sing.*

◆ Conjuguer aux temps du passé

Donne l'infinitif de quatre verbes de ton choix, puis conjugue-les à la 3e personne du singulier aux temps suivants :
imparfait / passé simple / passé composé.

Unité 6

Conjuguer au futur (1)

p. 88

Alerte au ptérodactyle

Comme des dératés, nous dévalâmes l'escalier en colimaçon. Le temps de cogner à sa porte et M. Coruscant surgit, une chandelle à la main, enveloppé dans une grande robe de chambre qui lui tombait jusqu'aux pieds. Les cheveux hérissés sur la tête lui donnaient l'air d'un hibou. [...]

Découvrons et construisons

1. Transforme à l'oral, puis à l'écrit, l'extrait ci-dessus en commençant par *Demain*. Qu'as-tu modifié ? Pourquoi ?

2. a. Transforme les verbes suivants selon l'exemple : *rêver* ➜ *tu rêveras.*

- camper : nous ...
- applaudir : j' ...
- commencer : elles ...
- choisir : vous ...
- jaunir : ils ...
- rouler : elle ...

b. Compare l'infinitif et la forme verbale conjuguée au futur simple. Que remarques-tu ? Comment s'appelle ce temps ?

c. Conjugue au futur simple à toutes les personnes :
Je terminerai mon livre et je le rendrai à la bibliothèque.

3. a. Avec les verbes de l'activité 2, transforme selon l'exemple :
rêver ➜ *tu vas rêver.*

b. Emploie ces verbes dans des phrases.

c. Quelles différences vois-tu entre le futur simple et le futur proche que tu viens de former (sens et construction) ?

4. a. Transforme les verbes suivants selon l'exemple :
venir ➜ *je viendrai, je vais venir.*

- tenir : tu ...
- vouloir : elle ...
- falloir : il ...
- aller : ils ...
- faire : vous ...
- valoir : elles ...

b. Peux-tu faire les mêmes remarques que pour les activités 2 et 3 ?

À savoir

◆ Pour exprimer une action qui se déroule dans l'avenir, on emploie le futur simple de l'indicatif. *Ex : L'année prochaine, je passerai mes vacances à Londres.*

◆ Au futur simple, tous les verbes ont la même terminaison : *-rai -ras -ra -rons -rez -ront*.
Ex : Je choisirai, tu crieras, il franchira, nous jouerons, vous grandirez, ils parleront.

◆ Au futur simple, la plupart des verbes du 3e groupe ont leur radical modifié.
Ex : j'irai, tu sauras, il faudra, nous viendrons, vous voudrez, elles feront.

◆ Le futur proche s'utilise surtout à l'oral. Il exprime une action proche. Il se forme avec le verbe aller suivi d'un infinitif. *Ex : Nous allons bientôt arriver.*

Futur

it,

e.

it,

tir

…ais poster ma lettre tout à l'heure. – Ce médicament **va agir** rapidement et vous **allez être** soulagé très vite. – Vous **allez escalader** la montagne et vous **allez planter** un drapeau à son sommet puis vous **allez** vous **reposer**.– Tu **vas prendre** la première à gauche, quand tu **vas arriver** sur la place tu **vas tourner** à droite et tu **vas laisser** la voiture en stationnement en bas de la maison. – Ils ne **vont** pas **croire** ce que je **vais** leur **annoncer**.

4. Transforme le futur simple en futur proche :
Nous **repeindrons** la cuisine et nous **poserons** du papier dans le couloir. – Tu ne **dépenseras** pas toute ton énergie mais tu t'**économiseras**. – Au printemps, tous les arbres **reverdiront**. – Le menuisier **réparera** le fauteuil et l'**exposera** dans sa vitrine. – Dans quelques jours, je **déménagerai** et je m'**installerai** dans une autre région.

5. Conjugue ces deux phrases à toutes les personnes :
- Je trouverai son numéro et je lui téléphonerai.
- Je réfléchirai et j'agirai ensuite.

6. Choisis entre le futur simple et le futur proche selon la phrase :
Demain, mes parents *(venir)* me voir. – La semaine prochaine, j'*(aller)* au spectacle. – Quand je *(être)* grand, je *(être)* pompier. – Encore une seconde et il *(tomber)*.

7. Mets les verbes entre parenthèses au futur simple de l'indicatif :
Vous *(fendre)* les bûches, vous les *(transporter)* dans la maison et vous *(ne pas oublier)* d'allumer le feu. – Tu *(ne pas pouvoir)* venir, tu *(ne pas être)* encore guéri. – Ils *(mettre)* la table quand ils *(avoir)* le temps. – Je *(ne pas savoir)* quand il *(revenir)*. – *(Savoir)*-tu garder un secret ?

8. a. Lis les phrases suivantes, encadre chaque verbe et indique à quel temps il est conjugué :
Quand nous sortions le soir, nous revenions avant la nuit. – Je pars dès que je suis prête. – Nous attendîmes son retour. – Vous n'avez pas compté toutes les pièces de cette collection. – Les enfants adoraient ce jeu ; ils y jouaient tout le temps. – Il ferme la porte chaque fois qu'il veut ouvrir la fenêtre. – Ce vêtement ne te va pas, il n'est pas à ta taille. – Elle se sauva brusquement quand elle entendit ce bruit et elle ne s'arrêta pas quand je l'appelai.

b. Recopie ces phrases en conjuguant les verbes au futur simple de l'indicatif.

9. a. Relis le texte de la page 54, puis réécris le premier paragraphe jusqu'à « rassurait » en commençant par : *La prochaine fois…* .

b. Compare ensuite ton texte à celui d'un camarade.

p. 54

Unité 6

Conjuguer au futur (2)

Je sais déjà

1. a. Lis ces phrases, puis relève les verbes et indique leur groupe :
Je me lève tôt le lundi matin. – Tu as besoin d'une bouteille en verre. – Lorsque le vinaigre est en contact avec la craie, il se produit une réaction chimique. – Quand nous frappons à la porte, le professeur surgit, une chandelle à la main, enveloppé dans une robe de chambre à fleurs qui lui tombe jusqu'aux pieds. – Les enfants regardent horrifiés l'énorme créature qui s'élève du sol, retombe lourdement, rebondit encore et se pose quelques mètres plus loin. – La grosse machine s'envole quand les hommes coupent les cordes et appuient sur le bouton.

b. Transforme les phrases au futur simple puis au futur proche.

Approfondissons

2. a. Complète à l'oral, puis à l'écrit, les phrases suivantes avec ces verbes :
auront dîné – aura décollé – sera tombée – aura réparé – aurez empilé – seras arrivée.
Quand le garagiste ... la voiture, elle roulera à nouveau. – Vous sortirez quand vous ... vos anoraks. – Quand ils arriveront, ils ... . – Dès que l'avion ..., les passagers détacheront leurs ceintures. – Tu me téléphoneras dès que tu ... . – Les stations de ski ouvriront dès que la neige ... .

b. Comment sont formés les verbes que tu viens d'utiliser ?

c. Place les verbes de chaque phrase sur un axe du temps. Que constates-tu ?

d. Reporte-toi aux tableaux de conjugaison pour trouver le nom de ce temps.

3. Conjugue l'auxiliaire des formes verbales suivantes au futur simple *(aide-toi du tableau de conjugaison)* :
jeter : tu ... jeté – *coudre* : nous ... cousu – *répondre* : j' ... répondu – *vouloir* : elle ... voulue – *être* : vous ... été – *avoir* : il ... eu.

4. Conjugue ces verbes au futur antérieur à l'oral d'abord, puis à l'écrit *(aide-toi du tableau de conjugaison)* :
acheter – envoyer – savoir – dire – revenir.

5. a. Conjugue le premier verbe au futur et le second au futur antérieur :
Quand la pluie *(cesser)*, nous *(sortir)*. – Dès que papa *(trouver)* la panne, il *(réparer)* la voiture.

b. Place les verbes sur un axe du temps. À quel temps est conjuguée l'action qui se déroule la première ? et l'autre ?

À savoir

- Le **futur antérieur** de l'indicatif est le **temps composé** du futur simple. Il sert à indiquer une action antérieure (qui se déroule avant) à l'action exprimée par le verbe au futur.
Ex : Il sortira (2) quand il aura terminé (1) son travail.

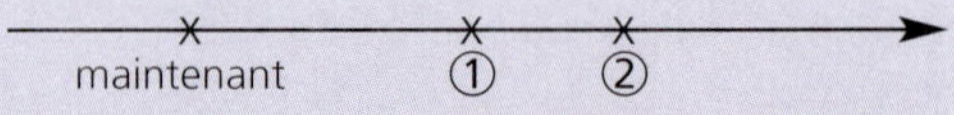

- Pour ton information : le **futur antérieur** est formé de l'auxiliaire *être* ou *avoir* conjugué au **futur** et du **participe passé** du verbe conjugué.
Ex : Nous aurons mangé. Tu seras parti(e). Elles auront discuté.
- **Attention** aux accords du participe passé conjugué avec l'auxiliaire *être*.

Conjugaison

Futur Antérieur

[illegible] s
[illegible] rai

Conjugue les verbes entre parenthèses au futur antérieur (aide-toi du tableau de conjugaison) :
Ils se réconcilieront quand ils (comprendre) les raisons de leur dispute. – Nous *(tracer)* d'abord les limites du terrain puis nous choisirons les équipes. – Quand tu *(terminer)* l'entraînement tu iras prendre une douche. – Il n'*(avoir)* que le temps de se préparer. – Elle *(participer)* à la course. – Elles partiront quand je leur (*donner)* le signal du départ. – Je me mettrai à table quand je *(se laver)* les mains.

3. **Conjugue les verbes suivants au futur et / ou au futur antérieur** *(aide-toi du tableau de conjugaison)* :
Quand l'hiver *(venir)*, les arbres *(perdre)* leurs feuilles. Le pêcheur *(revenir)* au port quand il *(pêcher)* assez de poissons. Dès que nous *(préparer)* le repas, nous *(passer)* à table. Ils *(emménager)* quand ils *(trouver)* la maison de leurs rêves. Dès que tu *(arriver)* tu me *(téléphoner)*. Quand les pompiers *(donner)* l'alerte, les habitants *(commencer)* à évacuer le village.

4. **Mets ces phrases au futur :**
Quand nous avions attrapé un poisson, nous nous sentions très fiers. – Lorsque nous avions beaucoup marché, nous nous reposions. – Nous avons cueilli de jolies fleurs ensuite nous les avons mises dans un vase. – La louve nourrit et protège ses petits dès qu'ils sont nés. – Nous nous sommes réunis lorsqu'il fut arrivé.

Je dois savoir (p. 202 - p. 203 - p. 204 - p. 205)

◆ Conjuguer un verbe au futur simple

Reprends ce passage, en mettant les verbes au futur simple :

p. 54

Je me dirigeai vers les flammes qui dansaient entre les charbons ardents (...) ; je fis deux pas vers la grille et aussitôt les flammes diminuèrent et s'évanouirent, les charbons ardents noircirent, les lueurs bondirent et disparurent et, au moment où j'enfonçais la bougie entre les barreaux de la grille, les ténèbres m'enveloppèrent, comme un œil qui se ferme, m'entourèrent d'une étreinte suffocante, m'aveuglèrent et anéantirent dans mon cerveau les derniers vestiges de raison. La bougie me tomba des mains.

◆ Conjuguer un verbe au futur simple et au futur proche

Conjugue les verbes suivants au futur simple puis au futur proche :
avoir de la peine – prendre le temps de regarder – courir de toutes ses forces – marcher dans la neige.

◆ Utiliser le futur simple et le futur antérieur

Conjugue au temps qui convient :
Quand tu me *(poser)* la question je *(savoir)* quoi répondre. – Dès que le rideau *(se lever)*, les acteurs *(entrer)* en scène. – Le soleil *(revenir)* quand le vent *(chasser)* les nuages. – Quand je *(faire)* contrôler ma vue, je *(savoir)* si j'ai besoin de lunettes.

Unité 7 Conjuguer les modes impersonnels (1)

p. 103

Envoyée spéciale en Bosnie

Greg et Heidi se retrouvent sur le parking de l'aéroport devant une vieille voiture tout terrain toute cabossée…

– Ne fais pas cette tête-là Heidi : le moteur est intact ! Le principal, c'est que cet engin fonctionne et qu'il soit blindé. Ces deux conditions étant réunies, en route ! À toi l'honneur, ajoute-t-il en me tendant la clef de contact, moi je vais en profiter pour me reposer, alors s'il te plaît, sois prudente !

Découvrons et construisons

1. a. Lis le texte ci-dessus ; indique qui parle et à qui sont adressées ces paroles.

b. Les mots en orange donnent-il des informations, des ordres, des conseils ? Justifie ta réponse.

c. Cherche leur sujet.

2. Relis ce texte en imaginant que Greg parle à Heidi et à une autre personne.

3. a. Transforme selon le modèle :
Se dépêcher → Dépêche-toi, dépêchons-nous, dépêchez-vous.
Se lever tôt – Ne pas prendre son temps – Regarder attentivement – Ne pas courir mais marcher vite.

b. Indique le temps, le mode et la personne de ces verbes. *(Tu peux t'aider des tableaux de conjugaison.)*

4. Transforme selon l'exemple :
Va au cinéma → Vas-y
Pense à ton travail → …
Mange des fruits → …
Achète des légumes → …

5. Conjugue à toutes les personnes de l'impératif présent :
– avoir du courage
– prendre de bonnes résolutions
– ne pas sortir sous la pluie
– franchir l'obstacle.

À savoir

- L'impératif est un mode utilisé pour donner des ordres, des conseils. Il se conjugue à trois personnes (sans pronom) : la 2e personne du singulier, les 1re et 2e du pluriel.
  Ex : Marche plus vite – Marchons plus vite – Marchez plus vite.
- À l'impératif présent, les verbes se conjuguent ainsi :
  - 1er groupe : *Parle – Parlons – Parlez – Mange – Mangeons – Mangez.*
  - 2e groupe : *Réagis – Réagissons – Réagissez – Finis – Finissons – Finissez.*
  - 3e groupe : les verbes et les auxiliaires ont souvent des conjugaisons irrégulières.
    Être : *Sois – Soyons – Soyez.* ***Avoir*** : *Aie – Ayons – Ayez.*
    Aller : *Va – Allons – Allez.* ***Vouloir*** : *Veuille – Veuillons –Veuillez.*
    Faire : *Fais – Faisons – Faites.*
- Attention : À la 2e personne du singulier, les verbes terminés par e ou a prennent un *s* quand ils sont suivis de *en* ou de *y*. *Ex : Mange → Manges-en. – Va → Vas-y.*

Je m'entraîne

1. **À l'oral, puis à l'écrit, conjugue au présent de l'indicatif, puis au présent de l'impératif :**
– classer les livres et les ranger dans la bibliothèque
– avoir confiance et être patient
– bien choisir et ne pas se tromper.

2. **Conjugue soit à l'impératif, soit à l'indicatif présent :**
Ex : Tu dis la vérité. ⟷ *Dis la vérité.*
- ... ⟷ Soyons honnêtes.
- Vous n'avez pas peur. ⟷ ...
- ... ⟷ Ne sois pas têtu.
- Nous y songeons. ⟷ ...
- ... ⟷ Demande à ton frère.
- Vous ne copiez pas. ⟷ ...
- ... ⟷ N'aie pas peur.
- Tu es attentif. ⟷ ...
- ... ⟷ Descendez de là.
- Nous allons jouer. ⟷ ...

3. **Conjugue ces verbes à l'impératif présent et à la personne demandée :**
– se laver *(2e pers. du sing.)*
– intervenir rapidement *(2e pers. du plur.)*
– faire des économies *(1re pers. du plur.)*
– vouloir être courtois *(2e pers. du plur.)*
– ne rien dire *(1re pers. du plur.)*
– cueillir des pommes *(1re pers. du sing.)*
– avoir davantage de courage *(2e pers. du sing.)*

4. **Conjugue les verbes à l'impératif présent et à la personne qui convient :**
(Accélérer) l'allure si nous ne voulons pas être en retard. – *(Changer)* de vêtements, tu es vraiment trempé. – *(Finir)* nos devoirs pour aller jouer. – *(Ne pas avaler)* les noyaux quand vous mangez des cerises. – *(Surgir)* à l'improviste si nous voulons le surprendre. – *(Ne pas abandonner)* les recherches si tu veux le trésor. – *(S'abriter)* pendant l'orage ou tu seras trempé. – *(Réagir)* plus vite, vous dormez ! – *(Prendre)* ton médicament et *(aller)* te recoucher. – *(Boucler)* votre ceinture, *(conduire)* prudemment, et *(ne pas se laisser)* distraire. – *(Ne pas s'exposer)* au soleil mais *(se protéger)*, ainsi vous éviterez d'être brûlés.

5. **Complète les phrases avec *être* ou *avoir* à l'impératif présent et à la personne qui convient :**
... patient, ton train est annoncé. – ... du sang-froid, il ne faut pas que vous paniquiez. – ... attentifs ou nous ne saurons pas quoi faire ! – ... du courage, vous ne devez pas renoncer. – ... la patience d'écouter et vous connaîtrez la fin de l'histoire. – ... prudents, nous risquons l'accident.

6. **Relis le 2e texte, page 84, et réécris-le à la 1re puis à la 2e personne du pluriel de l'impératif présent.**

p. 84

7. **a.** **Réécris cette recette en conjuguant les verbes à l'impératif à la 2e personne du pluriel :**
Écosse les fèves et mets-les dans un grand saladier. Coupe les extrémités des carottes et jette-les. Épluche les carottes puis coupe-les en rondelles dans le grand saladier. Lave les feuilles de laitue. Essore-les. Coupe-les en lanières dans le saladier. Verse l'huile d'olive dans un petit saladier. Ajoutes-y du sel et les graines de sésame. Mélange le tout. Verse cette sauce sur la salade et mélange toutes ces crudités avant de servir.

b. **Mets tous ces verbes à l'infinitif.**

8. **a.** **Relis le premier texte de la page 84.**

p. 84

b. **À quel temps et à quel mode sont conjugués les verbes de ce texte ?**

c. **Réécris-le à la première personne du pluriel.**

d. **Fais le même travail à la deuxième personne du pluriel.**

Unité 7

Conjuguer les modes impersonnels (2)

Je sais déjà

1. a. Dans ces phrases, souligne en bleu les verbes conjugués à un temps simple et en rouge ceux conjugués à un temps composé :

Nous sommes allés lui rendre plusieurs visites. – Ils sortiront dehors quand la neige aura cessé. – La dernière fois que j'ai vu Jean-Christophe Durant, il revenait de chez sa sœur. Pendant qu'elle traversait, le feu passa au vert. – Malgré la pluie, les automobilistes n'avaient pas modifié leur allure. – Avez-vous pris le temps de regarder dehors ?

b. Réécris chaque verbe à la personne correspondante du singulier ou du pluriel. Que peux-tu dire des participes passés ? À quel temps est conjugué le verbe ?

Approfondissons

2. a. Lis les phrases suivantes :
« Ces deux conditions étant réunies, en route ! À toi l'honneur, ajoute-t-il en me tendant la clef de contact. »

b. Observe les deux mots en rose.
À partir de quels verbes sont-ils formés ? Quelle est leur terminaison ?

3. a. Fais les mêmes observations avec ces verbes :

- traversant
- jouant
- criant
- participant
- émouvant
- ayant
- disant
- sachant
- allant

b. Comment s'appelle cette forme verbale ? *(Tu peux t'aider du tableau de conjugaison.)*

4. Retrouve les participes présents des infinitifs suivants :

- approcher
- finir
- coudre
- partir
- courir
- devoir

5. Donne le participe passé de chaque verbe et utilise-le comme adjectif pour compléter les mots indiqués :
perdre : une partie – *écrire* : des mots – *tirer* : un numéro au sort – *savoir* : une leçon. – *casser* : une voiture – *envoyer* : une lettre.

6. Fais le même travail avec les participes présents de ces verbes :
gagner : une partie – *perdre* : des numéros – *percer* : une voix – *cueillir* : des fleurs – *savoir* : des leçons – *apprendre* : une poésie.

À savoir

◆ Le participe présent est formé en ajoutant *-ant* au radical du verbe. Il ne s'accorde pas.
Ex : Le jour se levant, il fallut partir.
La fête, éblouissant les invités, se termina par un bal.

◆ Il peut être aussi utilisé comme adjectif et peut ainsi s'accorder.
*Ex : Les fêtes **éblouissantes** se terminèrent par un bal.*
*La marche **épuisante** affaiblit les animaux.*

◆ Le participe passé, utilisé dans la conjugaison des temps composés, peut aussi être utilisé comme adjectif.
*Ex : Son travail **terminé**, elle peut aller jouer. – Ils se sont quittés une fois l'affaire **conclue**.*

Je m'entraîne

1. **Indique le participe présent de chaque verbe à l'infinitif et utilise-le dans une phrase :**
conduire – déneiger – rire – pleuvoir – revêtir – vouloir – perdre – battre – nuire – prévoir.

2. **Donne le participe passé de chaque verbe à l'infinitif et utilise-le dans une phrase :**
répandre – devoir – franchir – mentir – envoyer – conclure – plaire – naître – vaincre.

3. **Trouve le participe présent des verbes suivants, puis complète les phrases** *(attention aux accords)* **:**
sortir – faire – assourdir – effrayer – traverser – recevoir.

Fais attention en ... la rue. – Referme la porte en ... . – J'ai oublié d'acheter du sucre en ... les courses. – Ils ont été très émus en ... ta lettre. – La musique ... empêchait toute conversation. – En ... les animaux, l'orage les a dispersés dans les champs.

4. **Complète les phrases suivantes à l'aide des participes passés des verbes :**
retrouver – adopter – cultiver – tatouer – achever – arriver – téléviser – abandonner – envoyer.

– Sa journée ... Paul est content de rentrer chez lui.
– L'igname, une plante ... en Afrique, est comestible.
– ... ce matin à l'aéroport, elle a ... ses grands-parents.
– ... en Bosnie, les journalistes ont fait un reportage ...
– Les animaux ... devront être ... dans un délai de quelques semaines pour pouvoir être ... .

Je dois savoir (p. 206 - p. 207 - p. 208 - p. 209)

◆ Conjuguer les verbes à l'impératif présent

Conjugue les verbes suivants à l'impératif présent à toutes les personnes :
Se taire et s'approcher doucement. – Courir et franchir l'obstacle.

Transforme ces phrases à l'impératif présent :
Nous partons immédiatement. – Tu ne perds pas de temps et tu es bref. – Pierre et toi, vous faites la cuisine et vous mettez la table. – Vous n'êtes pas inquiets. – Tu ne pars pas, tu attends ton frère. – Vous n'avez pas peur.

◆ Conjuguer le participe présent

Réécris ces phrases en mettant le verbe indiqué au participe présent :
Restez tranquilles en *(attendre)* le début du spectacle. – En *(utiliser)* des produits *(polluer)* on doit être très prudent. – Les concurrents, en *(attendre)* le départ de la course, sont nerveux.

◆ Utiliser le participe passé

Réécris ces phrases en utilisant le participe passé des verbes indiqués. *(Attention aux accords !)*
Les loups sortent du bois *(pousser)* par la faim. – *(Surprendre)* par le verglas, la conductrice glissa dans le fossé. – *(Cacher)* derrière la porte, j'entends mon frère arriver. – Elle est revenue en classe une fois *(guérir)*. – Ces fruits *(cueillir)* trop tôt ne sont pas mûrs.

Unité 8

Reconnaître le conditionnel (1)

p. 114

Christophe découvre le piano

Maintenant, sa plus grande joie est quand sa mère doit passer la journée en service ou faire une course en ville. Il écoute ses pas descendre dans l'escalier : les voilà dans la rue ; ils s'éloignent. Il est seul, il ouvre le piano, il approche une chaise, il se juche dessus ; ses épaules arrivent à la hauteur du clavier : c'est assez pour ce qu'il veut. Pourquoi attend-il d'être seul ?

Découvrons et construisons

1. Relève les verbes conjugués du texte ci-dessus et indique pour chacun son groupe, son temps et la personne à laquelle il est conjugué.

2. À l'oral, puis à l'écrit, reprends le texte ci-dessus en commençant par : *Autrefois,* puis par *La prochaine fois*. Quels mots as-tu modifiés ? Quels temps as-tu utilisés ?

3. a. Recopie la 3e phrase du texte en la commençant par :
Si sa mère était partie, il serait seul, …

b. Complète les verbes :
Si sa mère partait, Christophe entend... ses pas dans l'escalier ; il les écoute... . Il ser... enfin seul. Il ouvrir... alors le piano, il jouer... et ser... très heureux.

c. Les actions de ces verbes se produisent-elles réellement ? Que faut-il pour qu'elles se réalisent ?

d. À quel temps et à quel mode as-tu conjugué ces verbes ?

4. Réécris ces phrases en mettant les verbes au conditionnel présent :
Tu dois faire attention. – Nous devons nous dépêcher pour ne pas être en retard. – Il faudra rentrer avant la nuit. – Ne pouvez-vous pas faire moins de bruit ?

5. Complète ces phrases :
S'il faisait beau nous … – Si tu étais mécanicien tu … – Tu aimerais regarder les étoiles si … – Si je passais la voir elle … – Vous iriez au théâtre si … – Se baignerait-elle si …

À savoir

◆ Comme l'indicatif et l'impératif, le conditionnel est un mode.

◆ Il sert à indiquer :

- une action qui se produira à condition qu'une autre action se soit déjà déroulée,
  Ex : Nous partirions en promenade si la pluie cessait.
  (Le verbe qui exprime la condition est souvent conjugué à l'imparfait de l'indicatif.)
- une action qui se produit dans l'imaginaire,
  Ex : On serait sur une île déserte et on chasserait des animaux sauvages.
- un conseil ou une demande,
  Ex : Tu devrais faire attention. Nous voudrions des explications plus complètes.

Je m'entraîne

1. Conjugue les verbes suivants au [illegible]

Conditionnel

[illegible] e [illegible] e [illegible]

[illegible] s. – Ils [illegible] eau. – Si [illegible] ons des [illegible] la mer [illegible] ait, vous [illegible] r aurait des chances de gagner le match s'il attaquait davantage.

3. Trouve l'intrus dans chaque liste :

- tu viendrais – nous viendrions – elle viendrait – je viendrai – ils viendraient.
- tu partiras – nous partirons – je partirais – ils partiront – vous partirez.

4. Complète ces phrases en mettant les verbes entre parenthèses au conditionnel présent :

Si j'avais le temps, je *(regarder)* cette émission. – Vous *(être)* aimable de m'aider à monter dans l'autobus. – Il *(avoir)* tort de ne pas l'écouter. – Ils espéraient qu'il *(ramasser)* des champignons. – Si nous revenions assez tôt, nous *(venir)* vous voir. – Si vos cousins étaient là, vous *(passer)* un bon après-midi. – Elles *(rester)* jusqu'à lundi si vous le vouliez bien. – *(Pouvoir)*-vous me passer le sel ?

5. Écris le premier verbe de chaque phrase à l'imparfait et le second comme il convient :

S'ils le peuvent, ils deviendront pilotes de course. – Si nous trouvons le temps, nous passerons te voir. – Si le train a de l'avance vous le raterez. – Si tu as un télescope, tu peux observer la lune. – Si vous marchez dans la boue, vous vous salirez. – Si je passe par Paris, je te rendrai visite.

6. Réécris en mettant le verbe indiqué au temps qui convient :

Si tu reviens assez tôt, tu *(déjeuner)* avec nous. – Si tu étais bricoleur, tu *(réparer)* toi-même ton vélo. – Nous *(acheter)* une maison si nous étions riches. – Nous *(pouvoir)* faire du ski si la neige était tombée. – Si des extra-terrestres arrivaient nous nous *(enfuir)*. – J'ai cru que Paul *(obtenir)* une bonne note. – Le pêcheur espère qu'il *(prendre)* beaucoup de poissons. – Si des extra-terrestres arrivaient, nous nous *(enfuir)*.

7. Conjugue le verbe indiqué au futur ou au conditionnel présent selon le sens de la phrase :

Tu *(faire)* bien de te dépêcher, le train ne t'*(attendre)* pas. – Pendant les vacances, ils *(visiter)* la Sicile. – Si tu avais le téléphone, tu les *(avertir)*. – Inutile, il ne t'*(écouter)* pas. – Un alpiniste qui ne *(prendre)* pas ses précautions *(risquer)* sa vie. – La tarte *(être)* moins acide si tu rajoutais du sucre. – Avec de l'aide, je *(finir)* ce travail rapidement. – Si ce mur était moins haut, nous l'*(escalader)*.

8. a. Recopie cet extrait en conjuguant les verbes entre parenthèses au conditionnel présent :

Mais il *(avoir)* honte devant les autres, il n'*(oser)* pas. Et puis on *(causer)*, on *(se remuer)* ; cela *(gâter)* le plaisir. Ce *(être)* tellement plus beau si on était seul !... Christophe *(retenir)* son souffle (...). Le cœur lui *(battre)*, en appuyant le doigt sur la touche ; quelquefois il le *(relever)* après l'avoir enfoncé à moitié, pour le poser sur une autre.

b. Compare avec le texte de la page 114. Quel est le temps utilisé par l'auteur ?

p. 114

Unité 8 Reconnaître le conditionnel (2)

Je sais déjà

1. a. Dans le court texte ci-dessous, repère les verbes :
Si je gagnais au loto, je ferais le tour du monde. Mes parents viendraient avec moi et nous partirions ensemble à la découverte de pays inconnus. Nous aurions ainsi l'occasion de rencontrer des gens différents et je me ferais beaucoup d'amis.

b. Les actions exprimées par ces verbes vont-elles se produire de façon certaine ? Justifie ta réponse.

c. À quel temps et à quel mode est conjugué le premier verbe du texte ? Pourquoi ?

d. À quel temps et à quel mode sont les autres verbes ? Pourquoi ?

Approfondissons

2. a. Reprends le texte précédent en commençant par : *Si tu gagnais*, puis par *Si vous gagniez*.

b. Observe la terminaison et le radical des verbes. Que peux-tu dire de la façon dont ce mode et ce temps se conjuguent ?

3. Conjugue à l'imparfait et au futur simple de l'indicatif, puis au présent du conditionnel :
chanter – jouer – essayer – finir – grandir – applaudir.

4. Conjugue les verbes suivants au conditionnel aux personnes demandées :
ouvrir : j'ouvrirais, ils … – *faire* : nous ferions, vous … – *vouloir* : je ..., tu voudrais – *cueillir* : tu cueillerais, vous ...

5. Complète avec les verbes *être* ou *avoir* au conditionnel présent :
- Nous ... en promenade.
- J' ... des jouets pour mon anniversaire.
- Il ... chez sa grand-mère.
- L'acrobate ... en équilibre.
- Vous ... des gants fourrés.
- Tu ... dans la forêt.
- Ils ... à table.
- Mes frères ... au travail.
- Tu ... un manteau neuf.
- Je ... malade.

6. Complète en utilisant le conditionnel présent:
- Si nous n'allions pas au cinéma, il ...
- Si nous avions de la chance, nous ...
- Si les pompiers arrivaient trop tard, ils ...
- Si le vent soufflait, je ...

À savoir

◆ Au conditionnel présent, tous les verbes ont la même terminaison :
-rais, -rais, -rait, -rions, -riez, -raient.

	être	*avoir*	*jouer*	*finir*	*vendre*
je	serais	aurais	jouerais	finirais	vendrais
tu	serais	aurais	jouerais	finirais	vendrais
il, elle, on	serait	aurait	jouerait	finirait	vendrait
nous	serions	aurions	jouerions	finirions	vendrions
vous	seriez	auriez	joueriez	finiriez	vendriez
ils, elles	seraient	auraient	joueraient	finiraient	vendraient

Je m'entraîne

1. **Conjugue ces verbes au futur simple, à l'imparfait, puis au conditionnel présent :**
salir ses vêtements – réussir une acrobatie – avoir de la patience.

conditionnel

Conjugue au conditionnel présent et à la personne demandée :
[illegible] atterrir [illegible] cher la [illegible] e *pers.* [illegible] u *sing.* [illegible] – obéir [illegible]

Termine les phrases suivantes en utilisant le futur simple ou le conditionnel présent.
Si je [illegible] du vélo [illegible] – Si je savais faire du vélo [illegible] nous sommes à l'heure [illegible] Si nous [illegible]

4. **Relève tous les verbes et indique le temps, le mode et la personne à laquelle ils sont conjugués :**
Si j'étais marin, je voguerais sur toutes les mers du globe. J'imagine que je verrais de merveilleux paysages : des palmiers qui balancent leurs larges feuilles et des fleurs multicolores qui attirent des oiseaux fabuleux. Ces projets ne pourront se réaliser que si j'apprends la navigation !

5. **Réécris cet extrait au conditionnel présent :** p. 114
Christophe retient son souffle, pour que ce soit plus silencieux encore, et aussi parce qu'il est un peu ému, comme s'il allait tirer un coup de canon. Le cœur lui bat, en appuyant le doigt sur la touche ; quelquefois, il le relève, après l'avoir enfoncé à moitié, pour le poser sur une autre.

Je dois savoir (p. 210 - p. 211 - p. 212 - p. 213)

◆ Reconnaître les verbes conjugués au conditionnel présent

Relève les verbes au conditionnel présent et pour chacun d'eux donne l'infinitif, le groupe et la personne.
Si tu t'entraînais régulièrement, tu réussirais plus facilement et te sentirais moins fatigué. – Quand je rentrerai les lumières brilleront encore. – Il passait ici tous les soirs et entendait le même bruit régulier. – Si l'orage n'avait pas éclaté nous serions là.

◆ Conjuguer les verbes au conditionnel présent

Mets les verbes indiqués au conditionnel présent.
C'est que cette fois, moi aussi j'*(avoir)* un cornet à la main ! Je *(disposer)* d'une loupe que je n'*(observer)* pas avec plus d'attention comment Buddy Joe *(pincer)* les lèvres, comment il *(gonfler)* les joues, comment il *(placer)* ses mains autour de l'instrument et de quelle façon il *(poser)* le haut de l'embouchure dans le petit creux, à l'endroit où la lèvre supérieure se divise en deux moitiés. p. 117

Unité 9 Reconnaître le subjonctif (1)

p. 134

La cabane

« Il faudra, dit-il, ramasser dès ce soir tous les morceaux de planches que l'on trouvera, les lattes, les vieux clous, les bouts de fer. »

Il chargea l'un des guerriers de trouver un marteau, un autre des tenailles, un troisième un marteau de maçon ; lui, apporterait une hachette, Camus une serpe, Tintin un mètre et tous, ceci était obligatoire, tous devaient chiper dans la boîte à ferraille de la famille au moins cinq clous [...].

Découvrons et construisons

1. a. Compare cette phrase avec la première phrase du texte ci-dessus :
Il faudra qu'on ramasse dès ce soir tous les morceaux de planches que l'on trouvera.

b. Le sens en est-il modifié ?

c. Qui parle, dans cette phrase ? et dans celle de l'extrait ?

2. Conjugue à toutes les personnes :
Il faudra que je ramasse, il faudra que tu ...
Qu'observes-tu ?

3. a. Complète les phrases avec la forme verbale qui convient :
J'attends que vous *(étiez / êtes / soyez)* plus calmes. – Il faut qu'il *(dort / dorme / dormait).* – Je souhaite que vous *(allez / alliez / irez)* à la piscine. – J'exige qu'il *(apprend / apprenait / apprenne)* ses leçons.

b. À l'aide des tableaux de conjugaison indique le mode et le temps utilisés.

c. Par quel mot ces formes verbales sont-elles introduites ?

4. Transforme à l'oral ces phrases :
Ex : Sois gentil. → Il faut que tu sois gentil.
– Dites la vérité. → Il est obligatoire que vous ...
– Trouvons un marteau. → Il est nécessaire que nous ...
– Prends ton temps. → Il vaut mieux que tu ...

5. Complète avec *être* ou *avoir* au subjonctif présent :
– Il faut que tu ... courageux et que tu ... de la patience.
– Pourvu que vous ... à l'heure.
– Il vaut mieux que vous ... votre sac.
– Il est nécessaire qu'ils ... prudents sur la route et qu'ils n' ... pas d'accident.

À savoir

- Comme l'indicatif, l'impératif et le conditionnel, le subjonctif est un mode.
- Il est utilisé pour exprimer une action possible, un ordre, un souhait.
  Le verbe conjugué au subjonctif est précédé de que ou de qu' *(Ex : il faut que).*
  Ex : un ordre : Il faut que tu finisses de manger.
  un souhait : Pourvu qu'il ne fasse pas d'imprudence !
  un conseil : Il vaut mieux que tu prennes mon imperméable.

Je m'entraîne

1. **Conjugue les verbes indiqués à toutes les personnes du subjonctif présent :**
Il vaut mieux que je *(rester)* à la maison et que je *(ne pas sortir)* par ce froid.

2. **Écris les phrases suivantes à la personne demandée :**
Il faut que nous *(je)* partions tôt. – Je crains que tu *(elle)* ne sois malade. – Il souhaite que tu *(nous)* fasses un effort. – Tu veux que je *(ils)* prenne l'avion. – Pourvu que nous *(je)* n'ayons pas de retard. – Vous ne voulez pas qu'il *(ils)* ait des ennuis. – Il faut que tu *(vous)* saches te débrouiller.

3. **Souligne de deux couleurs différentes les verbes selon qu'ils sont conjugués au présent de l'indicatif ou du subjonctif :**
Nous souhaitons que tu arrives à l'heure. – Chaque matin tu arrives à l'heure. – Il faut que Martin soigne son angine. – Pierre soigne sa grippe dans son lit. – Je regrette qu'elles n'aiment pas ces gâteaux. – Si vous n'aimez pas ces gâteaux, laissez-les.

4. **Utilise le subjonctif pour transformer les phrases suivantes :**
Soyons courageux. Il faut que nous ... – Dis la vérité. Il est nécessaire que tu ... – Ne sois pas têtu. Il ne faut pas que tu ... – Demandez à votre frère. Il faut que vous ... – N'aie pas peur. Pourvu que tu ... – Sois attentif. Il est indispensable que tu ... – Ne copie pas sur ton voisin. Il vaut mieux que tu ...

5. **Conjugue au subjonctif présent :**
- J'attends que vous *(être)* plus calmes. – Il est possible que le spectacle *(ne pas commencer)* à l'heure. – Je préfère qu'il *(ne pas pleuvoir)* pendant les vacances. – Il faut que Jérôme et Vincent *(soigner)* leur rhume.
- Bien qu'il *(faire)* déjà froid, on craint que la température ne *(descendre)* plus bas. – Il faut que nous *(prendre)* des précautions et que nous *(être)* très vigilants. – Le code de la route exige que les automobilistes *(ralentir)* en ville et *(boucler)* leurs ceintures.

6. a. **Complète avec** *être* **ou** *avoir* **au subjonctif présent :**
Il est préférable que tu ne ... pas malade. – On fera le nécessaire pour qu'il ... tout son matériel. – Il faut que vous ... de la chance pour y arriver. – Faites qu'il ne ... pas parti.

b. **Recopie ces phrases en utilisant d'autres verbes.**

7. a. **Réécris le texte, page 84, lignes 5 à 11, au subjonctif :** *Il faut que tu ... .*

b. **Mets-le à la 3e personne du singulier et du pluriel.**

p. 84

8. a. **Relis le texte, page 13, et relève tous les ordres que donne le professeur. Réécris-les en utilisant le subjonctif et en commençant par :** *Il faut que… Il est indispensable que…*

b. **Réécris-les à la 1re personne du singulier et du pluriel.**

p. 13

9. **Relis le texte, page 134, jusqu'à la ligne 14, et fais la liste de tout ce dont les enfants ont besoin pour construire leur cabane, puis complète ces phrases en conjuguant les verbes au subjonctif présent :**

p. 134

Il faut que l'un des guerriers *(prendre)* … – Il faut qu'un autre *(apporter)* … – Il est nécessaire qu'un troisième *(se munir)* … – Il faut que Lebrac *(trouver)* … – Il est indispensable que Camus *(dérober)* … , et que Tintin *(se procurer)* un mètre. – Il est obligatoire que tous *(chiper)* … .

Unité 9

Reconnaître le subjonctif (2)

Je sais déjà

1. a. Relève les verbes conjugués :
N'apporte pas d'objets précieux à l'école tu risques de les perdre. – Ils viendront quand ils auront eu le temps de préparer leur voyage. – J'ai dit qu'il fallait que tu viennes rapidement. – Il n'y avait pas un instant à perdre, la météo avait annoncé une tempête et ils eurent à peine le temps de s'abriter.

b. Complète avec les verbes relevés :

Verbe	*apporte* ...
Infinitif	apporter
Groupe	...
Mode	...
Temps	...
Personne	...

Approfondissons

2. a. Transforme ces phrases à la personne demandée :
– Il faut que je termine. : *1re pers. du plur.*
– Il est nécessaire que *tu* reviennes vite. : *2e pers. du plur.*
– Il est préférable qu'*il* prenne le premier train. : *3e pers. du plur.*
– Il faut que *nous* déjeunions à midi. : *1re pers. du sing.*
– Pourvu qu'*il* franchisse la ligne d'arrivée dans les temps. : *2e pers. du sing.*

b. Donne l'infinitif des verbes que tu as conjugués et le groupe de chacun.

c. Que peux-tu dire des terminaisons du subjonctif présent ?

3. a. Choisis deux verbes du 1er groupe et deux du 2e, conjugue-les au subjonctif présent, puis fais de même avec ceux choisis par ton voisin.

b. Comparez votre travail.

4. Conjugue au présent de l'indicatif, de l'impératif, du conditionnel et du subjonctif :
– donner : *2e pers. du sing.*
– envoyer : *3e pers. du plur.*
– réfléchir : *1re pers. du sing.*
– prendre : *1re pers. du plur.*
– recevoir : *3e pers. du sing.*
– boire : *2e pers. du plur.*
– aller : *3e pers. du plur.*

À savoir

- Au subjonctif présent, tous les verbes ont la même terminaison :
-e, -es, -e, -ions, -iez, -ent.
Ex : il faut que je danse, que tu grandisses, que nous parlions, qu'il/elle arrive que nous dormions, que vous veniez, qu'ils/elle écrivent, qu'ils/elles partent.

- Attention aux auxiliaires *avoir* et *être* :
il faut que j'aie, que tu aies, qu'il ait, que nous ayons, que vous ayez, qu'ils aient.
il faut que je sois, que tu sois, qu'il soit, que nous soyons, que vous soyez, qu'ils soient.

- Attention : De nombreux verbes du 3e groupe ont leur radical modifié au subjonctif présent.
Ex : ***pouvoir*** *: que je puisse –* ***aller*** *: que tu ailles –* ***faire*** *: que vous fassiez.*

Conjugaison

Je m'entraîne

1. Conjugue les verbes en rose à chaque personne du subjonctif :
– Il faut que je sois bien portant et que j'aie bon appétit.
– Il est utile que je fende du bois et que j'allume le feu.

2. Conjugue les verbes suivants à la 1re personne du singulier et du pluriel du subjonctif présent :
téléphoner – grandir – dîner – balayer – plaire.

3. Conjugue au subjonctif présent :
Je souhaite que tu *(ôter)* ton manteau et que tu le *(suspendre)* dans le couloir. – Il faut qu'il *(remplir)* la cruche d'eau et qu'il la *(poser)* sur la table. – Il est indispensable que les élèves *(pouvoir)* sortir dans la cour.

4. a. Complète ces phrases avec *avoir* au présent de l'indicatif ou du subjonctif :
– J' ... réussi à finir mon exercice avant la fin de l'heure.
– Il faut que j'... terminé de recopier avant la récréation.
– J'... envoyé une lettre à Claude cette semaine.
– Il faut qu'il l'... reçue avant le jour de son anniversaire.
– J'... acheté ce livre ce matin, il faut que je l'... lu à la fin de la semaine.
– Il serait souhaitable qu'il ... son cahier, pour recopier l'exercice qu'on lui ... donné.

b. Vérifie tes réponses en conjuguant les verbes à la 1re personne du pluriel.

Je dois savoir (p. 214 - p. 215 - p. 216 - p. 217)

◆ Reconnaître le présent du subjonctif

Souligne les verbes conjugués au subjonctif présent :
Il souhaite que tu ramasses les feuilles mortes. – Pour grandir il faut que tu manges régulièrement. – Il vaut mieux qu'il frappe la balle plus fort que moi. – J'ai appris que ces oiseaux s'envolent pour les pays chauds dès l'hiver.

◆ Conjuguer au présent du subjonctif

Réécris ce texte en faisant précéder successivement chaque verbe indiqué par :
– *Il faut que tu...*
– *il faut que vous...*
– *il faut que nous...*

Dans un bol, mélanger un peu de safran dans une cuillérée d'eau chaude. Battre les œufs. Faire chauffer de l'huile dans une poêle et y verser le mélange. Laisser cuire. Faire glisser l'omelette dans un plat et servir.

Complète avec *avoir* ou *être* au subjonctif présent :
– Il faut que tu ... très prudent.
– Je souhaite que vous ... beau temps.
– J'exige qu'ils ... attentifs et qu'ils ... entendu la consigne.
– Il faut que vous ... brefs.
– Pourvu que vous ... retenus pour la finale.

Compétences de fin de cycle à atteindre

unité 1 et page ▶185

- Identifier un verbe d'action
- Reconnaître la personne d'
- Identifier le groupe d'un ve

unité 2 et page ▶189

- Conjuguer les verbes au pré
- Identifier les valeurs du pré

unité 3 et page ▶193

- Conjuguer un verbe à l'imp
- Conjuguer un verbe au pass

unité 4 et page ▶197

- Conjuguer un verbe au passé simple de l'indicatif
- Conjuguer au plus-que-parfait de l'indicatif
- Utiliser le plus-que-parfait pour indiquer l'antériorité d'une action

unité 5 et page ▶201

- Utiliser l'imparfait ou le passé simple
- Conjuguer au passé simple
- Conjuguer aux temps du passé

unité 6 et page ▶205

- Conjuguer un verbe au futur simple
- Conjuguer un verbe au futur simple et au futur proche
- Utiliser le futur simple et le futur antérieur

unité 7 et page ▶209

- Conjuguer les verbes à l'impératif présent
- Conjuguer le participe présent
- Utiliser le participe passé

unité 8 et page ▶213

- Reconnaître les verbes conjugués au conditionnel présent
- Conjuguer les verbes au conditionnel présent

unité 9 et page ▶217

- Reconnaître le présent du subjonctif
- Conjuguer au présent du subjonctif

Orthographe

Manière correcte d'écrire les mots, les phrases et les textes en fonction des règles de fonctionnement de la langue et de l'usage établi.

Les accords dans le GN

p. 10

Un moment d'inattention

Silence complet dans la classe. Toutes les têtes se tournent vers le fond de la salle. Dissimulé derrière la couverture d'un grand livre de calcul, La Puce réfléchit. Il raisonne, griffonne, gribouille, trace des schémas savants sur son cahier de brouillon.

Découvrons et construisons

1. a. Réécris le texte ci-dessus en remplaçant les mots en orange par les termes suivants *(attention aux accords)* :
classe → groupe – têtes → regards – fond → première rangée – livre → brochure – schémas → figure – cahier → feuilles.

b. Repère ce qui a changé.

2. a. À l'oral et par écrit, compose des groupes de mots d'abord au singulier, puis au pluriel avec les mots suivants *(place bien les adjectifs !)* :
Ex : école *(grand/moderne)*
→ *une grande école moderne*
→ *des grandes écoles modernes*

- camarade *(nouveau / brun)*
- classe *(lumineux / superbe)*
- trousse *(étrange / multicolore)*
- cheval *(blanc / rapide)*

b. Encadre le mot principal.

c. Souligne en bleu les différences que tu vois et en vert celles que tu entends.

3. Transforme le groupe nominal en suivant l'exemple donné.

p. 13

Ex : La voile (bateau) bleue
→ *Le bateau bleu*

Une surprise *(rire)* éclatante des écoliers – Les pauvres garçons *(garçon)* – Un visage (bouche) démesuré – Les professeurs indignés (indigné) – Des *(une)* voix bredouillantes et des paroles *(nom)* incompréhensibles.

Vérifie tes réponses, page 13.

4. Complète les phrases avec les mots qui conviennent :

a. *jeune(s) – haute(s) – difficile(s) – petite(s)*
Le ... élève lit à … voix. – Les marches les plus ... sont les plus ... à monter. – Les élèves de CM2 jouent avec leurs ... camarades de CP. – Émilie, la ... sœur de Paul, ne sait pas résoudre ce ... problème.

b. *nouveau(elle) – élégant(e) – jaloux(se)*
Le … garçon possède une … blouse de couleur. – Le frère de Gaëlle est … . Elle vient d'avoir un … jeu. – La … maîtresse est très … .

À savoir

- Le groupe nominal (GN) est formé à partir d'un nom principal.
- Les autres mots du GN s'accordent en genre et en nombre avec ce nom.
- L'accord porte sur le genre (masculin ou féminin) et sur le nombre (singulier ou pluriel).
- Le féminin est souvent marqué par l'ajout d'un e et le pluriel par l'ajout d'un s ou d'un x.
Ex : un petit écolier – une petite écolière – des petits écoliers – des (ou de) petites écolières.
- Les fifférences de genre et de nombre ne s'entendent pas toujours.
Ex : un grand garçon – des grands garçons.

Je m'entraîne

1. Souligne le mot principal et accorde les mots entre parenthèses :

a. Nous avons réalisé *(un) (superbe)* pièce de théâtre. – La *(grand)* salle de classe est sombre. – Cette *(gentil)* élève est ma *(meilleur)* amie. – *(Un)* leçon *(difficile)* est à apprendre pour jeudi. – *(Le) (petit) (jeune)* fille en rose est ma cousine.

b. Axelle dessine des schémas *(savant)*. – *(Le)* stylos *(noir)* est cassé. – Les cahiers *(rouge et épais)* servent à faire des mathématiques. – Elles ressemblaient à *(un) (joli) (poupée)* de porcelaine. – *(Ce) (grand)* élèves assis devant moi vont aller au collège.

2. Écris ces GN au singulier :

Des jeux de cour dangereux – Des ballons ronds et durs comme des boules de pétanque – Des crayons noirs, taillés en pointe, alignés sur le bureau – De nouvelles billes superbes mais fragiles – Des chevaux tranquilles et silencieux.

3. Écris ces GN au pluriel :

Une salle de classe décorée – Une guirlande multicolore suspendue au plafond – Un cartable épais et solide – Un groupe vraiment étonnant et sympathique – Un enseignant formidable, drôle mais sérieux.

4. Modifie chaque groupe de mots en utilisant le mot entre parenthèses :

- La jolie casquette *(chapeau)* de Farid – Le *(la)* nouveau professeur de mathématiques – Les cinq dernières leçons *(cours)* difficiles.
- Un grand cartable *(sacoches)* noir - Des crayons *(stylo)* multicolores – Les petites billes *(ballon)* rouges – La jeune joueuse *(joueurs)*.

5. Souligne le mot principal et accorde les adjectifs si nécessaire :

Un *(mystérieux)* agresseur sème la panique – On échange des regards *(inquiet)*. – Des enfants *(sympathique)* et *(drôle)*. – Une immense salle de classe avec des *(superbe)* affiches *(colorée)*. – Pierre était un élève *(étourdi)* et sa sœur une enfant *(vif)* et *(dynamique)*, tous deux étaient des écoliers *(original)*.

6. Complète les accords :

Un élève install... dans le fond de la classe, cach... derrière son grand... livre de calcul, dessine des schéma... savant..., sur son petit... calepin... rouge... . Il est arrivé depuis trois jour... mais le professeur attentif... l'a déjà remarqué. Il possède dans son cartable noir... des branche... de noisetiers sauvage..., des clou... rouillé..., un lourd... marteau et des pelote... de ficelle blanc... .

7. Réécris ce texte en modifiant les mots en couleur :

Marvin possède **un petit insecte** *(mouche)* **adorable** qu'il emmène chaque jour avec lui à l'école. Il **le** met dans **une minuscule boîte** *(pot)* **noire percée** de petits trous pour que l'air pénètre à l'intérieur. Pendant la récréation, il n'oublie pas de **le** poser dans **la pelouse** *(gazon)* **verte** et **humide**. Son **camarade** *(camarades)* de classe et **le** *(les)* **professeur** s'amusent à regarder ce petit animal déguster **la** *(les)* **brindille** d'herbe.

8. Réécris ce texte comme indiqué : p. 22

Une belle journée *(jour)*, mon père *(mère)* me déposa à ma place, et sortit sans mot dire, pendant que ma mère *(père)* écrivait sur l'affiche *(tableau)* : « Le papa *(maman)* a puni sa petite fille *(garçon)* qui n'était pas sage. » Tandis qu'il arrondissait une admirable lettre *(point)* finale, je criai « Non ! Ce n'est pas vrai ! ».

9. Accorde les adjectifs *(tu peux t'aider du texte, page 19)* : p. 19

– Le nouveau articula d'une voix *(bredouillant)*
– Il ouvrit une bouche *(démesuré)* et prononça à *(plein)* poumons un nom *(inintelligible)*. Le vacarme roula en notes *(isolé)*.
– Le maître s'exclama d'une voix *(furieux)* et arrêta une bourrasque *(nouveau)* de rires.

Les sons [j] et [ɲ]

Relis l'extrait, page 220.

Découvrons et construisons

1. Dans l'extrait, recherche les mots où l'on entend le son [j]. Que vois-tu ?

2. a. Avec ton camarade trouve trois mots avec le son [j] et utilise-les dans des phrases.

b. Cherche le mot contenant le son [j] correspondant à la définition :
– Verbe *conseiller* à la première personne du pluriel au présent.
– Féminin de joyeux. – Pluriel de *œil*.
– Le Petit Poucet en sème.
– Juste avant aujourd'hui.
– Petite boule de verre coloré.
– Action que fait le photographe.

c. Quelles sont les trois façons d'écrire le son [j] ?

3. a. Voici les habitants de régions de France ou de pays du monde. Écris leur pays d'origine.
(Tu peux t'aider du dictionnaire.)
les Espagnols – les Allemands – les Bretons – les Champenois – les Polonais – les Bourguignons.

b. Quel est le son commun à tous ces mots ? Comment s'écrit-il ?

4. Retrouve les mots où tu entends le même son que dans l'activité 3 et classe-les selon la façon d'écrire le son [ɲ].
un panier – la vigne – un nénuphar – le poignet – un témoignage – ma nièce – un gagnant – un jardinier – un gramme – un jardinet.

À savoir

◆ Le son [j] dans un mot s'écrit :

ill	ou	y	ou	ier
une fille – un brouillon		des yeux – joyeuse		un cahier – un panier

◆ Le son [ɲ] s'écrit :

gn	ou	ni
la campagne – la Pologne		un panier – une communion

Je m'entraîne

1. Complète l'orthographe de ces mots *(tu peux t'aider du dictionnaire)* :
Les pêcheurs du bal… pêchent la baleine. – Les raisins poussent sur la vi…– Je suis tombé et j'ai mal au poi… – Il a rangé ses bonbons dans la bonbon… – Voilà des métiers : le cord… fabrique des chaussures, le doua… garde les frontières, le cuisi… réalise de bons desserts ! – Il s'est co… la tête dans la barre.

2. Complète l'orthographe de ces mots pour former le son [j] :
– Il est tombé dans l'eau et s'est no…
– Le ferm… possède des animaux.
– Cette année je suis au cours mo… 2e année.
– La crin… du lion est superbe.
– Une ma… à l'endroit, une ma… à l'envers pour tricoter.
– Le cahier de brou… me sert souvent.

Orthographe

J'utilise mes connaissances (pp. 220-221-222-223)

1. a. Retrouve cet extrait dans le texte de la page 16 et repère ce qui change :

Lorsquemamère(revenir),elleme(trouver)au ● desquatreinstituteursqui(avoir) renvoyéleursélèvesdanslacourderécréation.Maisau ● d'admirermonexploit, elle(pâlir),(déposer)ses ● parterre,(refermer)lelivreetm'(emporter)danssesbrasen ● : « Mon ● !Mon ● ! »
Surlaportedelaclasse,ily(avoir)la ● , qui(être)une ● femmecorseet qui(faire)des ● decroix.

b. Réécris ce texte en mettant les verbes au présent, en séparant les mots et en complétant les taches bleues ● avec les mots qui conviennent :

paniers – milieu – criant – lieu – concierge – Dieu – vieille – signes.

2. Complète le texte de l'activité 1 en associant les mots en couleur aux mots de la liste *(attention aux couleurs !)* :

furieux – étonné – respectif – involontaire – lourdement chargé – vigoureux – grand ouvert.

3. a. Dans ces tableaux, classe les mots du texte ci-dessus où tu entends le son [j] ou [ɲ]. Écris en rouge les lettres qui forment ces sons.

J'entends [j]	Je vois...

J'entends [ɲ]	Je vois...

b. Classe les mots suivants dans les tableaux :

magnifiquement – je criai – il s'écria – nous voyons – la fierté – des messieurs – le premier – un mystérieux – il gribouille – son cahier – le brouillon – la conscience – son crayon – inquiet – la patience – la feuille.

4. Relis ce texte à haute voix, puis réécris-le en remplaçant *ma mère* par *ma mère et ma tante*, puis par *je*.
(N'oublie pas les changements !)

5. a. Recopie cet extrait en utilisant ta mémoire.
Pour cela, lis d'abord attentivement chaque passage entre deux traits //.
Puis recopie chacun de ces passages aussitôt sans regarder ton livre.

Lorsque ma mère furieuse revient, // elle me trouve // au milieu des quatre instituteurs étonnés// qui ont renvoyé leurs élèves respectifs // dans la cour de récréation. // Mais au lieu d'admirer mon exploit involontaire, // elle pâlit, dépose ses paniers lourdement chargés par terre, // referme le livre // et m'emporte dans ses bras vigoureux en criant : « // Mon Dieu ! Mon Dieu ! » //
Sur la porte de la classe grande ouverte, // il y a la concierge, //qui est une vieille femme corse // et qui fait des signes de croix. //

b. Tu es prêt maintenant pour la dictée de ce texte.

Orthographe

L'accord sujet/verbe

p. 24

L'apparition

L'homme de fer arriva en haut de la falaise. Combien de temps avait-il marché ? Nul ne le savait. D'où venait-il ? Nul ne le savait. […]

Le vent chantait entre ses doigts de fer. Sa tête en fer, grosse comme une capsule de fusée, tourna lentement vers la droite, puis vers la gauche. Ses oreilles en fer tournèrent elles aussi.

Il écoutait la mer. Et ses yeux la cherchaient pareils à d'énormes torches qui lançaient des éclairs blancs, rouges, infrarouges.

Découvrons et construisons

1. À l'oral, puis à l'écrit transforme le texte ci-dessus en mettant les mots en vert au pluriel et les mots en bleu au singulier.

2. a. Quels sont les sujets des verbes de ce texte ? (Vérifie ta réponse en reprenant chaque phrase avec la question « *Qui est-ce qui… ?* » ou la phrase « *c'est … qui* ».)

b. Écris une phrase avec :
- un sujet juste à côté du verbe,
- un sujet derrière le verbe,
- un sujet éloigné du verbe,
- un sujet pronom.

3. Complète les verbes au présent. Justifie en soulignant le sujet.
L'homme de fer bascul… . Tous les morceaux rebondi… , et roul… en bas sur les rochers qui se perd… dans la mer. Beaucoup s'abîm… et s'éparpill… sur la grève.

4. Mets les verbes entre parenthèses au présent et souligne leur sujet :
Ce robot a été fabriqué par des savants qui *(vivre)* en Russie. C'est le capitaine qui *(entrer)* le premier et *(arriver)* ensuite les machines qui *(éclairer)* le plafond avec leurs lasers.

À savoir

- Le verbe conjugué s'accorde toujours avec le sujet, quelle que soit la place de ce sujet.
- Si le groupe sujet est au singulier, le verbe se conjugue au singulier.
  *Ex : **Le héros de l'espace** arrive sur la lune.*
  Le sens peut signifier plusieurs mais le sujet reste pourtant au singulier.
  *Ex : **La foule** avance vers l'avion.*
- Si le groupe sujet est au pluriel, le verbe se conjugue au pluriel.
  *Ex : **Les fusées** décollent de la base.*
  Plusieurs sujets au singulier forment un groupe au pluriel.
  *Ex : **L'œil, la main, le bras et la jambe** tombent.*
  Le sujet peut être après le verbe.
  *Ex : Le capitaine entre, puis arrivent **de nombreuses machines**.*
  Un mot seul peut désigner un pluriel.
  Ex : Beaucoup préfèrent le train.

Je m'entraîne

1. **Si c'est possible, réécris ces phrases en remplaçant le groupe sujet par un pronom *il*, *elle*, *ils* ou *elles* :**
– Sur la falaise, l'armée des fourmis s'avance vers la mer.
– Une vieille machine de guerre les attend tout en bas.
– Le capitaine crie des ordres et ses soldats s'impatientent.
– Le plus grand des soldats s'approcha, prit une arme et menaça son adversaire qui s'enfuit immédiatement.
– Extraordinaire : dans le brouillard s'avance une machine comme celle dont le professeur avait rêvé.

2. **Associe chaque sujet au groupe verbal qui convient :**
- *Sujets* : La machine – Les guerriers – Le commandant – Les soucoupes volantes – Chacun
- *Groupes verbaux* : dévale la pente – bouclèrent leurs ceintures pour partir – sortent leurs casques – dégagea le terrain – entra dans la ville – s'éloignent dans le ciel – crie des ordres à ses hommes.

3. **Accorde le verbe au présent :**
Le propriétaire des machines *(brancher)* les piles ; aussitôt elles *(se mettre)* en action. – Une grande partie des robots *(fonctionner)* à l'électricité. – Le prince, le roi et le chevalier *(entrer)* dans le château et *(découvrir)* la fée qui *(dormir)*. – Les hommes et les femmes de la ville *(s'entasser)* dans le fort qui *(abriter)* jusqu'à cinq cents personnes. – Peu de camions *(circuler)* le dimanche.

4. **Réécris ce passage en mettant les verbes en rose au présent :** p. 27
La main qui voyait donna l'œil à la main aveugle. Les deux mains pouvaient se voir à présent. Elles coururent sur les rochers et trouvèrent bientôt une jambe. Elles s'y perchèrent et la jambe partit en sautillant parmi les rochers, le bras se balançait au bout de la main qui elle-même se cramponnait au sommet de la jambe.

5. a. **À l'oral, repère le groupe sujet puis mets le verbe au présent. Écris ensuite les phrases :**
Le vin et les gâteaux *(demeurer)* intacts. Le lait et l'eau *(disparaître)*. Alors, chaque jour, l'homme *(changer)* les boissons et les nourritures. Jamais personne ne *(toucher)* aux choses solides mais quelqu'un *(boire)* les liquides. L'auteur *(se servir)* d'une ruse nouvelle.

b. **Remplace les sujets de ce texte par les pronoms qui conviennent.**

c. **Change le genre des pronoms en les mettant au singulier ou au pluriel.**

6. **Invente la suite de ces phrases :**
Les robots oiseaux, ces machines volantes,… – Le chef des lutins… – Les moustaches du plus grand des guerriers qui…

7. **Écris le verbe au présent :**
La plupart des robots *(être)* électriques. – Une dizaine de machines *(entrer)* dans le vaisseau spatial. – Peu de capitaines *(oser)* affronter les robots. – L'armée entière *(approcher)* du champ de bataille. – Beaucoup de soucoupes *(s'envoler)* vers le ciel mais une seule *(se diriger)* vers Mars. – La totalité des hélicoptères *(posséder)* un radar et quatre d'entre eux *(disposer)* en plus d'un pilotage automatique.

8. **Reprends ce passage en mettant les verbes au présent :** p. 27
Chaque main, pourvue de son œil, accrochée à un bras, *(chevaucher)* maintenant une jambe. Elles *(descendre)* les rochers jusqu'à la plage. L'une d'elles *(trouver)* une oreille et au même instant, l'autre *(mettre au jour)* l'énorme torse. Infatigables, les mains *(accrocher)* les jambes et les bras au torse. L'étrange corps *(se redresser)*, et *(gagner)* la plage…

Les finales en -ail, -eil…

Relis l'extrait, page 224.

Découvrons et construisons

1. a. Recopie les deux mots encadrés dans l'extrait. Quel son entends-tu ? L'orthographe est-elle la même ?

b. Oralement d'abord, recherche dix autres mots avec le son [ɛj] et dix mots avec le son [aj]. Avec un camarade, écris puis classe les mots que vous avez trouvés. Que remarques-tu ?

2. Classe les mots suivants selon la terminaison que tu entends :
le soleil – le rail – l'éventail – une feuille – la citrouille – une bouteille – une grenouille – une abeille – une maille – une oreille – un écureuil – un orteil – un appareil – un deuil – une bataille.

3. Combien d'orthographes possibles relèves-tu pour chaque son repéré dans l'activité précédente ?

4. Conjugue les verbes *travailler*, *sommeiller* et *réveiller* au présent.

5. a. Trouve des mots en [j] de la même famille :
accueillir : un … – *un vieillard* : la …. – *conseiller* : un … – *sommeiller* : le … – *tailler* : la … – *se battre* : une … – *rouiller* : la … – *empailler* : la … – *travailler* : le … – *réveiller* : le … – *effeuiller* : la …

b. Récapitule toutes les façons d'écrire les terminaisons en [j] dans un tableau.

À savoir

La terminaison des noms en [j] s'écrit ainsi :

◆ Nom masculin (terminaison en *-il*) :

-ail	-eil	-euil	-ouil
l'éventail	*un soleil*	*un écureuil*	*le fenouil*

◆ Nom féminin ou verbe conjugué (terminaison en *-ille*) :

-aille	-eille	-euille	-ouille
une bataille	*la bouteille*	*une feuille*	*la citrouille*
Il taille.	*Elle se réveille.*	*Il effeuille.*	*Elle fouille.*

Je m'entraîne

1. Complète les terminaisons. *(Attention aux accords !)*
– Les f… des arbres tombent en automne. – Le chevalier a gagné de nombreuses bat… – Il a glissé son portef… dans sa poche.
– Quelle merv… ! C'est un trava… parfait.
– Sur les cons… de mon professeur, j'ai acheté ce recu… de poésies.
– Le sanglier f… le sol pour se nourrir et l'écur… y enterre ses noix.
– J'ai trouvé une vi… bout… sous la p…

2. a. Complète avec le verbe conjugué au présent, puis avec un mot de la même famille que ce verbe :
Ex : accueillir →
les hôtesses accueillent – un accueil.
– veiller → le gardien … – la …
– conseiller → mon ami me … – un …
– rouiller → les couteaux … – la …
– travailler → l'écolier … – un …
– s'émerveiller → le bébé … – une …

b. Invente des phrases avec ces mots.

J'utilise mes connaissances (pp. 224-225-226-227)

1. **Relis le texte, page 24, puis complète l'orthographe des mots et la terminaison des verbes au présent :**

L'homme de fer arriv• en haut de la falaise. Il s'émerv•• devant le spectacle de la mer dans laquelle se reflèt• les rayons du sol•. Ses yeux cherch• l'eau, par• à d'énormes torches qui lanc• des éclairs. Il écout• le bruit des vagues, s'avanc• et tomb•. Ses jambes d'abord se détach•, et puis à cause des rebonds, ses bras, ses or•, sa tête, son œ• gauche, puis le droit • projetés dans tous les sens. Quelques temps après, l'œ• et la main se mett• au trav• pour reconstituer l'ensemble.

p. 24

2. **Dans le texte ci-dessus, recopie chaque verbe avec son sujet. Pour vérifier que tu as choisi la bonne terminaison, remplace le sujet par un pronom.**

3. a. **Souligne les sujets et complète les terminaisons des verbes :**

– C'est l'homme de fer qui *(s'émerveiller)* devant la mer.
– Une énorme torche *(lancer)* des éclairs qui *(illuminer)* le ciel.
– Le robot *(écouter)*, *(s'avancer)*, et *(tomber)*.
– L'œil et la main *(rechercher)* les autres parties du corps qui *(traîner)* sur le sol, ils les *(trouver)* petit à petit.

b. **Réécris ces phrases en remplaçant les sujets par :**

– les hommes de fer
– les énormes torches / un éclair
– les robots
– l'oreille et la main droite / l'œil.

4. a. **Complète les mots par la terminaison qui convient :**

Le sol… se lève chaque matin. – Les feu… tombent à l'automne. – L'homme de fer a perdu ses or… – Les soldats s'affrontent dans une bat…– L'écur… grimpe aux arbres. – Cette vi… clé est couverte de rou… – Le jardinier ta… les rosiers. – Le sanglier fou… dans le sol pour trouver sa nourriture. Le rév… sonne, Pierre se rév… et se lève.

b. **Classe ces mots selon l'orthographe de leur terminaison.**

5. **Complète la terminaison des noms et des verbes :**

Lorsque son rév… sonne, Carine se rév… . – La lumière vive du sol…, ensol… la véranda. – Cet avocat cons… bien, ses cons… sont toujours précieux. – La fou… du terrain a duré plusieurs semaines, la machine fou… maintenant le champ d'à côté. – Brice ne trav… pas assez : il a un avertissement pour son trav… . – Dans cette boutique, l'hôtesse d'acc… est agréable, elle acc… les clients avec le sourire.

6. a. **Maintenant reconstitue, seul, ce texte, puis vérifie avec un camarade.**

L'homme de fer arrive en haut de la falaise. Il s'émerveille devant le spectacle de la mer dans laquelle se reflètent les rayons du soleil. Ses yeux cherchent l'eau, pareils à d'énormes torches qui lancent des éclairs. Il écoute le bruit des vagues, s'avance et tombe. Ses jambes d'abord se détachent, et puis à cause des rebonds, ses bras, ses oreilles, sa tête, son œil gauche, puis le droit sont projetés dans tous les sens.

b. Tu es prêt maintenant pour la dictée de ce texte.

Unité 3 Les mots dans la phrase

Les pronoms

p. 40

Pauvre Emmi

Le lendemain matin, on va chez la tante, et on s'étonne d'apprendre qu'Emmi n'a pas passé la nuit chez elle. Il n'a pas reparu au village depuis la veille. On s'enquiert de lui, personne ne l'a vu. On le cherche en vain dans la forêt. On pense que les sangliers et les loups l'ont mangé... ! On en conclut qu'il a quitté le pays pour vivre en vagabond, et le fermier dit que ce n'est pas grand dommage, que l'enfant n'est bon à rien.

Découvrons et construisons

1. a. Dans cet extrait, qui est désigné par les pronoms *on* et *il* ?

b. De quels verbes sont-ils les sujets ? Écris chaque pronom et son verbe, puis entoure la terminaison des verbes.

c. Écris à la forme négative chaque phrase qui contient le pronom *on*.

2. a. À l'oral, puis à l'écrit, mets ces phrases à la forme négative :
On voit toujours les défauts des autres. – On entend le bruit dans la pièce à côté. – On est installé ici depuis plusieurs années. – On apporte son repas si on veut déjeuner sur place. – Si on signe le contrat, on accepte les règles.

b. Quels mots n'entends-tu pas ?

3. Remplace les termes en orange par un pronom et accorde le verbe :
• *Pierre* mang... des pommes. – *La grand-mère* coiff... ses cheveux gris.
• *Le jeune garçon* rang... *sa trousse*. – *Émilie* arros... *les fleurs du jardin*.

4. a. Transforme selon le modèle :
Ex : Un chien joyeux, un autre triste : celui-ci saute de joie, celui-là gémit.
Des oiseaux sauvages, d'autres en cage : ... se nourriss... seuls, ... attend... les graines. – Un élève généreux, un autre égoïste : ... prêt... ses affaires, ... refus... de partager son goûter.

b. Transforme comme indiqué :
(mon et ton) stylos : le mien et le tien.
(mon et tes) oncles – (ma et ses) maison – (tes et sa) sœurs.

À savoir

◆ **Le pronom sert à remplacer le nom :** Paul joue. Il joue.
Lorsqu'une phrase comporte plusieurs pronoms, il faut repérer le pronom sujet afin de pouvoir accorder le verbe :
Ex : Émilie coiffe ses cheveux. *Elle* les coiffe.
Les dames regardent passer Émilie. *Elles* la regardent.

◆ **Les pronoms sujets peuvent être :**
– il, elle, on, celle-ci, le mien... **(le verbe est au singulier).**
– ils, elles, ceux-ci, celles-là, les miens, les tiens **(le verbe est au pluriel).**

◆ **Attention** : avec le pronom on et la forme négative, on n'entend pas toujours la négation :
on entend → on n'entend pas, on arrive → on n'arrive pas...

Orthographe

Je m'entraîne

1. a. **Remplace les mots en orange par le pronom qui convient** *(il, le, les, lui, l', ils, elles)* **:**
Emmi était un petit gardien de cochons. La misère forçait Emmi à garder les bêtes. Emmi et la fermière ramenaient les bêtes à la ferme. C'était tant pis pour Emmi, si on oubliait Emmi dans les champs. Les bêtes connaissaient le chemin.

b. **Écris ces phrases au présent de l'indicatif.**

2. **Remplace chaque pronom par les mots qui conviennent puis accorde les verbes au présent.**
le vélo d'André – le vieillard – les fruits du marché – mon meilleur camarade – les tantes de Gabriel – les invités – Gabriel – ses sœurs.
Il *(apporter)* ses affaires à l'école pour travailler. – Il *(adorer)* les personnes qui le connaissent. – Elles *(penser)* qu'il *(aller)* partir aussitôt après le repas. – Ils les *(avaler)* sans hésitation. – Elles le *(remplacer)* dès que les roues sont usées.

3. a. **Remplace le sujet de chaque phrase de l'activité 2 par le pronom** ***on*****.**

b. **Mets les phrases à la forme négative.**

4. **À l'oral d'abord, invente des groupes de mots qui remplacent les pronoms en vert et accorde le verbe au présent :**

- Elle *(déranger)* tous les spectateurs pour aller s'asseoir. – Ils *(partir)* au cinéma dès qu'elles *(sonner)* à la porte. – Il *(oublier)* toujours ses affaires !
- Il la *(connaître)* bien ! – Elle le *(croire)* toujours quand il raconte son histoire ! – Ils le *(perdre)* dans la forêt. – Elles les *(arracher)* quand l'hiver arrive.

5. **Souligne le pronom sujet et accorde le verbe au présent :**
Il *(ouvrir)* la porte puis il la *(refermer)* derrière lui. – Elles le *(connaître)* bien : il *(être)* leur frère. – Il les *(décrire)* avec beaucoup de précisions : elles *(porter)* des robes merveilleuses, elles lui *(faire)* penser aux reines de France.

6. **Accorde le verbe au présent :**
Ils ne m'*(intéresser)* pas du tout ! – Celui-ci *(regarder)* un jouet que ses parents lui *(offrir)* pour son anniversaire. – Ma sœur (porter) le gilet sur le dos, les tiennes le *(porter)* sur leurs épaules. – On les *(chercher)* partout, mais elles ne *(vouloir)* pas le voir ! – Celle-ci les *(amener)* au pré, alors que celle-là les *(enfermer)* dans l'étable.

7. a. **Dans ces phrases remplace le sujet par le pronom qui convient et mets chaque verbe au présent :**
Les grandes personnes *(regarder)* le petit bébé dans son berceau. – Le bébé *(sourire)* aux grandes personnes. – La directrice de l'hôtel *(allumer)* la chandelle pour voir clair. – La gardienne du troupeau *(entendre)* les bêtes qui s'*(approcher)* de la bergerie.

b. **Écris les mêmes phrases à l'imparfait.**

8. a. **À l'aide du texte, page 40, retrouve les personnes que désignent les pronoms en vert :**

p. 40

Il **est** pourtant aimable et joli ce pauvre porcher, heureux comme *vous*, mes chers enfants qui *me* lisez. *Lui* ne **sait** pas lire, il ne **sait** rien, et c'**est** tout au plus s'*il* **sait** parler assez pour demander le nécessaire, et comme *il* **est** craintif, *il* ne *le* **demande** pas toujours, c'**est** tant pis pour *lui* si on *l'***oublie**.

b. **Réécris ce texte en mettant les verbes indiqués à l'imparfait, entoure les pronoms sujets et vérifie les accords.**

Orthographe

Unité 3 Les mots et les sons

Les finales en [ø]

Relis l'extrait, page 228.

Découvrons et construisons

1. a. Lis l'extrait puis réponds aux questions en utilisant le mot en orange :
Où peut bien être Emmi ? – Le fermier est-il malheureux de son départ ?

b. Recherche 10 mots avec le son [ø]

c. Colorie les lettres qui font le son [ø]. Classe-les dans ce tableau :

J'entends [ø]	J'écris
Peut	*-eut*

2. a. Mets au singulier ou au pluriel :
cheveu – dieux – neveu – pneu – pieux – feux – milieu – queue – monsieur – yeux.

b. Complète le tableau précédent.

3. a. Complète le tableau de l'activité 1 avec ces mots :
jeux – adieu – soigneux – courageux – hasardeux – heureux – banlieue – périlleux – bœufs – vœux – œufs – deux – bleus – lumineux – furieux – jeu – adieu.

b. Mets les adjectifs au féminin.
Que remarques-tu ?

4. Écris chaque verbe au présent :
– Est-ce que tu *(pouvoir)* venir demain ?
– Je sens des gouttes, il *(pleuvoir)*.
– Que *(vouloir)*-tu ? Je *(vouloir)* une console électronique !
– Il le *(vouloir)* mais le *(pouvoir)*-il ?
– Sauve qui *(pouvoir)*, il y a le feu !

À savoir

- En fin de verbe selon les sujets, on trouve *-eux* ou *-eut* :
  Ex : Je peux – tu veux – il pleut – elle veut …
- Les adjectifs et certains noms au pluriel en [ø] se terminent en *-eux* :
  Ex. : Nuageux, peureux, malchanceux… Un jeu / des jeux, un cheveu / des cheveux.

  Attention : des œufs, des bœufs, des vœux, des pneus, des bleus, la banlieue, une queue, Monsieur, messieurs.

Je m'entraîne

1. Complète la terminaison des mots en [ø]. *(Tu peux t'aider du dictionnaire.)*
Il ne pl… pas, Sammie est heur…, joy…, il va pouvoir sortir pour faire des j… – D… malheur… ânes escaladent ce pays montagn…– P…-tu me prêter tes stylos bl… ? – Tu v… vraiment venir ? Le ciel est très nuag… – Le gilet bl… de ce courag… garçon est déchiré. – Monsi… Dupont est malchan… – Mon frère est heur… mais ma sœur ne p… sourire car elle a perdu au j…

2. a. Dans ce texte remplace *les héros* par *Alphonse* et *les auteurs* par *l'auteur* :
Les héros sont heureux, ils peuvent traîner dans le ruisseau boueux, dans le buisson épineux.
Les auteurs du texte, eux, doivent toujours être soigneux et silencieux. Ils sont furieux car eux, ils ne peuvent pas jouer dehors.

b. Puis remplace *les héros* par *ma sœur* et *les auteurs* par *les filles*.

J'utilise mes connaissances (pp. 228-229-230-231)

1. a. Lis ce texte qui s'inspire d'un des portraits, page 43 : p. 43

Ilétaitmystér…/Ilportaitunpantalongris/toujourssoign…/Sonmanteauétait soy…etseschaussuresciréesbrillaientdemillef…/Maisplusquesesvêtements/l'aspectséri …delapersonnemefrappaquandilsemitàl'aisepours'asseoir/Ilavaitunvisageduvet…,/de schev…coifféssimpeccablement/Sesmainssurtout/etsesonglesmontraientcombieniléta itméticul…etminuti…/

b. Réécris-le en séparant les mots, en complétant les mots en [ø] indiqués par … et en ajoutant la ponctuation qui convient à la place des signes /.

2. a. Relève tous les verbes du texte avec leur sujet.

b. Repère les phrases qui ont le pronom *il* comme sujet. Remplace ce pronom par un groupe de mots et réécris les phrases.

Ex : « Le jeune Wilfried était mystérieux… ».

3. a. D'abord à l'oral, puis à l'écrit, remplace dans le texte le pronom *il* par le pronom *elle*.
Attention aux modifications et aux accords !

b. Fais de même en remplaçant le pronom *il* par *mes sœurs*, puis par *ils*. *(Attention aux accords et aux mots à changer.)*

4. a. Repère les mots en [ø] du texte et classe-les en séparant les noms et les adjectifs.

b. Ces mots sont-ils au singulier ou au pluriel ? Trouve le singulier et le pluriel de chaque mot.

c. Choisis trois adjectifs parmi ces mots et invente une phrase pour chacun d'entre eux. Compare ton travail avec ton voisin. Inventez des phases où ces adjectifs seront au féminin.

5. Remplace le mot en couleur par un pronom sujet :

Édouard était mystérieux. Son ami, Jeffrey était mal habillé mais Édouard portait un pantalon gris toujours soigné. Le manteau de Jeffrey était usé alors que celui d'Édouard était soyeux, les chaussures de Jeffrey étaient boueuses alors que celles d'Édouard brillaient de mille feux. Les cheveux de Jeffrey étaient en désordre mais ceux d'Édouard étaient coiffés impeccablement.

6. a. Relis attentivement l'extrait de l'activité 1, puis complète le texte ci-dessous en utilisant le code suivant :

• : accord du verbe au présent • : orthographe des mots

Édouard • *(être)* m•stéri•. Il • *(porter)* un p•talon gr• touj• soign• Son mant• • *(être)* soy• et ses ch•ssures cir• • *(briller)* de mille f• Mais plus que ses v•tements, l'asp• sér• de la personne me • *(frapper)* qu• il se • *(mettre)* à l'aise pour s'ass•r. Le j•ne gar•on • *(avoir)* un visa•e duvet•, des chev• coif• impe•ablement. Ses m• surtout, et ses ongl• • *(montrer)* combien il • *(être)* méticul• et minuti•.

b. Tu es prêt maintenant pour la dictée de ce texte.

Les pronoms invariables

p. 57

L'épouvantable bête

Élisabeth reprit son souffle et hoqueta :
« Dans ma chambre... Une araignée... une grosse araignée !...
– Ce n'est que ça ? dit tante Thérèse en riant. Des araignées ! Il ne faut pas en avoir peur. Tu n'es pas une mouche !
– Là-haut ! Je ne veux pas y retourner », dit Élisabeth.
[...] Pépitou, téméraire, malgré son grand âge, se dirigea vers le perron :
« Je t'en débarrasserai en un clin d'œil, moi, de ton araignée ! »
L'oncle Julien, enflammé par l'exemple, lui emboîta le pas.

Découvrons et construisons

1. a. Compare cet extrait aux lignes 11 à 21 du texte, page 57. p. 57
Avec un camarade, lis à haute voix les passages qui sont différents.
Le sens est-il le même ?
Qu'a-t-on enlevé ou ajouté ?

b. Réécris les deux dernières phrases en remplaçant les pronoms *en* et *lui* par des groupes de mots.

2. a. Réécris ce texte en remplaçant *araignée(s)* par *lézard(s)*, *là-haut* par *à l'étage* et enfin *Pépitou* par *Pépita*.

b. Compare avec ton voisin.
Que remarques-tu concernant les pronoms *en*, *y* et *lui* ?

3. a. Remplace les groupes de mots en couleur par un pronom invariable :
– Quand tu verras le directeur, tu donneras au directeur ce papier.
– Lyon est une ville formidable, je suis né à Lyon !
– Quand elle vient voir les ours, elle lance du pain aux ours.
– La confiture on adore, on mangerait de la confiture chaque matin !

b. À l'oral, puis à l'écrit, mets chacune de ces nouvelles phrases à la forme négative.
Entends-tu les deux mots de la négation dans la dernière phrase ? Pourquoi ?

À savoir

- Certains groupes de noms sont parfois remplacés par des pronoms qui restent invariables *(y, en, lui, leur...)* :
  Ex : Elle se trouve dans l'obscurité. Elle s'y enfonce.
  Elle voyait un chien, elle en avait peur mais elle lui faisait confiance.
  Les gens étaient devant elle et elle leur souriait.
- Attention : lorsque le verbe est à la forme négative, le pronom est associé à *n'* : *n'y* ou *n'en*.
  Ex : Elle n'y va pas. – Il n'en a pas peur.

Je m'entraîne

1. a. Transforme ces phrases en remplaçant le groupe de mots en couleur par le pronom invariable qui convient *(y, lui, leur, en)* :

Ex : Il mange du raisin. Il en mange.

Tu écriras à mes amis ! – Elle entre dans ce joli bois. – Mon oncle parle de ses vacances. – Le policier pose des questions au témoin.

b. Écris chaque phrase à la forme négative.

2. a. Écris ces phrases à la forme affirmative :

Je n'en ai pas peur ! – Je n'y reviendrai jamais ! – Tu ne leur diras pas que cela m'a fait rire ? – Ils ne lui ont rien dit parce qu'ils n'en ont pas peur! – Tu ne leur en as pas parlé ?

b. Remplace le sujet de ces phrases affirmatives par le pronom *on*.

3. a. Mets ces phrases à la forme négative :

L'Italie, mes parents en reviennent. Ils connaissent ce pays ! – Ce film leur a fait peur, ils en parlent. – Mon père va se rendre en Belgique, il y est né, il en parle souvent ! – Ces pommes du jardin sont belles ! Vous leur en avez donné ?

b. À l'oral, puis à l'écrit, remplace le sujet des phrases négatives par le pronom *on*.

4. Dans le texte suivant, remplace *la pauvre enfant* par *les jeunes garçons*, puis par le pronom *je*. Que remarques-tu ?

p. 54

La pauvre enfant se trouve dans le bois, elle s'y enfonce. Les arbres semblent bouger et elle en a peur. Elle agite l'anse de son seau, cela fait un bruit qui lui tient compagnie, les animaux s'enfuient car elle leur a fait peur.

5. Évite la répétition en utilisant un pronom :

En vacances, elle ne va pas en vacances. – Il est gourmand de chocolat, il mangerait du chocolat à chaque repas. – Elle adore lancer du pain aux cygnes sur le canal, elle donne du pain aux cygnes chaque semaine. – Le plus jeune est encore plus gourmand, elle donne deux fois plus de pain au plus jeune.

6. À l'aide de ces mots, invente des phrases qui contiennent les pronoms invariables *y*, *en*, *lui* ou *leur* :

- Rachim / se promener / un bois / voir / des grenouilles / avoir peur
- Aller / un beau pays / retourner / prochaines vacances
- Les enfants /approchent / les adultes / faire peur
- Un chemin dans les bois / apercevoir / une petite biche / donner à manger.

7. a. Réponds aux questions en utilisant le pronom invariable *y*, *en*, *lui* ou *leur* dans des phrases affirmatives :

Manges-tu souvent à la cantine ? – Qu'as-tu offert à tes parents pour leur anniversaire ? – Qu'as-tu écrit à ton meilleur ami ? – Aimes-tu le chocolat ? – Quelle est ta matière préférée à l'école ?

b. Réécris tes réponses à la forme négative.

8. Écris le texte en remplaçant chaque groupe en couleur par un pronom invariable. N'oublie pas de modifier l'ordre des mots !

p. 54

Elle regarda avec désespoir l'obscurité : elle devait entrer dans l'obscurité avant de retourner voir la Thénardier. Elle tremblait de peur en pensant à elle. Elle aurait bien aimé ne pas rapporter l'eau à cette méchante personne ! Elle en voulait très fort aux Thénardier !

Unité 4 Les mots et les sons

Les finales en [war]

Relis l'extrait, page 232.

Découvrons et construisons

1. a. Dans l'encadré, page 232, remplace *l'épouvantable bête* par *l'épouvantable chat noir*, et *une mouche* par *une souris*.

b. Écris les phrases contenant les mots *chat noir* puis réécris-les en remplaçant *chat noir* par *chatte noire*. Justifie les terminaisons de l'adjectif *noir*.

2. a. Trouve le nom en [war] qui correspond au verbe. *(Aide-toi du dictionnaire pour l'orthographe !)*
réserver : un … – baigner : une … – espérer : un … – se balancer : une … – baver : un … – bouillir : une .. – se moucher : un … – mâcher : une … – nager : une … – arroser : un …

b. Sépare les mots masculins des mots féminins. Que remarques-tu ?

c. Trouve ces mots en [war], que remarques-tu ?
observer : un … – interroger : un … – conserver : un …

3. a. Accorde l'adjectif en [war] :
– Ce passage est obligat… .
– Les poumons sont des organes respirat… .
– Cette route n'est pas définitive, elle est provis… .

b. Remplace le mot en bleu par :
cette route – des parties – ce pont
Que remarques-tu ?

À savoir

- Un nom féminin qui se termine en [war] s'écrit toujours *oire*.
  Ex : la balançoire, la baignoire, la mâchoire…
- Un nom masculin qui se termine en [war] s'écrit souvent *oir*.
  Ex : le peignoir, le couloir, le réservoir…
- Attention : certains noms masculins s'écrivent *oire*.
  Ex : le territoire, le réfectoire, l'ivoire…
- Tous les adjectifs au singulier en [war] s'écrivent *oire*.
  Ex : un remplacement provisoire, une route provisoire…
  ***Sauf** : un chat noir ; une chatte noire*

Je m'entraîne

1. Écris les terminaisons en [war] :
– Au dessert, il a mangé des p… .
– « Au rev… ! » annonce Léa en partant sur le trott… .
– J'adore l'hist… de France, j'ai des tas de livres dans mon arm… .
– Il faut le v… dans son peign… !
– Les bêtes se bousculent devant l'abreuv… .

2. Complète avec des mots en [war].
Je prends mon bain dans la … . – Il pleure, il sort son … . – C'est le …, on voit moins bien que le jour. – J'adore glisser sur la glace quand je vais à la … . – À l'étude, il apprend des leçons et fait ses… . – Il a rangé ses stylos dans le … du bureau. – Il a installé des … pour les oiseaux.

J'utilise mes connaissances (pp. 232-233-234-235)

1. Relis les lignes 14 à 20 du texte, page 54.
Lis ensuite attentivement les groupes de mots entre deux traits //, complète l'orthographe des mots en [war] et remets les mots dans l'ordre :

p. 54

était L'espace n… et devant désert elle. // regarda Elle avec désesp… obscurité cette // avait où il n'y personne plus, // où bêtes avait il y des, // peut-être où des revenants il y avait. // bien regarda Elle // et qui marchaient les bêtes elle entendit dans l'herbe, // elle vit et distinctement les revenants // qui les arbres remuaient dans. // donna de l'audace lui La peur : // « Bah ! plus je lui dirai d'eau. dit-elle, qu'il n'y avait » //

2. Mets ces phrases à la forme négative :

• Il y a des fantômes dans le grenier. – Il y avait du bruit dans la chambre de Sam. – Il y aura peut-être une sorcière derrière la porte. – Il y a un prince auprès de la jeune fille. – Il y avait encore quelqu'un.

• On en a toujours été là ! – On en a assez de ces bruits derrière la porte ! – On a fermé toutes les portes. – Ces pommes-là, on en a déjà mangé.

3. Remplace les points bleus avec *n'y* ou *ni* et ajoute les terminaisons en [war] qui conviennent *(tu peux t'aider du dictionnaire)* :

Dans le man…, il • a plus de boug…. – Il n'a • arm…, ni meuble avec tir…. – Il n'a pas de mém… : se souvenir d'une hist…, il • arrive pas ! – Dans la cave n…, il • a • lumière, • chandelle !

4. Accorde le verbe comme il convient :

Des bêtes se trouvai... là : il y avai... des bêtes ! – Des revenants marchai... dans le noir : il y avai... des revenants. – Elle entendi... les bêtes marcher : elle entendi... les bêtes qui marchai... .

5. a. Transforme ces phrases à l'imparfait :

L'espace est désert. – Il n'y a personne. – Il y a des bêtes. – Il y a des revenants. – Les bêtes marchent. – Les revenants remuent dans les arbres. – Il n'y a plus d'eau.

b. Transforme au passé simple :

Elle regarde l'obscurité. – Elle entend les bêtes et elle voit les revenants. – La peur lui donne de l'audace.

6. a. Relis le texte reconstitué dans l'activité 1, puis complète ce texte en utilisant le code suivant :

•• : accord des verbes, des noms ou des adjectifs
••• : orthographe des mots

L'espace n••• et désert ét•• devant elle. Elle regard•• avec désesp••• cette obscurité où il ••• av•• plus personne, où il ••• av•• des bêt••, où il ••• av•• peut-être des revenant••. Elle regard•• bien et elle entend•• les bêt•• qui march•• dans l'herbe, et elle v••distinctem••• les revenant•• qui remu•• dans les arbr••. La peur ••• donn•• de l'audace : « Bah ! dit-elle, je ••• dirai qu'il ••• avait ••• d'eau. »

b. Tu es prêt maintenant pour la dictée de ce texte.

Les possessifs

p. 76

Le duel

Des oiseaux blancs se dirigeaient vers la baleinière. Leur vue était plus perçante que celle de l'homme.

Bientôt apparurent nettement deux rangées de longues dents crochues.

C'était la bouche ouverte de Moby Dick et sa mâchoire tordue. Son vaste cou se confondait encore avec la mer.

Achab cria à Fedallah de venir prendre sa place, il alla se poster à l'avant, son harpon à la main... Moby Dick, comme s'il eût deviné le stratagème, changea de position en une seconde et vint poser sa tête ridée sous la baleinière.

Découvrons et construisons

1. a. Comment l'auteur de ce texte désigne-t-il *Moby Dick* : au masculin ou au féminin ? Quel mot te l'indique ?

b. Réécris le passage en remplaçant *Des oiseaux blancs* par *Une mouette*, *Moby Dick* par *une baleine* et *Achab* par *je*. (Attention : on écrit « je criai, j'allai ».)

c. Quels pronoms en orange ont été modifiés ? Qui désignent-ils ? À quoi servent-ils ? Par quoi pourrait-on les remplacer ?

2. a. Complète avec l'adjectif possessif qui convient :

- *La baleine :* … mâchoire,
  … vaste cou,
  … immenses nageoires
- *Vous :* … place, … harpon,
  … chaussures,
  … affaires, … parents

b. Remplace chaque groupe nominal par le pronom possessif :
Ex : La baleine /
sa mâchoire : c'est la sienne,
son vaste cou : c'est le sien, etc.

À savoir

◆ L'adjectif possessif et le pronom possessif varient selon l'objet possédé et selon celui qui le possède.

	Un seul objet			Plusieurs objets		
	Masculin	Féminin	M/F	Masculin	Féminin	M/F
À moi	mon / le mien	ma / la mienne		les miens	les miennes	mes
À toi	ton / le tien	ta / la tienne		les tiens	les tiennes	tes
À lui, à elle	son / le sien	sa / la sienne		les siens	les siennes	ses
À nous	le nôtre	la nôtre	notre	les nôtres		nos
À vous	le vôtre	la vôtre	votre	les vôtres		vos
À eux	le leur	la leur	leur	les leurs		leurs

Je m'entraîne

1. a. **Complète avec l'adjectif possessif qui convient :**
Ex : un vélo (à lui) : c'est son vélo.
Des œufs *(à eux)* – une caméra *(à elles)* – des camions *(à vous)* – une banane *(à moi)* – des fruits *(à toi)* – un troupeau *(à nous).*

b. **Remplace chaque groupe nominal par le pronom possessif qui convient :**
Ex : C'est son vélo. → C'est le sien.

2. **Complète par l'adjectif possessif qui convient :**
J'ai perdu … lunettes et … clé. – Le cavalier est venu avec … cheval, ... épée, ... cape et ... couteaux. – « ... voiture est arrivée la première et ... voiture la dernière » dit Julien à Pierre. – « Sortez … stylos, ... trousse et … cahiers rouges » annonce le maître.

3. **Complète par le pronom possessif qui correspond :**
Je viens avec mon ami. → C'est ... – Notre classe a gagné le concours. → C'est … qui a gagné. – J'adore vos tableaux. → Ce sont … les plus beaux. – Leurs chansons sont aimées des enfants. → Ce sont … qu'ils préfèrent.

4. a. **Réécris ce texte en mettant le mot *peaux* au singulier :**
Sa surprise laissa place à l'indignation, il y avait de la colère dans sa voix : « Ces peaux, ce sont les tiennes, bien sûr, mais ce sont aussi les nôtres. Chaque jour, nous chassons ensemble alors comment peux-tu affirmer maintenant qu'elles sont à toi seul ? ».

b. **Réécris le texte en remplaçant *peaux* par *troupeaux*, puis par *or*.**

5. a. **Transforme les phrases comme indiqué :**
Mon *(à toi)* bateau est à voile, le tien *(à vous)* est à moteur. – Mon *(à nous)* vélo est rouge alors que le nôtre *(à eux)* est bleu. – Votre *(à toi)* maison est grande mais la mienne *(à vous)* est petite. – Ton *(à vous)* cartable est plus lourd que le mien *(à eux).*

b. **Mets chaque phrase obtenue au pluriel.**

6. **Dans ces phrases supprime la répétition par un pronom possessif :**
Mon atterrissage est réussi, *ton atterrissage* est raté. – Leurs fusées ont déjà fait le voyage Terre-Lune alors que *nos fusées* n'ont pas encore décollé. – Ses consoles de jeux sont modernes tandis que *vos consoles* sont anciennes. – Tu as un très beau costume de pirate, tandis que *son costume* est trop grand.

7. a. **Repère tous les possessifs de ce passage (adjectifs et pronoms) :**
Le maître ouvre son tiroir et en sort sa feuille d'appel : « Je n'ai pas encore mémorisé tous vos noms. Le tien est bien Patrick Legrand ? » Toujours pas de réponse. Yann trouve enfin le moyen de venir au secours de son camarade : « M'sieur, son surnom, c'est La Puce ! »

b. **Réécris le passage avec *une maîtresse* au lieu d'*un maître* qui s'adresse à *Patrick et Corinne Legrand* (leur surnom est : *Les Puces*).**

p. 10

8. a. **Réécris ce passage avec les déterminants qui conviennent :**
L'homme de fer récupère d'abord … œil, puis … main. Celle-ci se dirige vers les rochers pour en tirer ... premier bras. Ensuite, elle retrouve … deuxième main, puis ... deuxième œil. Ensemble, ... deux mains s'accrochent à … jambes et à ... torse, puis retrouvent … tête. Mais il lui manque toujours … oreille !

b. **Réécris ce passage en remplaçant *l'homme de fer* par *les hommes de fer*.**

p. 27

Les consonnes doubles *(-elle, -erre…)*

Relis l'extrait, page 236.

Découvrons et construisons

1. a. Prononce à haute voix les mots en bleu de l'extrait. Quel son ont-ils en commun ?
b. Classe ces mots dans un tableau selon la façon d'écrire le son que tu as repéré. Compare avec ton voisin.

2. Dans les phrases suivantes, souligne les mots avec le son [ɛ], puis essaie de les classer. Que remarques-tu ?
– Une Parisienne habite Paris
– J'adore le dessert.
– L'électricien a posé une antenne sur le toit.
– Les soldats sont à l'abri dans une forteresse.
– Une princesse vient de rencontrer une fée.
– Je joue au tennis avec une raquette.
– Les marins prient dans une chapelle.

3. a. Complète ces terminaisons en [ɛ] avec la bonne orthographe :
– Tu devras faire la vaiss... avant de sortir.
– Chez le boulanger, tu prendras deux bagu...
– Mon amie a un joli chemisier en dent...
– Le jardinier remplit sa brou...
– Il n'a pas plu depuis des semaines, c'est la sècher...
b. Forme l'adverbe comme dans l'exemple :
Ex : fréquent ➔ fréquemment
– innocent ➔ ...
– prudent ➔ ...
– précèdent ➔ ...
– récent ➔ ...
– violent ➔ ....
c. Que remarques-tu sur la prononciation de la lettre *e* ?

À savoir

- Deux consonnes après un *e* peuvent former le son [ɛ] sans avoir à ajouter un accent :
sept – un texte – ouest – un concert …
- Parfois, il s'agit d'une consonne double :
il appelle – la chapelle – une baguette – la flemme – une antenne – la faiblesse – elle …
- Attention devant *mm*, le *e* forme le plus souvent le son [a]:
une femme – fréquemment – prudemment...

Je m'entraîne

1. Complète avec une ou deux consonnes (*l* ou *ll*, *t* ou *tt*, *n* ou *nn*…).
Justifie ta proposition.
Une assie…e – une ante...e – la fê...e – un squele...e – une grosse bê...e – un chê...e – complè...e – la faible...e – une chie...e – une vede...e – la tê…e – be…e – une bague…e.

2. Complète ces mots extraits du texte, page 76 :

p. 76

Le capit•ne Achab – la bal•ne blanche – quand ils furent à qu•lques m•tres. – leur vue • plus perçante que c•lle de l'homme – ils virent une tache de la taille d'une bel•tte.

J'utilise mes connaissances (pp. 236-237-238-239)

1. **Relis attentivement le premier paragraphe du texte, page 73, puis complète le texte suivant avec ces six groupes de mots :** p. 73

- suivre les oies sauvages
- moments des ailes,
- elles quelque vieille commère qui
- souffrir de la faim et du
- de nouvelles bandes passaient,
- qui invitait au vol, si frais, si léger.

C'était comme nous l'avons dit un jour merveilleusement beau, avec un air… . À mesure que ... les oies domestiques devenaient plus inquiètes. Elles battaient par ... comme décidées à ... . Mais chaque fois il se trouvait parmi ... disait : « Ne faites donc pas les folles. Celles-là auront à ... froid. »

2. **Complète par l'adjectif possessif puis par le pronom qui convient :**

	C'est à…	Ce sont…
oiseaux	moi : *mes oiseaux*	les miens
oies sauvages	Nils :	…
ailes	elles :	…
animaux	nous :	…
vol léger	elles :	…

3. **Complète les mots suivants et classe-les selon qu'ils possèdent une seule consonne ou une consonne double :**

Des nouve...es bandes arrivent près du pè...e et de la mè...e de Nils. – Les oies reviennent en arriè...e dans la tempê...e. – Les be...es oies semblent légè...es dans le cie… – Les oies sont inquiè...es.

4. a. **Mets le mot souligné au pluriel. Que deviennent les mots en couleur ?**

Alice a rencontré <u>un lapin</u> : elle lui a dit de l'attendre. – <u>Le lapin</u> est tombé, il a ses oreilles, son museau et ses pattes légèrement abîmés. – Alice voit <u>le lapin</u>, elle lui parle et trouve ses oreilles étranges. p. 70

b. **Écris *leur* ou *leurs* en justifiant ta réponse :**

... ailes étaient déployées, et elles essayaient de prendre ... envol. – Nils ... faisait des signes. – Elles avaient pris soin de nettoyer ... pattes, ... bec et ... yeux . – Les parents de Nils ... avaient dit d'attendre.

5. a. **Relis le texte de l'activité 1 complété, puis reconstitue le texte suivant en ajoutant l'orthographe correcte du son [ɛ] :**

C'ét• comme nous l'avons dit, un jour merv•lleusement beau, avec un •r qui invit• au vol, si fr•, si léger. À mesure que de nouv•lles bandes pass•, les oies domestiques deven• plus inqui•tes. •lles batt• par moments des •les, comme décidées à suivre les oies sauvages. M• chaque fois il se trouv• parmi •lles qu•lque vi•lle comm•re qui dis• : « Ne f•tes donc pas les folles. C•lles-là auront à souffrir de la faim et du froid. » p. 73

b. Tu es prêt maintenant pour la dictée de ce texte.

Les démonstratifs

p. 84

Une autre façon de gonfler un ballon !

Un journaliste explique ce qui s'est passé en montrant les objets :

« Lorsque ce vinaigre (qui est acide) entre en contact avec ce bicarbonate ou cette craie (qui contient du calcaire), il se produit une réaction chimique.

Cette réaction chimique dégage du gaz carbonique.

Ce gaz ainsi dégagé a besoin de beaucoup de place...

Plus il se formera de ce gaz, c'est à dire plus il y aura de ce vinaigre et de cette craie, plus ce ballon sera gonflé. »

Découvrons et construisons

1. a. Lis à haute voix ce que dit le journaliste en mettant les mots en bleu au pluriel. *(Attention : n'oublie pas de modifier les mots en vert !)*

b. Transforme ce passage en l'écrivant comme un récit *(évite les répétitions)* puis compare avec le texte, page 84. Que deviennent les démonstratifs ?

2. Réécris avec le mot entre parenthèses :
Je pensais qu'il fabriquerait ce robot *(robots)*. – Je savais que ces avions *(avion)* atterriraient ici. – Ce moteur *(machine)* ne fonctionne plus. – Il a acheté ces portables *(téléphone)* sur le marché. – Ces expériences *(expérience)* sont intéressantes.

3. Fais la même activité :
Ces camions *(camion)* fonctionnent à l'électricité, ce sont ceux qui sont les plus économiques. – Cette télécommande *(télécommandes)* est formidable, c'est celle-ci que je veux. – Attention à ces deux *(dix)* robot : celui-ci est en bon état, celui-là est déjà rouillé ! – Voilà un ordinateur *(ordinateurs)* puissant, c'est celui-ci qu'on m'a offert. – Ces machines *(machine)* que tu vois sont celles qui coûtent le plus cher. – Il aurait préféré cette voiture *(voitures)* car celle-là est trop petite. – C'est ce vélo *(vélos)* que je préfère !
Les démonstratifs changent-ils ?

À savoir

- Le déterminant démonstratif sert à désigner un être ou une chose :
  Ex : Regarde cette bicyclette, ce ballon, cet avion, ces savants, ces planètes…
- Le pronom démonstratif remplace un nom déjà évoqué :
  Ex : De ces deux bicyclettes, celle-ci est à moi, celle-là est la tienne.
  Les animaux sont sortis : ceux que tu vois sont pressés de rentrer.

	Singulier	Pluriel
Forme simple	*ce, c', celui, celle*	*ceux, celles, ce (sont)*
Forme composée	*ceci, cela* (ou *ça*) *celui-ci, celui-là* *celle-ci, celle-là*	 *ceux-ci, ceux-là* *celles-ci, celles-là*

Je m'entraîne

1. **Complète avec le déterminant démonstratif qui convient :**
… navire à l'horizon est perdu. – Le robot a été fabriqué dans … atelier. – J'ai beaucoup apprécié … machine moderne. – J'ai présenté … nouvel ordinateur à mes amis. – … fantastique expérience est impressionnante. –… étrange professeur est génial !

2. **Complète avec le pronom démonstratif qui convient :**
Il faut garder ce téléviseur, … est le meilleur en ce moment. – J'ai bien compris … que tu veux me dire. – Il ne faut pas lui en vouloir, il est comme … . – Je ne sais plus qui croire, … dit oui et … dit non. – Parmi les robots, … paraissent gentils, mais … me font peur. – Le portable de mon père et … de mon frère sont réparés. – Pense à prendre tout … qui est nécessaire.

3. a. **Complète avec le déterminant démonstratif qui convient :**
… gigantesque appareil finira par tomber en panne. – … ancienne pièce servait de laboratoire. –… vieilles plantes ont bien du mal à pousser. – … étrange professeur de mathématiques est nouveau. – … admirable voiture coûte cher. – Nous n'utiliserons pas … affreux magnétoscope. – Ils avaient tous reconnu … merveilleux acteur.

b. **Réécris chaque phrase en changeant le nombre de l'adjectif en vert** *(singulier ou pluriel). Attention aux accords !*

c. **Réécris chaque phrase en supprimant l'adjectif en vert.**

4. **Réécris ces phrases en changeant le nombre des mots en bleu** *(singulier ou pluriel). Attention : d'autres mots changent aussi !*
Ce petit appareil est bien meilleur que celui-là. – Mon professeur c'est celui que tu vois ! – Les filles et les garçons qui ont gagné sont celles et ceux qui sont sur la scène. – J'adore les petits gadgets, je veux ceux-là derrière et celui-ci tout rouge. – Je connais bien celle qui a inventé cette machine.

5. a. **Modifie la phrase avec le mot proposé. Tous les mots en couleur changent.**
Regarde cette petite araignée *(araignées)* ! – Ce tableau *(statue)* est magnifique, mais celui-là ne me plaît pas. – Ce sont des chiens *(chien)* de traîneau. – Cet animal *(bête)* est une marmotte et celui-là un lapin. – Ces chaussures *(chausson)* sont à mon frère et celles-là sont les miennes.

b. **Change le nombre des phrases obtenues (*singulier* ou *pluriel*).**

6. **Réécris ce passage avec le terme entre parenthèses. Les termes en bleu sont aussi modifiés ! Vérifie ton travail avec le texte, page 16.** p. 16
Je crois qu'il eût cette journée-là *(jour)* la plus grande fierté de sa vie. Mais au lieu d'admirer ces exploits *(exploit)*, elle pâlit, déposa ses paquets et m'emporta dans ses bras. J'ai su plus tard que c'était des *(une)* vieilles femmes qui étaient allées chercher ma mère, celles-ci l'assurant que « cet homme » *(messieurs)* allait me faire éclater le cerveau.

7. **Dans le texte, page 87, cherche quatre démonstratifs puis réécris les phrases trouvées en changeant le nombre de chaque démonstratif.** p. 87

8. **Relis le texte A, page 84, et rédige ce que dirait un journaliste s'il parlait de tout ce qui est montré. Utilise de nombreux démonstratifs.** p. 84

Les consonnes doubles (*acc, add, app…*)

Relis l'extrait, page 240.

Découvrons et construisons

1. Lequel de ces deux résumés correspond à l'extrait, page 240 ?

- Un savant accorde un entretien à un journaliste. Attablé devant les spectateurs, le savant accompagne ses explications avec des gestes appliqués. Il capte l'attention des personnes présentes avec facilité.
- Dans son atelier, un peintre abandonne le travail qu'il adore, il aperçoit un journaliste qui lui explique qu'il va entrer à l'académie.

2. a. Dans chaque résumé, relève les mots qui commencent par *a* puis observe les lettres qui suivent. Que peux-tu dire ?

b. Choisis un mot commençant par *a* suivi d'une consonne simple et un autre commençant par *a* suivi d'une double consonne. Invente une phrase avec ces deux mots.

À savoir

- Il faut se reporter aux mots de la famille pour connaître l'orthographe des mots commençant par (ou contenant) a :
  ab, abb / ac, acc / ad, add / am, amm / ap, app / at, att…
- Attention :

Abbé, abbaye …	mais	*abandon, abandonner*
Accord, accorder …	mais	*académie, académicien*
Addition, additionner …	mais	*adorer, adorateur*
Application, appliquer …	mais	*apéritif*
Attache, attacher …	mais	*atroce, atrocité*

Je m'entraîne

1. Complète ces mots avec une consonne simple ou avec une consonne double.
(Tu peux utiliser ton dictionnaire.)
L'orage s'est [ap]aisé, il y a une [ac]almie. – L'[ac]acia est un arbre à fleurs. – Cet indien [ap]ache a l'[ap]arence d'un indien d'une autre tribu. – C'est [at]roce, on a [at]aché le chien avec une corde trop courte. – L'animal est [ap]euré, il va [at]aquer.

2. Complète les mots :

appliquer → une a…	*appeler* → un a…
abandonner → un a…	*apercevoir* → un a…
attaquer → une a…	*atterrir* → un a…

3. a. Recherche un mot commençant par *a* de la même famille que les mots suivants :
- applaudir – attaquer – apaiser
- compagne – troupe – plat – baisse

b. Emploie-le dans la phrase de ton choix.

4. Complète ces mots avec une consonne simple ou une consonne double.
Tu peux utiliser ton dictionnaire.
[ap]artenir – un [at]ome – l'[ad]ition – un [at]errissage – l'[am]oniaque – un [ac]usé – [ap]ercevoir – mon [ad]resse – toutes mes [am]itiés.

J'utilise mes connaissances (pp. 240-241-242-243)

1. Relis le début du texte page 87, jusqu'à la ligne 13, puis réécris le passage suivant en rétablissant les espaces, les majuscules et les retours à la ligne : p. 87

rienenvue?interrogeamathildeens'installantàmescôtés.euh,non…lanuitesttropclaire.il nesepasserarien.jet'aiapportéquelquesrestes.viandefroideettranchedecharlotte,j'espè requeçat'ira.chèrebonnevieillemathilde!j'auraispumangerdesquenellesdedinosauretel lementj'avaisfaim.jemejetaissurlanourriturequandsamainmebroyalepoignet.regarde!e nbas,prèsduhangar!jemepenchaiàmontouretpoussaiuncriétranglé.

2. a. Complète par c'est ou ces, en justifiant tes choix :

… par une nuit claire que les héros vivent leurs aventures. – Mathilde et son ami, … deux héros, vont découvrir une chose extraordinaire. – Ils n'en croient pas leurs yeux : … un ptérodactyle.

b. Complète par ces ou ses en justifiant tes réponses :

P.P. et … camarades participent à un concours. – … trois personnages vont vivre des aventures passionnantes. – Mathilde s'installe à … côtés et dit : « … ombres sont étranges ! ». – Le ptérodactyle géant a … ailes affaissées.

3. Complète avec une consonne simple ou une consonne double :

Un jour P.P. ira en [Am]érique !, il [am]ènera son invention et il sera certainement très [ap]laudi ! – Le long du hangar, où se trouve l'[at]elier de P.P., les enfants [ap]erçoivent des ombres gigantesques. – Ils sont tous [ap]eurés par le monstre. – Le professeur [ap]araît, il n'est pas [af]olé : il [ap]elle au calme.

4. a. Sans regarder le texte de l'activité 1, complète les phrases suivantes avec l'un des mots proposés entre parenthèses :

– Rien en *(vue, vu)* ? *(interrogea, interrogeait)* Mathilde en *(s'installant, s'installent)* à mes *(côtés, côté)*.
– Euh, non… La nuit est trop *(claire, clair)*. Il ne se *(passeront, passera)* rien.
– Je t'ai *(apporté, adoré)* quelques *(reste, restes)*. Viande *(froide, froid)* et tranche de charlotte, j'*(espère, espérons)* que ça t'*(ira, iras)*. Chère bonne *(veille, vieille)* Mathilde ! J'*(aurais, aurait)* pu *(manger, mangé)* des *(quenelles, quenelle)* de dinosaure *(tellement, telle)* j'avais faim.
Je me *(jetais, jetaient)* sur la *(nourriture, nourritures)* quand sa *(main, mains)* me *(broyait, broya)* le *(poignet, poignée)*.
– *(Regarde, regardent)* ! En bas, près du *(hangars, hangar)* !
Je me penchai à mon *(tour, tours)* *(et, est)* *(poussais, poussa)* un cri *(étrangle, étranglé)*.

b. Tu es prêt maintenant pour la dictée de ce texte.

L'accord du participe

p. 100

La Côte d'Ivoire et le Mali veulent protéger les enfants

Une situation scandaleuse qui ne peut être tolérée !

Selon l'Unicef, plus de 15 000 enfants sont employés comme esclaves en Côte d'Ivoire. Ils viennent de villages très pauvres. Des trafiquants ont attiré ces jeunes en proposant un travail bien récompensé : 75 francs par mois environ. Mais ils ne seront jamais payés ! « Ils n'osent pas s'enfuir car s'ils sont retrouvés, alors ils sont torturés. »

Découvrons et construisons

1. a. Dans le texte ci-dessus, à quel temps sont conjugués les verbes en rouge ?

b. Réécris ce texte en remplaçant : *plus de 15 000 enfants* par : *un enfant.*
(N'oublie pas de modifier aussi les mots en bleu !)

Compare les terminaisons des participes passés avec celles du texte proposé.
Que remarques-tu ?

2. a. Quel terme du texte ci-dessus peut-on remplacer par le mot *offrant* ?

b. À partir de quel verbe ce terme est-il formé ?
As-tu modifié ce participe présent lorsque tu as réécrit le texte ci-dessus ?

3. Indique si *Ti Phan*, *Kaba*, *Sélif* et *Ouarni* sont des garçons ou des filles.
Justifie tes réponses.
Ti Phan est partie en Afrique. – Kaba est sorti en courant, est tombé et s'est relevé rapidement. – Sélif et Ouarni ont grimpé la colline et se sont cachées derrière le buisson.

4. Souligne comme dans l'exemple.
Ex : Il a emmené ses amies. ➜ *Ce sont* ses amies qu'il a emmenées.
Pierre a dévoré une pomme. ➜ Cette pomme, Pierre l'a dévorée ! – Est-ce Léa qui a servi les invités ? ➜ Léa les a servis toute seule. – Bob a écrit une lettre à Émilie. ➜ C'est une lettre que Bob a écrite à Émilie.

À savoir

◆ Il existe des formes de verbe sans sujet :
– le participe présent, invariable (*ex : c'est fatiguant ! en marchant*)
– le participe passé (*ex : il a aimé, il s'est rendu, il avait pris*).

◆ Dans un temps composé :
- quand le verbe est conjugué avec l'auxiliaire être, le participe passé s'accorde en genre et en nombre avec le sujet ;
  Ex : Il est arrivé. Elle était arrivée. Les voyageurs sont arrivés...
- quand le verbe est conjugué avec l'auxiliaire avoir, le participe passé ne s'accorde jamais avec le sujet. Il s'accorde avec le complément d'objet direct (COD) lorsque celui-ci est placé devant le verbe.
  Ex : Vous avez mangé une pomme. Les animaux ont mangé les pommes.
  Ex : Les pommes que nous avons mangées. Il avait apporté une balle mais il l'a perdue.

Je m'entraîne

1. **Complète les participes passés :**
Nous avons fin... le travail. – Elles avaient march... depuis une heure. – Ont-ils mélang... les liquides ? – Elles ont plac... les assiettes. – Ils ont employ... le verbe avoir.

2. **Souligne les sujets puis accorde ces participes passés employés avec l'auxiliaire *être* :**
Je suis coll... sur la chaise. – Elles seront all... à Paris. – Ces deux jeunes hommes sont accompagn... de leur mère. – Nous étions mont... au troisième étage. – La brouette est charg... . – « Nous sommes décid... à partir », déclarent Laure et Sylvie. – La maison était hant... .

3. a. **Écris des phrases avec le participe présent de ces verbes :**
dormir – chanter – changer – battre – grandir

b. **Complète avec le participe présent des verbes entre parenthèses :**
Ils ont franchi la frontière en *(trafiquer)* leurs papiers. – *(Chanter)*, *(danser)*, et *(rire)*, l'enfant avançait vers l'école. – Louise s'est cassé une dent en *(croquer)* le bonbon. – *(Loger)* au troisième étage, les Dupont n'ont pas pu entendre le bruit que les voleurs ont fait en *(entrer)* dans la cave !

4. **Complète ces terminaisons en justifiant ton choix :**
- Les deux chiens seront ten... en laisse. – Ils ont clou... la boîte. – Il a chevauch... toute la journée.

- Ont-elles rêv... ou bien sont-elles vraiment all... dans cet endroit ? – Il a ronchonn... quand ses amis sont arriv... . – Les dames sont-elles sort... ou bien ont-elles décid... de rester à la maison ?

5. **Complète ces phrases en accordant le participe passé :**
– Le journal a demand... des envoyées spéciales. → Ce sont des envoyées spéciales que le journal a demand... .
– Les journalistes ont réun... les conditions pour partir. → Ces conditions spéciales pour partir, les journalistes les ont réun... .
– Le village que les militaires avaient encercl... .
→ Les militaires avaient encercl... le village.

6. **Remplace le COD par un pronom.**
(Attention aux accords !)
Ex : La lionne a mangé trois kilos de viande.
→ La lionne les a mangés.
Mélanie a fini ses exercices de mathématiques. – Pauline a transformé sa chambre. – Les enfants ont suivi l'émission de télévision. – David a choisi une superbe montre. – Les pompiers ont stoppé les incendies.

7. **Écris les phrases suivantes en accordant les participes passés :** p. 103
– Le journal auquel je collabore, m'a demand... d'aller faire un reportage en Bosnie.
– Malgré le danger, j'ai accept... .
– La journaliste est arriv... ce matin à l'aéroport.
– J'y ai retrouv... mon vieux coéquipier Greg.
– Le principal c'est que cet engin fonctionne et qu'il soit blind... .
– Ces deux conditions étant réun..., en route !
– Le village est encercl... .
– Le seul hôtel a ferm... ses portes.

8. **Complète chaque phrase avec le participe passé qui convient :** p. 106
Plus de 300 km de rivières sont *(toucher)* par la pollution. – Ce sont aujourd'hui, la Bulgarie et l'Ukraine qui sont *(menacer)*. – Cette eau est *(infester)* de cyanure. – C'est au tour du Danube d'être *(empoisonner)*. – La faune et la flore de la rivière Tisza ont été totalement *(détruire)*. – Il semble que les digues du bassin où était *(retenir)* l'eau cyanurée avaient été *(construire)* avec des matériaux de récupération.

Unité 7 Les mots et les sons

Les adjectifs numéraux

Relis l'extrait, page 244.

Découvrons et construisons

1. a. Dans l'extrait, page 244, repère les nombres cités.

b. Recopie les phrases avec les nombres en lettres.
Aide-toi de cette liste :
mille cinq cents, quinze mille, mille quatre cent trente-sept, douze, deux mille, soixante-quinze, mille sept cent quarante-trois, vingt mille, soixante-cinq.

c. Écris ces nombres en lettres :
14999 – 76 – 1436 – 77 – 2001 – 13 – 1999 – 14 – 9876.
(Aide-toi du dictionnaire.)

2. Réécris avec l'adjectif numéral indiqué :
Il a acheté cinquante-deux (42) bonbons et ils les a mangés en vingt et une (31) secondes. – Il a effectué trois mille cinq cent vingt-huit (2458) kilomètres. – La Mauritanie possède une partie du Sahara depuis mille neuf cent soixante-quinze (1976), un million quatre cent vingt mille (1 360 000) habitants occupent une surface de près de un million trente et un mille (1 061 000) km².

3. Fais une phrase pour donner la place de chacun des participants à cette course :
1er : Joseph – 2e : Isabelle – 3e : Mélanie – 4e : Hector.

À savoir

- Les adjectifs numéraux servent à indiquer les quantités. Il en existe un nombre illimité. Ils sont toujours invariables : les quatre garçons.
- Les adjectifs plus petits que 100 ont un trait d'union, sauf s'ils contiennent et : vingt et un ; vingt-trois ; quatre-vingt-trois ; cent dix-neuf, mille quatre cent dix-sept…
- Mille reste invariable : mille, puis deux mille enfants…
- Cent et vingt multipliés par un autre nombre prennent un « s » s'ils ne sont pas suivis d'un autre nombre : deux cents ; deux cent trois ; quatre-vingts ; quatre-vingt-huit…

Je m'entraîne

1. a. Écris les nombres suivants en lettres :
24, 31, 65, 78, 92, 121, 234, 347, 459, 561.
b. Fais de même avec ceux-ci :
80, 82, 400, 402, 600, 612, 780, 784.

2. a. Réécris avec les nombres en lettres :
2 pays d'Afrique, le Mali et la Côte d'Ivoire viennent de signer un accord le 1er septembre. – Abou a 10 ans. – Il travaille 7 jours sur 7. – Tu peux trouver des renseignements dans la revue n° 1383 destinée aux enfants de 10 à 14 ans.

p. 100

b. Propose ces phrases à un camarade avec d'autres nombres et écris les siens.

3. Fais de même avec ces nombres :
a. Le 13 février, plus de 300 kilomètres de rivières sont pollués. – 2000 habitants sont privés d'eau. – Le 30 janvier 2000 – Article extrait du n° 339 paru entre le 26 février et le 3 mars 2000.

p. 106

b. Il est arrivé 10e sur 50 coureurs.
– Le 3e a mis 12 secondes aux 100 mètres.

Orthographe

J'utilise mes connaissances (pp. 244-245-246-247)

1. Réécris ce texte avec les adjectifs numéraux en lettres et en accordant les participes passés ou présents :

p. 103

Je suis une journaliste né… le 21 mars 1958. En 1993, le journal auquel je collabore a demand… un volontaire pour aller faire un reportage en Bosnie. Je suis arriv… au petit matin, vers 7 h 30, l'aéroport était désert. Au bout de 15 minutes, un chauffeur est ven… me prendre et nous avons parcour… plus de 200 kilomètres, en roul… à toute vitesse et en risqu… de rater quelques virages. Arrivée devant les premières maisons, j'ai attend… encore environ 25 minutes avant d'être emmen… jusqu'au capitaine command… le village.

2. Accorde comme il convient les participes passés. Justifie tes réponses.

La journaliste est né… en Afrique ; les nouveaux journalistes sont né… en Afrique. – Le journal a demand… un volontaire ; les journaux ont demand… des volontaires. – La voiture est ven… me chercher ; les camions sont ven… chercher le matériel. – La journaliste a attend… longtemps ; les deux femmes ont attend… encore plus longtemps.

3. Recopie maintenant le texte de l'activité 1 :

avec un journaliste et des chauffeurs.

4. Écris chaque verbe entre parenthèses à la forme qui convient : infinitif, participe passé, participe présent.

En (arriver) près de moi, le chef a *(pointer)* un pistolet sur moi et a *(hurler)* des ordres. Il voulait me faire *(lever)* les mains pour m'*(impressionner)*. Puis, quand je lui ai *(expliquer)* mon histoire, il s'est *(calmé)* : « Tu es *(arriver)* ici en *(traverser)* le désert et en *(marcher)* jour et nuit ! Tu es courageux ! » À partir de ce jour, j'ai pu me (déplacer) librement dans le camp et *(observer)* la vie des villageois.

5. Recopie ces phrases avec les nombres en toutes lettres, mais n'oublie pas de rétablir la vérité en remettant chaque nombre à sa place :

Léon mesure 6671 kilomètres, pèse 239 kilogrammes. – Le Nil est un fleuve immense qui mesure 1 mètre 58 et qui traverse 1789 pays . – C'est en 9 que se déroule la Révolution française. – C'est un long escalier, j'ai compté 41 marches.

6. a. Relis attentivement le texte de l'activité 1, puis dissimule-le pour compléter ce qui suit :

• accords ; • orthographe des mots ; • grammaire.

Je suis une journaliste n• le 21 mars 1958. En 1993, le journ• auque• je collabore a demand• un volont•re pour all• faire un reportage en Bosnie. Je suis arriv• au petit matin, vers 7 h 30, l'a•port ét• dé•ert. Au bou• de 15 minute•, un chau•eur • ven• me prendre et nous avons parcour• plus de 200 kilomètres, en roul• à toute vite•e et en risqu• de rater quelque• virages. Arriv• devant les premièr• maison•, j'• attend• encore environ 25 minutes avant d'•tre emmen• jusqu'• capitaine command• le vi•age.

b. Tu es prêt maintenant pour la dictée de ce texte.

Les mots invariables

p. 114

Christophe découvre le piano

Maintenant, sa plus grande joie est quand sa mère doit passer la journée en service… Pourquoi attend-il d'être seul ? Personne ne l'empêcherait de jouer, pourvu qu'il ne fasse pas trop de bruit. Mais il a honte devant les autres, il n'ose pas. Et puis on cause, on se remue… C'est tellement plus beau quand on est seul ! Le cœur lui bat en appuyant le doigt sur la touche ; quelquefois il le relève, après l'avoir enfoncé à moitié pour le poser sur une autre. Sait-on ce qui va sortir de celle-ci, plutôt que de celle-là ?

Découvrons et construisons

1. a. Reprends ce texte à l'oral, puis à l'écrit en remplaçant *Christophe* par *Hélène*.

b. Fais de même en remplaçant *Christophe* par *Mes frères*.

c. Les mots en orange changent-ils ? Compare avec tes camarades. Comment appelle-t-on ces mots ?

2. a. Mets ces phrases au pluriel :
– Hier encore, le pianiste donnait un concert.
– Là-bas, la chanteuse a été applaudie.
– La musique commence lentement, mais très vite le rythme s'accélère.
– Le tambour se place juste au-dessus du violoniste.
– Ce concert était entièrement nouveau.

b. Relève les mots invariables et cherche leur nature dans ton dictionnaire.

3. a. Relève les mots invariables de ces phrases et justifie ton choix :
Il est venu en avion de Tokyo. – Le violoniste joue avec le pianiste dans la salle des fêtes devant des enfants. – Il joue à deux mains avec une adresse incroyable. – Pour qu'il repère son siège, on écrit en gros sur le dossier : « chef d'orchestre ».

b. Relève les mots invariables et cherche leur nature dans ton dictionnaire.

4. Classe tous les mots invariables *(aide-toi de ton dictionnaire)*, puis justifie tes choix :
Tout le public était attentif pendant qu'Arnaud jouait. Soudain, patatras ! la chaise a cassé et il s'est écroulé. – Tout l'orchestre mais aussi les spectateurs étaient surpris : l'oiseau était entré dans la salle alors que le violoniste terminait sa partition.

À savoir

- Certains mots sont invariables : ils s'écrivent toujours de la même façon.
- Certains sont des adverbes : *demain, partout, lentement, beaucoup, autant, déjà…*, parfois formés à partir de l'adjectif : *lentement, durement, gentiment, gravement…*
- D'autres sont des prépositions : *avec, à, de, par, pour, sans…*
- Il y a également des conjonctions :
  mais, ou, et, donc, or, ni, car, comme, parce que, lorsque…
  ou encore des interjections comme :
  Bravo ! Courage ! Stop ! Ohé ! Pouf! Oh !

Je m'entraîne

1. Relève les mots invariables :
Silence ! Vous parlerez quand le chanteur finira son récital. – La guitare accompagnera doucement le reste de l'orchestre dès que le chef fera signe. – Depuis que je viens ici, j'ai vu deux concerts et une pièce de théâtre. – Quand viendras-tu nous voir avec ta sœur et ta mère ?

2. a. Parmi ces mots, recopie uniquement les adverbes formés à partir d'un adjectif. Justifie ton choix.
brusquement – majestueusement – le vent – un abonnement – absolument – ils décident – il ment – franchement – véritablement.

b. Invente des phrases avec ces adverbes.

3. a. Complète le tableau suivant :

Nom	Adjectif		Adverbe
	masculin	*féminin*	
la joie	joyeux	joyeuse	…
…	énorme	énorme	…
…	…	…	franchement
la dureté	…	…	…

b. Utilise les adverbes dans des phrases.

4. Complète avec un mot invariable :
- *Adverbe* : Luc habite…, au 8 rue des Pommiers. – Je reçois le journal … . – Ce chanteur a … de talent !
- *Préposition* : J'ai acheté cette flûte … jouer demain. – Ils jouent … l'équipe des verts. – Il est resté assis … ce siège tout le temps.
- *Conjonction* : Il n'est pas venu … il était malade. – Tu m'appelles … le chanteur arrive. – Je vais acheter les billets … le guichet est ouvert.
- *Interjection* : … ! n'avancez plus. – Et … ! il a reçu une paire de gifles. – … ! ce travail est vraiment parfait.

5. Complète ces phrases en utilisant au moins un mot invariable :
Tu vas chanter. – Je sais beaucoup de choses. – Nous travaillons. – Les enfants entendent la musique.

6. Dans ces phrases remplace les mots en orange par un adverbe :
Il conduit avec prudence. – Je suis certain que tu viendras me voir demain. – Il y a une grande quantité de monde aujourd'hui. – Nous sommes lundi, tu iras à l'école mardi. – Tu dois travailler d'une autre manière. – Le pianiste vivait dans la pauvreté, il n'a jamais pu acheter son propre piano.

7. a. Complète ce texte en accordant quand il le faut les mots entre parenthèses. *(Attention les verbes sont à conjuguer au présent.)* :
p. 117
Cette *(photo)*, j'étais sûr de la *(connaître)* *(par cœur)* *(mais)* je la *(découvrir)* *(tout à coup)* *(comme si)* je ne l'avais *(jamais)* vue de ma *(vie)*. C'est que cette fois, *(moi aussi)*, j'ai un *(cornet)* à la *(main)* ! Je disposerais d'une *(loupe)* *(que)* je n'observerais pas avec *(plus)* d'attention. *(Comment)* Buddy Joe *(pincer)* les lèvres, comment il *(gonfler)* les *(joue)*…

b. Classe les mots en orange en justifiant tes choix :
mots variables *mots invariables*

8. Dans les deux courts textes de la page 120, repère six mots invariables (deux adverbes, deux prépositions et deux conjonctions, et utilise-les dans les phrases de ton choix.
p. 120

9. Écris l'adverbe qui correspond :
p. 120
Hélène répète *(avec dureté)* pour devenir musicienne. – *(Avec brusquerie)*, nos oreilles perçoivent deux petites notes. – Le reporter s'intéresse tout *(en particulier)* aux enfants. – Les enfants *(la plupart du temps)* les y obligent.

Les adjectifs de couleur

Relis l'extrait, page 248.

Découvrons et construisons

1. Réécris chacune des phrases de l'extrait qui contiennent les mots *piano* et *touche*, en ajoutant un adjectif de couleur :
noir / blanc – noirâtre / blanchâtre
Entends-tu toujours les différences ?

2. a. Accorde l'adjectif de couleur comme il convient :
une pomme *(vert)* – une fleur *(rouge et blanc)* – une tache *(clair)* – un arbre *(roux)* – une bougie *(violet)* – une tasse *(doré)* – une chaise *(jaune)* – une voiture *(bleu)* et *(blanc)*.

b. Mets chaque nom et son adjectif au pluriel. Que constates-tu ?

3. a. Écris le nom avec son adjectif :
Ex : un tableau de couleur rouge vif
→ un tableau rouge vif
un mur de couleur blanc pâle. – une bicyclette de couleur vert pomme – un chapeau de couleur jaune vif – une armoire de la couleur du marron – un arbre de couleur marron foncé – un pull de la couleur de l'orange – une fleur de couleur rouge clair.

b. Mets chaque nom et son adjectif au pluriel.
Que constates-tu ?
Compare avec tes camarades.

À savoir

- Certains adjectifs qualifient la couleur du nom.
Ex : Une robe bleue – une robe claire – des chemises vertes
- Si l'adjectif désignant la couleur est composé de plusieurs mots, il ne s'accorde pas :
Ex : Une robe bleu clair – des chemises vert pomme
- Certaines couleurs sont invariables (on peut dire *de la couleur de, du…*) :
Ex : orange (de la couleur de l'orange), marron, paille…
Des arbres marron – des bougies orange

Je m'entraîne

1. Accorde les adjectifs si nécessaire :
Le tigre a une fourrure *(jaune vif)* rayée de bandes *(noir)*. – Ses chaussures *(paille)*, son chapeau *(rouge)*, sa cravate *(vert foncé)* avec une chemise *(orange)* lui donnaient l'air d'un clown. – Les billes *(violet)* sont rares, elles valent plus que les billes *(rose clair)* ou *(vert brillant)*. – Les vins *(rouge)*, *(blanc)* ou *(rosé)* sont des boissons alcoolisées. – Ces images sont en *(noir)* et *(blanc)*.

2. En t'aidant du texte, page 84, trouve l'orthographe de l'adjectif de couleur :
Tu as besoin d'encres de couleurs différentes : des encres *(rouge vif)*, *(bleu foncé)* ou *(vert)*, de colorants alimentaires, pour rendre les aliments *(vert)*, *(rouge)* ou *(jaune)* et de fleurs *(blanc)*. – Verse d'abord dans un verre *(transparent)* une encre *(bleu foncé)* et dispose la fleur *(blanc vif)* dedans. Tu observeras rapidement la coloration *(bleu)* des pétales.

p. 84

J'utilise mes connaissances (pp. 248-249-250-251)

1. a. Lis attentivement le portrait 2 de la page 43, puis reconstitue ce texte en remettant dans l'ordre les groupes de mots suivants . *(Aide-toi des indices !)*

p. 43

A. de seize à dix-sept ans. / B. bruns avec un regard velouté d'une /
C. Elle portait une longue pelisse de / D. Sous cette pelisse, une demi-jupe, /
E. lui tombait aux chevilles. / F. Sa tête véritablement /
G. charmante présentait le type slave… / H. Son nez droit se rattachait à ses /
I. couleur sombre, qui se rajustait gracieusement à / J. son cou par un liseré bleu. /
K. Ses yeux étaient / L. douceur infinie. / M. Cette jeune fille devait avoir. /
N. joues pâles… / O. sombre aussi, recouvrait une robe qui

Voici quelques indices pour t'aider :
- L'extrait commence ainsi : *Cette jeune fille devait avoir…*
- L'auteur, Jules Verne, parle d'abord : de la tête, des yeux, du nez et enfin des vêtements de la jeune fille.
- L'orthographe de certains mots peut te permettre de retrouver cet ordre.

2. Accorde l'adjectif avec le nom quand c'est nécessaire, puis mets tous ces mots au pluriel :
- son œil *(brun)* – sa joue *(pâle)* – un liseré *(bleu)*.
- un œil *(brun sombre)* – sa joue *(rose pâle)* – un liseré *(bleu clair)*.

3. Compose l'adverbe à partir du mot proposé, puis invente des phrases avec chaque adverbe :
normale → *normalement*
véritable – infini – gracieuse – malheureuse – ferme.

4. Réécris ces phrases avec les mots indiqués et compare les deux orthographes. Encadre les mots qui ont changé en vert et ceux qui n'ont pas changé en rouge.
Que constates-tu ?
Quels est le nom des mots en rouge ?

Elle *(elles)* avait seize ou dix-sept ans. – Elle *(elles)* avait de seize à dix-sept ans. – Sa tête *(leurs têtes)* était véritablement charmante. – Son *(leurs)* nez était droit. – Une pelisse *(des pelisses)* qui se réajustait gracieusement au liseré. – Sous cette pelisse (*ces pelisses)* une demi-jupe *(des demi-jupes)* qui lui tombait aux chevilles.

5. a. Relis attentivement le texte reconstitué de l'activité 1, puis réécris cet extrait où les mots invariables • et les terminaisons des noms et des adjectifs • ont été effacés.

Cette jeun• fill• devait av• • • à • an• . Sa tête vérita• charman• présentait le type slav• Ses y• étaient brun• avec un regar• velout• d'une douc• infini• . Son • droi• se rattachait à ses jou• pâ• . Elle portait une long• peliss• de couleur sombr•, • se rajustait gracieu• à son cou par un liser• bleu. • cette pelisse, une demi-jup•, sombr• •, recouvrait une robe• • • tombait aux chevill• .

b. Tu es prêt maintenant pour la dictée de ce texte.

Orthographe

Unité 9 Les mots dans la phrase

Les verbes pronominaux

p. 136

La cabane

Les instincts bâtisseurs de Lebrac … révélèrent dans toute leur plénitude. Son cerveau concevait, ordonnait, distribuait la besogne avec une admirable sûreté.

« Il faudra ramasser tous les morceaux de planches que l'on trouvera… »

Lui, apporterait une hachette, Camus une serpe, Tintin un mètre, et tous, ceci était obligatoire, tous devaient chiper des clous.

C'était à peu près tout ce qu'on pouvait faire ce soir-là.

La bande … en retourna et tous … endormirent fort tard.

Découvrons et construisons

1. a. Indique ce qui manque devant les verbes en rose ci-dessus.

b. Change le sujet des phrases qui ont un verbe en rose et réécris-les :
- L'instinct bâtisseur de Lebrac…
- Les écoliers…
- Chacun…

2. Complète en mettant chaque verbe pronominal au présent, puis au passé composé :
- Les enfants *(se disputer)* pour connaître la destination des vacances.
- Sonia *(s'entendre)* parfaitement avec son frère.
- Mes parents *(s'écarter)* de la plage pour trouver un endroit tranquille.
- Les deux chats *(se quereller)* toujours.

3. Corrige ces phrases incorrectes. Que remarques-tu ?

Ex : Il voit lui-même.– Il se voit.
- Elle écoutera *elle-même* jouer du piano.
- Nous faisons plaisir à *nous-mêmes*.
- Le cheval a arrêté *lui-même* pour manger.
- Les amis ont téléphoné à *eux-mêmes*.

4. Écris les phrases au présent, puis au passé composé. Que deviennent les pronoms « *se* » ou « *s'* » ?
- Les petits chats *(se regarder)*.
- Les colombes *(s'envoler)*.
- Les enfants *(se blesser)* avec du verre.
- Pierre et Luc *(s'occuper)* de leur petit frère à la sortie de l'école.
- Les filles *(se regrouper)* dans cour.
- Marie et Léa *(s'agiter)* car elles veulent sortir.

À savoir

◆ Les verbes qui se conjuguent avec le pronom personnel se ou s' sont des verbes pronominaux.

◆ Le pronom personnel varie avec le sujet.
Ex : je me précipite – tu te précipites – il, elle se précipite,
nous nous précipitons – vous vous précipitez – ils, elles se précipitent.

◆ Aux temps composés, les verbes pronominaux sont conjugués avec l'auxiliaire être.
Le participe passé s'accorde donc souvent avec le sujet et le pronom « se » devient « s' » à la troisième personne du singulier.
Ex : Il se perd : Il s'est perdu. Elles se sont perdues. – Il se lave : il s'est lavé. Ils se sont lavés.

Je m'entraîne

1. **Complète avec le pronom personnel qui convient :**
Il faut toujours … détendre avant d'aller à un examen. – Il ne faut pas que vous … étonniez de vos résultats ! – Il … est réveillé seul, sans aide. – Ils … sont regardés avant de … parler. – Nous … téléphonons souvent. – Je …

Verbes pronominaux

… passés :
… sont
… ol…
… sont
… le la
… et
… s se
… et

… rt. –
… ur. –
… leur
… eux.
– Les enfants … sont enfermés dans … coffre pour … cacher !

4. a. **Complète en écrivant le verbe pronominal au présent :**
Le pauvre enfant *(se trouver)* seul dans les rues. – Les spectateurs *(s'agiter)* car le match ne *(se dérouler)* pas comme prévu. – Les tourterelles *(s'abriter)* pour l'hiver. – Les skieurs *(se dépasser)* imprudemment sur les pistes.

b. **Réécris ces phrases en mettant le verbe au passé composé.**

5. a. **Remplace le sujet des phrases par les mots entre parenthèses :**
– Nous *(les skieurs)* nous croisons sur les pistes.
– Vous *(le blessé)* vous tordez de douleur.
– Je *(les enfants)* me change rapidement.
– Tu *(l'acteur)* t'exclames à haute voix.
– Nous *(les robots)* nous transformons en quelques secondes.

b. **Réécris les phrases au passé composé.**

6. a. **Écris ces phrases au présent, puis au passé composé :**
– La petite fille *(s'accrocher)* aux racines.
– Il *(s'agripper)* aux branches de l'arbre.
– Léon *(se baigne)* dans la mer chaque été.
– La petite chienne *(s'assommer)* en tombant sur le sol.
– L'immeuble *(s'effondrer)* d'un seul coup.

b. **Reprends les phrases au passé composé en mettant leur sujet au pluriel.**

7. a. **Écris une phrase au présent avec les trois verbes pronominaux que tu auras trouvés dans le texte de la page 133.**

p. 133

b. **Écris la même phrase au passé composé.**

8. a. **Complète ces phrases avec le verbe conjugué au temps indiqué :**

p. 130

– Will *(s'entraîner, présent)* à la course autour d'un lac.
– Will et Edward Tyler *(s'écrire, se téléphoner, se rencontrer / imparfait)*.
– Will *(s'arrêter / passé simple)* les mains sur les genoux, il ne *(se retourner / passé simple)* pas.
– Son esprit *(s'emballer / passé simple)*.
– Il *(s'arrêter / passé simple)* pour *(se retourner / infinitif)*.

b. **Réécris chaque phrase au passé composé.**

c. **Réécris chaque phrase au passé composé en remplaçant le sujet par :** « *les jeunes filles* ».

Unité 9 Les mots et les sons

Les valeurs de « *tout* »

Relis l'extrait, page 252.

Découvrons et construisons

1. a. Dans l'extrait, page 252, chaque mot en orange se prononce-t-il de la même manière ?

b. Classe ces mots en trois catégories, selon leur prononciation.

2. Recopie en remplaçant à chaque fois le mot en orange par chaque mot de la liste :
- dans toute leur plénitude
(joie – bonheur – plaisir – fierté)
- tous les morceaux de planches
(les bouts de bois – les rondelles de bois – les portions de planches)

Que remarques-tu ?

3. Observe *tout*, *toute*, *toutes* et *tous*. Repère le mot qui suit. Qu'en déduis-tu ?
Tous les matins, je suis en retard. – Il a été vraiment désagréable pendant tout le repas. – Toutes les filles et tous les garçons qui sont venus étaient mes amis. À tous les repas, c'est la même comédie ! – Ici, il pleut tous les jours ! – Toute la nuit, la chouette a hululé. – Toutes les nuits, j'entends du bruit. – Tout élève qui crie sera puni ! – Tous les élèves ont réussi le contrôle.

4. a. Dans chaque phrase, explique l'orthographe du mot en orange :
Tous, ceci était obligatoire, tous devaient chiper des clous. – Tout ceci est obligatoire. – Ils pouvaient tous attacher les planches. – Il pouvait facilement tout attacher avec les ficelles.

b. Complète avec *tout* ou *tous* :
… le monde défile devant le monument. – Ils défilent … devant le monument. – Il est resté … le jour devant son ordinateur. – Ils sont … venus voir son ordinateur.

À savoir

◆ ***Tous*** **peut exprimer une quantité, le verbe sera alors au pluriel.**
Ex : les uns *riaient*, d'autres *applaudissaient*, *tous* étaient heureux.

◆ **Lorsque *tout* est un adjectif, il s'accorde avec le nom qu'il accompagne.**
Ex : Il a mangé toutes ses sucettes. – Il a mangé tout son goûter. – Il a mangé tous ses gâteaux et toute sa compote.

◆ ***Tout*** **peut aussi être un adverbe qui signifie *entièrement, tout à fait.***
Ex : Il est tout étonné. – Elles sont tout étonnées. – Il est tout seul.

Je m'entraîne

1. Remplace les mots en bleu par *tous* ou par *chacun*.
Le premier coureur a pris le virage en dérapant, les spectateurs ont applaudi ! – Je connaissais les enfants présents, ils étaient à l'école avec moi. – Quand la vedette est entrée, chaque spectateur a applaudi. – Quand la chanteuse est entrée, les spectateurs ont applaudi.

2. Réécris en remplaçant à chaque fois par le mot indiqué :
Il a dévoré tout son paquet de gâteaux *(ses pommes – sa pomme)* pour le goûter. – Il a admiré tout le spectacle *(les danseuses – les chanteurs)*. – Pendant les vacances, on a traversé tout le pays *(les régions – les départements)* en bicyclette.

J'utilise mes connaissances (pp. 252-253-254-255)

1. Recopie ce texte en séparant les mots, en remplaçant les points oranges par *tout* ou *tous* et en ajoutant la ponctuation (/) :

Willneseretournapas/maisilpritsoudainconscience qu'ilavaitdéjàentenducecouinement •lesjoursdelasemaine/Surlechemin duparc/danslarue/•enrentrantchezlui/Maisquelqu'u nlesuivait/Sonallurerestaégale/mais •sonesprits'emballa/Étaitcequelqu'undel'école quiluijouaituntour/Non/impossible/Ils'arrêtapourseretourner/d'ungestedélibéré/Unho mmemarchait •tranquillementderrièrelui/

2. a. Réécris l'extrait en conjuguant au passé composé les verbes au passé simple. *(Attention : « ne se retourna pas » devient « ne s'est pas retourné ».)*

b. Recopie l'extrait au passé composé, en remplaçant *Will* par *Les enfants*.

3. Remplace ce qui est souligné avec chaque mot de la liste *(fais les transformations nécessaires)* :

a. tous les jours de la semaine
(la semaine – les mois de l'année – les heures de la journée)
b. tout en rentrant *(revenant - partant - arrivant)* chez lui
c. Tout son esprit *(ses pensées – sa tête – sa raison – ses désirs)* s'emballa.
d. Il marchait tout tranquillement. *(seul – seule – seuls – seules)*.

4. Remplace les mots indiqués par l'adverbe *tout*.

Ses chaussons sont étranges : ils sont *complètement* verts ! – Le ballon est *complètement* jaune. – Il a acheté des costumes *entièrement* neufs. – Lorsqu'il a fini de courir, il est *entièrement* rouge. – Les verres sont tombés, ils sont *entièrement* cassés ! – Il faut recommencer *entièrement* le puzzle. – Pour venir, il a mis son costume *tout à fait* neuf.

5. a. Recopie le texte de mémoire.
Pour cela, lis attentivement chaque passage entre deux traits //.
Recopie aussitôt chacun de ces passages sans regarder le livre :

Will ne s'est pas retourné, // mais il a pris soudain conscience // qu'il avait déjà entendu ce couinement. // Tous les jours de la semaine.// Sur le chemin du parc, // dans la rue, tout en rentrant chez lui. // Mais, quelqu'un le suivait. // Son allure est restée égale, mais tout son esprit s'est emballé. // Était-ce quelqu'un de l'école qui lui jouait un tour ? // Non, impossible. Il s'est arrêté pour se retourner, d'un geste délibéré. // Un homme marchait tout tranquillement derrière lui. //

b. Tu es prêt maintenant pour la dictée de ce texte.

Orthographe

Alphabet phonétique

Sons voyelles

[i]	i	vie - lit - ami
	y	Yves - stylo
	ee	tee-shirt
[e]	é	bébé - idée - lézard
	er, ez	boucher - galoper - nez - fermez
	et	et
[ɛ]	è, ê	père - élève - bête - tête
	et	jouet - sifflet
	e + consonne	mer - bec- gel
	e + double consonne	elle - cette - terre
	ai, ei	balai - reine
[a]	a	balle - sac
[ɑ]	a	bas - sac
[ɔ]	o	gomme - bol
[o]	o, ô	trop, tôt
	au, eau	haut, beau
[u]	ou	poule - cou
	oo	football
[y]	u, û	une - flûte
[ø]	eu	deux - heureux - queue
	œu	nœud
[ə]	e	regarder - petit

Sons voyelles nasales

[ɑ̃]	an, am	chant - jambe
	en, em	cent - décembre
[ɔ̃]	on, om	ton - mon
[ɛ̃]*	in, im	fin - timbre
	ain, aim	main - faim
	ein	ceinture
	en	bien - rien
[œ̃]*	un, um	un - lundi - parfum
[œ]	eu	neuf - beurre
	œu	œuf - cœur

Sons consonnes

[p]	p, pp	pour - apprendre - pipe - papa
[b]	b	bon - beau - robe
[t]	t, tt	tapis - tigre - attirer
[d]	d, dd	lundi - dimanche - addition
[k]	c, cc, k	cache - cuve - accord - képi - ski
	qu, q	chaque - pique - coq
	ch	chorale
[g]	g, gu	gare - grenouille - bague - guitare
[f]	f, ff	fil - enfin - chiffon - effacer
	ph	phare - pharmacie
[v]	v, w	voici - voiture - lèvre - wagon
[s]	s, ss	sapin - personne - passage - réussite
	c, ç	cerise - glace - façade - avançons
	t, sc	récréation - patience - piscine -
	x	dix - six
[z]	z	zig-zag - bazar - gaz
	s	fraise - hasard - Basile
	x	sixième
[ʃ]	ch	chien - chameau - hache
	sch	schéma
	sh	shoot
[ʒ]	j	jeudi - je - joli - jamais - joue
	g(e), g(i)	cage - pigeon - rouge - gilet
[l]	l, ll	lapin - bol - balle - elle
[r]	r, rr	roi - fer - terre - arriver
[m]	m, mm	maman - matin - homme - pomme
[n]	n, nn	non - nid - âne - bonne
[ɲ]	gn, ni	peigne - montagne - panier
[ŋ]	ing	parking

Sons semi-voyelles

[ɥ]	ui	huit - lui
[j]	y	yeux - joyeux
	i	bien - vieux
	ill	feuille - tailler - bille
[w]	w	kiwi
	ou	bouée
	oi	quoi - toi

* suivant les régions la différenciation entre sons proches n'est pas toujours pertinente.

Crédits photographiques

p. 8 : Ph.hg : R Viollet, Ph.hd : A Gesgon, Ph.bg : Arch. LARBOR, Ph.bd : J.M. Beaumont/ CNDP/DRID – **p. 16** : Coll. Christophe L. **p. 17** : J. Prébois / SYGMA – **p. 21** : P. Schmidt/ RMN – **p. 40** : Archives LARBOR – **p. 46** : R. Doisneau / Rapho – **p. 47** : R. Doisneau / Rapho – **p. 50** : Archives LARBOR – **p. 55** : Archives LARBOR – **p. 63** : Ph.hg : Archives LARBOR (ADAGP, Paris 2001), Ph.hd : Nimatallah / ARTEPHOT, Ph.b : Reprises Archives LARBOR (ADAGP, Paris 2001) / Nimatallah / ARTEPHOT – **p. 65** : Centre de doc. juive contemporaine – **p. 80** : AMELD/ ARTEPHOT / ADAGP, Paris 2001 – **p. 83** : Ph.hd : coll Viollet, (téléphone), Ph.bd : Nokia Mobile phone (portable) – **p. 91** : A. Tovy / Explorer– **p. 99** : M. Renaudeau / HOU QUI – **p. 100** : SÖNKE C. GIARD – **p. 104** : D. Branchl / SYGMA – **p. 106** : AFP / SASA STANKOVIC / EPA – **p. 108** : AFP / WULF PFEIFFER / EPA / DPA – **p. 111** : S. Fivre / ARTEPHOT – **p. 117** : Coqueux / SPECTO – **p. 120** : Schuller / EDITING – **p. 130** : M. HENLEY / COSMOS – **p. 136** : Coll. Christophe L. – **p. 140** : G. Blot / RMN / ADAGP, Paris 2001.

Achevé d'imprimer par Gráficas Estella S.A. (Espagne)
N° d'éditeur : 10079503 (I) (57) CSBL 90° - D.L. : mars 2001

Tableau de

	INDICATIF			
	PASSÉ hier, avant, autrefois…			
INFINITIF	**PLUS-QUE-PARFAIT**	**PASSÉ COMPOSÉ**	**IMPARFAIT**	**PASSÉ SIMPLE**
Verbes du 1er groupe Infinitif : chanter Participes : **présent** chantant **passé** chanté	j' avais chanté tu avais chanté il avait chanté nous avions chanté vous aviez chanté ils avaient chanté	j' ai chanté tu as chanté il a chanté nous avons chanté vous avez chanté ils ont chanté	je chantais tu chantais il chantait nous chantions vous chantiez ils chantaient *Attention :* nous criions, nous appuyions, ils lançaient	je chantai tu chantas il chanta nous chantâmes vous chantâtes ils chantèrent
Verbes du 2e groupe Infinitif : finir Participes : **présent** finissant **passé** fini	j' avais fini tu avais fini il avait fini nous avions fini vous aviez fini ils avaient fini	j' ai fini tu as fini il a fini nous avons fini vous avez fini ils ont fini	je finissais tu finissais il finissait nous finissions vous finissiez ils finissaient	je finis tu finis il finit nous finîmes vous finîtes ils finirent
AVOIR (Auxiliaire)	j' avais eu tu avais eu il avait eu nous avions eu vous aviez eu ils avaient eu	j' ai eu tu as eu il a eu nous avons eu vous avez eu ils ont eu	j' avais tu avais il avait nous avions vous aviez ils avaient	j' eus tu eus il eut nous eûmes vous eûtes ils eurent
ÊTRE (Auxiliaire)	j' avais été tu avais été il avait été nous avions été vous aviez été ils avaient été	j' ai été tu as été il a été nous avons été vous avez été ils ont été	j' étais tu étais il était nous étions vous étiez ils étaient	je fus tu fus il fut nous fûmes vous fûtes ils furent
ALLER 3e groupe	j' étais allé tu étais allé il était allé nous étions allés vous étiez allés ils étaient allés	je suis allé tu es allé il est allé nous sommes allés vous êtes allés ils sont allés	j' allais tu allais il allait nous allions vous alliez ils allaient	j' allai tu allas il alla nous allâmes vous allâtes ils allèrent
Verbes du 3e groupe du type PRENDRE	j' avais pris tu avais pris il avait pris nous avions pris vous aviez pris ils avaient pris	j' ai pris tu as pris il a pris nous avons pris vous avez pris ils ont pris	je prenais tu prenais il prenait nous prenions vous preniez ils prenaient	je pris tu pris il prit nous prîmes vous prîtes ils prirent
D'autres verbes du 3e groupe…	j'avais vu *(voir)* tu avais fait *(faire)* il avait pu *(pouvoir)* elle était venue *(venir)*	j'ai vu *(voir)* tu as fait *(faire)* il a pu *(pouvoir)* elle est venue *(venir)*	je voyais *(voir)* tu faisais *(faire)* il pouvait *(pouvoir)* elle venait *(venir)*	je vis *(voir)* tu fis *(faire)* il put *(pouvoir)* elle vint *(venir)*